법무 취업 길라잡이

최기욱

박영사

들어가며

대한민국에서 대학 졸업은 이제 지옥을 의미한다.

뻔한 얘기다. 취업난이 갈수록 심화되고 있는 것은 하루이틀 일이 아니다. 대한민국의 경우 자원도 없고 땅도 없기에 산업구조 자체가 과학기술에 기반을 두고 있다. 그래서 상대적으로 취업이 쉽다고 하는 이공계열의 경우도 갈수록 취업길이 막막해지고 있다. 필자가 엔지니어로 첫 취업을 했던 2014년도에도 매년 급속도로 없어지는 일자리에 대한 기사가 쏟아졌다. 그때도 엄청나게 힘들었다고 생각했지만 지금에 비하면 그때는 좋은 시절이었다. 이제 아예 대규모 인력이 필요한 산업들이 대세에서 물러나고 IT 시대가 본격화되면서 전통적인 취업 강자인 전, 화, 기(전기공학, 화학공학, 기계공학) 출신 학생들의 일자리 찾기도 만만치 않게 된 것이 현실이다.

하지만 문과 학생들에겐 이마저도 배부른 소리로 들린다. 특히 연구개발, 생산에 관련이 없는 전공을 선택한 문과 학생들이 지원하는 직렬은 각 기업마다 아예 신규 채용 자리가 없거나 자리가 나더라도 한 자릿수 TO밖에 없는 것이 일반적인 상황이 십 년이 넘게 계속되고 있다. 심지어 전통적으로 문과생들의 인기 직무였던 기획 및 기타 관리 부서 같은 경우는 해당 산업 실무를 아는 사람이 훨씬 정확한 판단을 할 수 있기 때문에 이미 취업한 경력있는 엔지니어들을 전환배치시켜 써먹는 것이 유행이 된지도 한참이 지났다.

그 와중에 그나마 기업에서 꾸준히 수요가 나는 문과 직렬은 재무/회계, 그리고 법무뿐이다. 그중에서 재무/회계 파트는 세무사, CPA 등 문과학생들에게 인기가 많은 자격증 시험을 통해 관련 지식을 습득할 수 있고 자격증 혹은 1차 합격 등의 스펙으로도 취업이 가능한 바, 여러분들이 상대적으로 정보에 접근하기가 수월하다. 상경계열 전공 또는 이중전공을 택한 학생들은 굳이 별도로 수험을 준비하지 않아도 되는 경우도 많다.

하지만 법무는? 전공 또는 여러 경로를 통해 많은 법학 지식을 접했으면 되는 것인가? 법학전공에서 배우는 내용들은 너무나도 방대하고, 무엇보다 굉장히 일반적이기 때문에 그중에서 기업 내에서 이루어지는 것만 따로 배울 수 있는 기회는 없다. 기본적인 법 체계 자체에 대한 이해를 갖추는 것 정도가 최선일 뿐이다. 기업법무에 대한 전반적인 내용을 습득할 길이 없다시피한 것이다.

어떤 일들이 실제로 벌어지는지 모르고 교과서로만 법을 공부하면 실무에 투입될 만큼의 이해도를 갖추기가 힘든 것이 현실이다. 여러분들도 그렇게 느끼겠지만 여러분을 뽑을 사람들도 이것을 아주 잘 알고 있다. 계약법을 아무리 열심히 공부했어도 갓 학부를 졸업한 취업준비생은 계약서가 어떻게 구성되는지, 심지어 그 모양새도 모르는데 어떻게 계약서를 검토하겠는가? 즉 우리는 '일'을 하려고 취업을 하는데 실제 세계에서 어떤 '일'을 접해야 하는지 전혀 모르는 상태로 취업 전선에 뛰어들게 된다는 것이다.

또한 필자가 여러 학교에 학생들을 대상으로 한 특강을 다니면서 가장 크게 느낀 것이 있다. 요즘 이루어지고 있는 법무교육의 대부분은 일반적 이론 수업을 제외하고는 사내"변호사"들을 위한 굉장히 구체적인 내용만을 다루는 전문적인 교육뿐이다(예를 들어 '기업 공정거래 실무'와 같은 유). 즉 우리는 법을 배웠지만 변호사가 아닌 사람들에 대한 교육, 특히 그들의 진로에 대한 교육을 소홀히 하고 있다. 법은 세상을 이해하기 위한 도구이다. 법은 변호사들만을 위한 것이 아니다.

게다가 우리는 뉴스에서 접하는 것을 제외하고는 기업 내에서 어떤 업무들이 이루어지고 어떤 법적 문제들이 발생하는지 그래서 그 문제를 해결하기 위해서 법무팀은 무엇을 하는지 알 수가 없다. 법무부서에서 벌어지는 일들은 대부분 기업의 특급 기밀 사항이기 때문에 "무엇을 하는지"에 대한 정보조차 밖에 드러나는 경우가 거의 없다.

그렇기 때문에 바로 이러한 학생들이 실제 기업에서 어떤 일이 벌어지는가에 대해 알고, 방대한 법의 세계 중 '기업실무'에 사용되는 내용을 추려 실무에 적합하게 배울 필요가 있다는 생각에 이 책의 집필을 시작하게 되었다.

로스쿨 시대에 접어들면서 많은 변화가 생겼다. 필자에게는 슬픈 일이지만 변호사들의 '단가'가 낮아져서 기업들이 변호사를 고용하기가 수월해졌고, '워라밸'을 중시하는 신세대 변호사들에게 사내변호사 자리가 굉장히 매력적인 선택지가 되었다. 이제는 우리가 이름을 알 정도의, 우리가 가고싶어 하는 회사의 법무팀에는 변호사들이 드글드글하다. 기존에는 변호사가 아닌, 일반적으로 법을 전공한 사람들이 맡던 업무의 대부분이 사내변호사의 일이 되었다. 그러면 오히려 법무직렬

취업을 준비하면 안 되는 것이 아닌가?

아니다. 그럼에도 불구하고 변호사가 아닌 사람들을 뽑는 일반 법무 직렬에 대한 수요는 여전하다. 아니, 더 커졌다. 위와 같은 사유와 더불어 사회가 선진화되면서 컴플라이언스와 계약의 중요성에 대한 인식이 바뀜에 따라 법무팀 규모 자체가 커졌기 때문이고, 그렇기에 법무팀의 업무이지만 변호사가 관여하지 않는 영역의 규모도 더 커졌다. 분쟁해결과 형사 실무와 같은 분야는 대부분 사내변호사들이 직접 투입된다. 하지만 변호사 몸값이 아무리 내려갔다 하더라도 계약서 검토, 이사회, 주주총회, 컴플라이언스와 같이 변호사가 아니어도 충분히 다룰 수 있는 업무들까지 모두 변호사에게 맡기기에는 무리다. 이 분야들을 맡길 수요는 그야말로 커진 기업법무의 덩치와 더불어 함께 '생겨났다.

이러한 상황 속에서 여러분들이 해야 할 일은 명확하다. 여러분이 어느정도 가지고 있을 법학에 대한 이해도 위에 이러한 실무를 위해 필요한 지식들을 쌓아보는 것이다. 이는 비단 취준생 여러분들뿐만 아니라 산업계에도 도움이 되는 일이다. 우리는 기업법무를 다룰 줄 아는 비변호사를 원한다. 모조리 알 필요는 없다. 그건 누구에게도 불가능한 일이니까. 어느 정도만 알면 충분하다. 그 어느 정도를 충족시켜 드리고자, 그렇게 여러분들의 취업과 산업 발전에 조금이라도 이바지하고 싶어서 이 책을 집필하게 되었다.

이러한 취지에서 취업과 관련된 일반적인 내용과 기업법무조직이 어떻게 구성되며 어떤 일들을 하는지에 대해 알아보고, 여러분이 학교에서는 배우지 않았거나, 이미 배웠더라도 추상적으로만 인식하고 지나쳤을 법학 지식들, 그러나 실무에 밀접한 관련이 있는 지식들을 추려 모아 보았다. 기본적으로는 법을 배운 사람들이 그 지식을 '실무'와 연관지을 수 있도록 서술하는 것에 중점을 두었지만, 법을 딱히 배우지 않은 분들도(혹은 배웠지만 다 잊으신 분들도) 무리 없이 읽을 수 있도록 중간중간 배경지식에 신경을 썼다. 단순히 법학지식 나열이 아니라 이 부분이 기업에서 벌어지는 어떤 상황에 어떤 식으로 적용이 되는지를 꼭 언급하기 위해 노력했다.

이 책은 기본적으로 법을 어느 정도 아는 취업준비생을 위해 쓴 책이지만, 기본적인 법적지식과 법무조직에 대한 이해는 꼭 기업 법무 취업이 아니더라도 산업계 전반에 대한 이해에도 도움이 되고, 기타 여러 자격증 공부나 심지어 일상생활에서도 써먹을 수 있는 좋은 지적자원이 된다는 측면에서 다양한 전공의 독자분들에게 도움이 될 것으로 기대한다. 다시 강조하지만 법은 도구다. 그리고 그 도구는 모든 국민이 쓸 수 있어야 한다.

2024년 찌는 듯한 8월
변호사 최기욱

목 차

III. 기 타

I

기업 법무 취업

01

"언제" 사람을 뽑는가?

"언제" 사람을 뽑는가?

이 질문에서부터 취업준비의 모든 것이 출발된다. 취업 전선에 뛰어들기 전 가장 먼저 알고 넘어가야 할 부분이 이 부분이다. 사회경력이 있는 분들이라면 대충 아시겠지만, 학교생활만 오래한 학생들은 조직이 어떻게 돌아가는지를 경험해보지 않았기에 이 부분에서 굉장히 약하다. 당연할지도 모르는 이 '언제?'에 대한 질문과 그에 대한 대답을 톺아보는 것으로 책을 시작해보자.

채용사유	일	특정 업무가 새롭게 생긴 경우
		조직이 성장함에 따른 자연스러운 채용
	사람	변호사가 퇴사한 자리에 비변호사를 채용하는 경우
		비변호사가 퇴사한 자리에 비변호사를 채용하는 경우

일이 생겨서 사람을 뽑는 경우도 있다.

이 경우는 다시 두 가지로 나뉜다.

먼저 '구체적인' 업무가 새롭게 생겼을 때이다. 예를 들어 기업의 컴플라이언스 강화를 위해 전 부서에 대한 준법감시체계를 구축했는데

이 시스템을 맡아 담당할 사람이 필요해진 것이다. 이 경우 관련 직무에 대한 경력이 최우선시된다.

하지만 사실 100개의 조직이 있으면 그 조직 모두 상황이 다를 수밖에 없고 그것은 법무의 측면도 마찬가지다. 우리가 원하는 일을 맡기기에 딱 들어맞는 경력이 있는 경우 자체가 굉장히 드물다. 게다가 경력이 있는 직원을 선발하는 경우 항상 '우리가 지원자의 희망연봉을 맞춰줄 수 있는가?'의 문제에 직면하게 된다.

이런 경우 경력과 연봉 모두를 만족하는 지원자가 없는 경우가 많기 때문에 우리가 끼어들 수 있는 가능성이 상대적으로 높아진다. 그래서 이 경우가 가장 수요가 많고, 충분히 대비를 할 수 있기에 우리가 노리기 적합한 자리다. 경력의 공백을 메울 적당한 지식을 체득한다면 말이다. 그리고 바로 그것이 이 책의 역할이다.

그리고 두 번째는 특정한 일이 생긴 것은 아니지만 단순히 조직의 규모가 커지면서 일이 늘어난 경우이다. 아주 자연스럽게, 사업규모가 커지면서 원래 하던 일도 같이 늘어난 것이다. 이 경우 전반적인 경력이 있는 것이 당연히 선호되지만 특정한 업무를 맡기고자 뽑는 것이 아니기 때문에 뽑는 사람의 입장에서도 '목표'가 없다. 뽑는 사람 입장에서는 신입을 뽑아서 이 일도 맡기고 싶고 저 일도 맡기고 싶으니 여러 명이 나누어 맡고 있는 일반적인 업무들을 모조리 업무기술서에 나열해놓는다. 하지만 세상일이 그렇게 쉽게 돌아가지 않는다. 우리도 그렇지만 뽑는 사람 입장도 마찬가지이다. 그렇게 온갖 업무를 다 써두면 경력이 확실한 스페셜리스트들은 지원을 꺼려 한다. 그리고 애초에 지금도 여러 명이 나누어 하는 그 업무를 다 해본 사람을 찾기는 쉽지 않다.

그렇기 때문에 무경력자들이 비집고 들어가기 좋다. 이 책에서 익힌 법무팀의 전반적인 업무를 여러분의 경험과 엮어서 자기소개서를 쓰고 면접에서는 이에 대해 공부한 티를 보여주면 도움이 될 것이다!

이 경우는 노려보기에도 무난하고 또 합격했을 경우 일하기에도 좋다는 점에서 아주 추천할 만하다. 성장하는 조직이라는 것은 일단 조직에 희망이 있다는 것이다. 조직생활을 하기 정말 괜찮은 분위기가 조성되어있을 가능성이 크다. 게다가 (안타깝지만) 회사에 돈을 벌어다 주지 않는 조직인 법무조직까지 키워주고 있는 회사라면 전반적으로 아주 준수한 조직일 확률이 높다.

반면 단순히 일을 하던 사람이 나가서 그렇게 될 가능성이 있다. 이는 또 두 가지로 나누어진다. 1) 변호사가 나간 자리에 비변호사를 뽑는 경우, 그리고 2) 비변호사가 나간 자리에 비변호사를 뽑는 경우 두 가지이다.

먼저, 사실 기업 법무의 일 중에 변호사'만'이 할 수 있는 일은 그리 많지 않다.

물론 변호사들은 법 체계에 대한 이해가 보장된 사람이기 때문에, 그리고 법조계 네트워크 안에 있는 사람이기 때문에 가용한 인적, 물적 네트워크의 측면에서도 훌륭하고 안정적이다. 그리고 어느 누가 대한민국에서 변호사 좋은 것, 멋진 사람들인 것을 모르겠는가?

하지만 비싸고, 무엇보다 함께 '장기간' '조직생활을 하기 괜찮은' 변호사를 찾는 일은 생각보다 어렵다. 아니, 굉장히 어렵다. 이유는 딱히 말하지 않겠다. 어쨌든 그렇기 때문에 기업 입장에서도 '이 자리를 맡기기 위해 변호사가 꼭 필요해!'하는 경우는 잘 없다. 법무부서에서는 변호사를 뽑고 싶어도 대부분 인사와 경영적 측면에서 '굳이…꼭…그래야만 하나요?'라는 난관을 뚫어내야하는 것이다. 그렇기 때문에 변호사가 나간 자리에도 비변호사 충원이 이루어진다.

이 경우는 노려보는 것이 가능은 하지만 상당히 어렵다. 일단 변호사는 계약서 검토든 송무든 형사든 뭐든지 시킬 수 있다. 따라서 나간 변호사가 담당하던 업무 자체도 굉장히 폭넓을 가능성이 크다. 따라서 비변호사 직원 채용을 하더라도 남아있는 사내변호사들끼리 변호사 '만' 할 수 있는 업무를 나눠가져야 하는 상황이다. 인사팀의 허들을 넘지 못해서 어쩔 수 없이 비변호사를 뽑는 경우인지라 법무부서 사람들은 마냥 아쉽다.

때문에 자신들 마음 속의 채용기준을 높게 잡아둘 것이다. '변호사 자격증은 양보했지만 다른 부분은 양보 못해!' 이런 생각을 명시적으로 말하지 않겠지만, 빈 자리를 제대로 채워넣기 위해서는 사전지식과 경력 측면에서 상당히 깐깐하게 따져볼 수밖에 없는 상황이다. 물론 면접을 비롯한 채용절차에는 인사와 법무부서 모두 개입하지만 특히 최종결정을 좌우하는 법무부서 사람들의 성에 차지 않을 가능성이 크고, 채용 자체가 흐지부지될 가능성도 있다. 이 경우는 채용 당시 내부적으로 중요하다고 생각되는 업무에 대한 '실제 경력' 여부가 제일 중요할 것이다. 얕은 지식으로 해결될 수 있는 경우가 아닐 가능성이 크다. 내부사정을 전해들었을 때 희망 회사의 TO가 이러한 경우라면, 이 자리를 노린다면 각오를 단단히 하고 가는 것이 좋다.

두 번째로, 비변호사 직원이 나간 자리를 비변호사로 채우는 경우이다. 일단 로스쿨 시대가 시작된 지 10년이 넘은 이 상황에서, 이미 한 자리 차지하고 있던 비변호사 직원은 이미 충분히 그 자신의 쓸모를 입증해내신 분이다. 치고 올라오는 어린 변호사들과 함께 일하면서 얼마나 분발하며 역량을 갈고닦으셨겠는가? 특히 그 회사를 오래 다닌 분이라면 거의 대체불가한 인력이 된다. 변호사들은 한 곳에 오래 머무르는 경우가 잘 없다. 이직이 워낙 잦은 직종이다. 하지만 일반직원은 그렇지 않은 경우가 많다. 회사를 오래 다닌다는 것은 그 자체로 엄청난 스펙이 된다. 그 회사와 사업, 그리고 조직의 생리에 대한 해박한 지식, 전공과 부서를 가리지 않고(심지어 대규모기업집단의 경우 다른 계열사들에까지!) 생각지도 못한 곳까지 뻗어있는 인적 네트워크로 중무장하고 있는데다가 사내변호사들이 잘 건드리고 싶지 않아하는 세부적인 실무 내용까지 두루 알고 있기 때문에 사실상 사내변호사보다 '무형적 지식'의 측면에서 조직에서 차지하는 영향력이 훨씬 클 가능성이 높다. 어디서 배울 수도 없는 쓰여지지 않은 지식들 말이다. 사실상 이런 분이 나가는 경우 법무실은 거의 그로기 상태에 빠진다. 좋게 나가는 경우, 나쁘게 나가는 경우 모두이다.

하지만 이 경우는 위의 경우와 조금 다르다. 모두가 '그 사람'은 애초에 대체가 안 되는 사람이라는 걸 안다. 그 수년에 걸쳐 쌓인 무형적 지식은 그 회사를 오래토록 다닌 사람만이 체득할 수 있는 것이다. 경력이 있는 사람을 불러오더라도 '그' 회사가 아니라면 쌓을 수 없는 지식들이기에 누구를 뽑아서 자리에 앉혀두든 어차피 그 사람은 하루아침에 대체할 수 없다.

그렇기에 이 경우도 우리가 치고 들어갈 구멍이 생긴다. 경력이 있으면 좋겠지만 없으면 어떠한가. 적당한 지식을 갖추었으면 조직에 잘 융화될 수 있는, 오래 다닐 수 있는 됨됨이 좋은 직원을 뽑는 것이 우선이다. 그리고 그 자리는 독자 여러분들을 위한 것이다.

그렇게 오래 다닌 직원이 아닌 적당히 2~3년 이하로 다닌 직원이

나간 경우는 더 말할 것도 없다.

각 TO가 어떤 경우에 속하는지 알면 제일 베스트다. 대한민국 전체에서 보았을 때 대기업 법무조직은 상당히 풀이 좁기 때문에 먼저 취업을 한 대학교 선배, 각 대학의 취업정보센터 등의 인맥과 기회를 이용하면 상당히 정확한 사정을 알아낼 수 있다. 그 선배가 취업한 회사뿐만 아니라 연관 업계, 심지어 그 회사와 같은 동네에 위치한 회사들의 업계까지 알 수 있다. 좁은 업계다. 소문은 정말 쉽게 퍼진다.

다만 정보가 부족한 학생도 이러한 경우의 수가 나뉜다는 점을 인지하고 취업에 임하는 것이 훨씬 도움이 될 것이다. 채용공고, 심지어 면접장의 분위기 등에서 어떠한 케이스에 해당하는 채용인지 쉽게 눈치챌 수도 있고 이런 경우 준비가 훨씬 수월해진다. 특히 채용공고에는 위와 같은 사정이 그 공고문에서 훤히 들여다보이는 경우가 많다.

그리고 무엇보다 탈락을 했을 때 원인이 오롯이 '내 스펙'에 있는 것이 아니라는 점을 알려준다는 점에서 굉장히 중요하다. 인생은 생각보다 많은 것들이 운에 달려있다. 성적순 줄세우기에 너무 익숙해져서 사회의 모든 측면이 다 그런식으로 예측가능하다고 착각하는 분들이 너무나도 많다. 전혀 그렇지 않다. 여러분이 실제로 무엇인가 부족해서 불합격을 하는 경우도 있지만 여러분이 너무 과하게 뛰어나거나, 단순히 지금 뽑을 자리가 여러분이 밟아온 인생, 또는 성향과 맞지 않기 때문일 수도 있다. 이유는 많고 그중 여러분이 어찌할 수 있는 것은 그다지 많지 않다. 그렇기에 한 기업만 바라보고 있기보다는 넓게 그물을 던져야 하는 것이고, 절대로 한 번의 실패로 좌절하지 말아야 하는 것이다.

이와 관련하여 모든 취준생 여러분께 해드리고 싶은 말이 있다. 취업준비를 하기 전 어느 정도 직업을 갖는다는 것에 대해 생각을 해보시고 취업전선에 뛰어들었으면 좋겠다.

일반적으로 3년차가 되면 사회생활에 대한 깊은 회의감을 느낀다. 그 이유가 있다. 직업선택에 있어서 3년 정도 경력이 쌓이게 되면 자신만의 직업관이 생기게 되기 때문이다. 왜 그런지는 모르겠지만 보통 3년차가 되면 그 시기를 겪는다. 자신이 워라밸을 중시하는 사람인지, 많은 돈을 원하는지, 권력을 원하는지, 조직 분위기는 함께 일하는 것을 선호하는지, 각자도생하는 분위기를 선호하는지, 자유로운 분위기가 좋은지 군대식 분위기가 잘맞는지, 일이 많아야 좋은지 적당해야 좋은지 등 다양한 기준에 대한 각자만의 선호도가 형성된다. 이건 개인별로 차이가 극명하여 일률적으로 말할 수 없다(참고로 필자는 개인적으로 조직 분위기를 굉장히 중요시한다. 좋은 조직 문화 하나만으로도 연봉 2,000만 원 이상의 가치가 있다고 생각한다!).

그렇기 때문에 세상 모든 직업들을 한 줄로 세울 수 있다는 생각은 지극히 어린 생각이며 이러한 생각을 하루빨리 버리시길 바란다. 사회과학을 공부하신 분들이라면 애로우의 불가능성 정리에 대해 들어보셨을 것이다. 판단 기준이 여러 개인 문제에서는 하나의 정답을 찾을 수 없다.

그리고 이런 다양한 요소들이 직업에 대한 만족도를 좌우한다는 사실을, 그리고 이 중에서 자신이 어떤 것을 가장 중시하는지, 어떤 것을 가장 못 견디는지 등을 파악하셔야 조금이라도 빨리 만족스런 직장을 찾을 수 있다. 직장을 갖는 것 자체도 중요하지만 '나에게 잘 맞는' 직장을 선택하는 것은 더욱더 중요한 일이다.

한 가지 확실한 것은 일반적으로 취준생 여러분들이 가장 신경쓰는 '대외적 이미지,' 즉 '남들이 그 직장 이름을 들었을 때 얼마나 그럴싸해 보이는가'는 직업 만족도를 구성하는 여러 요소 중 3년 정도가 지나면 가장 중요하지 않은 항목이 된다는 것이다. 대부분이 그렇다. 내가 힘들어 죽겠는데 직장이 잘 나가면 뭐하겠는가. 회장님한테 좋은건지, 거기서 일하는 내게 좋은 것인지를 반드시 구분해야 한다.

결국 여러분이 막연히 생각하고 있는 좋은 직장이 여러분에게 전혀 맞지 않는 지옥이 될 수도 있고, 생각조차 못했던 기업이 여러분에게는 신의 직장이 될 수도 있는 것이다! 앞으로 이러한 점들을 취업시 고려해보도록 하자.

정리를 하면 여러분들은,

1) 이 책을 통해 기업법무에서 발생하는 실무적 지식들을 어느 정도 익혀두고

2) 두 귀를 쫑긋 세우고 지금 여러분이 노리는 TO가 어느 경우에 해당하는지 정보를 습득한 뒤

3) 전략적으로 지원하면 된다.

일반적인 채용 절차
- 자기소개서, 면접

먼저 조직의 내부적인 사정부터 시작이다.

두 가지다. 담당자가 급퇴사를 한 경우와 같이 사람이 급하게 필요한 경우와 사업계획에 따라 수개월 전부터 찬찬히 준비한 계획에 따라 채용하는 경우이다. 다시 말해 앞서 본 채용사유 분류와 거의 비슷한 사유 때문에 나뉘는 것이다.

전자의 경우 급박하다. 당장 일은 돌아가야 되는데 사람이 없으니 발등에 불 떨어졌다. 법무라인의 윗선에서부터 인사 담당 조직장과 임원을 붙들고 눈물겨운, 그러나 급박한 설득을 하여 TO를 얻어낸다(여러분이 들어갈 팀은 인사팀이 아니다. 그리고 인사팀은 기본적으로 다른 팀들이 인원을 늘리는 것을 싫어한다! 업무 특성상 그럴 수밖에 없다. 따라서 여러분을 뽑는 사람들 입장에서는 여러분을 뽑기 위해 인사담당자를 '설득'해야 하는 아주 고통스런 과정이 더 붙는다는 당연한 점을 명심해야 한다). 다행히 이미 존재하던 자리이기 때문에 이 과정이 다소 수월한 편이다. 그때그때 쉽게 채용사이트에 공고가 올라온다. 이미 존재하던 그 사람이 하던 업무를 쭉 기술하면 되기에(물론 당연히 이런저런 다른 업무들도 시키고자 하는 욕심에 적당히 살도 덧붙인다) 채용공고의 직무기술서도 금방 써내고 짧고 구체적이다. 채용공고에서 확신이 느껴진다. 그것을 쓴 사람도 '목표'가 있기 때문이다!

다만 회사 전체의 준비된 채용계획과 맞지 않기 때문에 헤드헌팅, 추천으로 입사 등 다양한 방식으로 충원이 이루어지는 경우도 많다. 따라서 정보가 많고 인맥이 풍성한 지원자분들에게 기회가 될 수 있다. 두더지 잡기처럼 튀어나오기 때문에 채용사이트를 매일 같이 확인하고 있지 않는 이상 TO 자체를 인식하기부터 어렵다. 그래서 이러한 경우 보통은 유사 업종에 재직 중인 경력직들이 먼저 가져가는 경우가 많다. 우리에겐 연줄이 필요하다. 학교 취업특강에서 명함을 받아 둔 선배들을 이럴 때 써먹는 것이다.

다만 여러분을 추천하는 선배 입장에서는 여러분이 학교 후배라는 점 외에 '일'도 괜찮게 하는지를 보장받고 싶을 것이다. 단순히 명함만 받아두지 말고 평소에 만나서 몇 번 이야기를 나누거나 연락을 주고받으면서 '일머리'도 좋다는 점을 어필해두자. 일머리는 수험성적보다는 일상 대화에서 느껴지는 지성(상황판단 능력, 사회성, 적절한 언어사용 등)에 훨씬 더 많이 비례한다. 여러분도 일을 해보면 알게 되겠지만 사회에서는 "여기 한 자리 비는데 괜찮은 후배 없어?"라는 질문을 통한 취업이 굉장히 많이 이루어진다.

불공정해보인다고? 종이에 쓰여진 것으로는 사람을 판단할 수 없다. 게다가 가장 중요한 일머리는 종이에 쓰여지지도 않는다. 그래서 사람을 뽑는 제일 좋은 방법은 그 사람을 겪어본 다른 사람의 판단에 기대는 것이다. 이것은 가장 적확한 방법일 뿐이다. 그렇기 때문에 여러분들의 선배가 "괜찮은 후배 없어?"라는 질문을 들었을 때 여러분의 얼굴이 퍼뜩 떠오를 수 있도록 평소에 인맥관리를 잘 해두는 것을 추천한다.

후자의 경우라면 보통 올해에 '내년도' 사업계획을 세우면서 인력충원계획을 포함시키는 형식으로 TO가 천천히 무럭무럭 자라난다. 때가 되면 그 회사 전체의 채용계획과 맞물려서 공식적으로 채용공고가 뜨게 된다. 취업사이트에서 공채 시즌에 자주 보아온 '생산 00명, 기술 00명, 재경 00명…' 등이 나열된 표가 바로 이런 것이다. 여기서 '법무 0명'을 찾으면 된다(안타깝게도 법무를 두 자리씩 채용하는 경우는 거의 찾기 힘들 것이다. 만약 찾았다면 아마 지금 당장 또는 가까운 미래에 심각한 법적 문제에 직면한 회사일 것이다. 뒤도 보지말고 도망치는 것을 추천한다).

오래 준비해온 만큼 급박하게 알음알음 추천입사가 이루어지는 경우가 잘 없다. 평소엔 바빠서 그렇게 치열하게 고민해보진 않았지만 그래도 적어도 1년 전부터 '어떤 사람을 뽑아서 어떤 업무에 써먹어야지'하는 생각이 알음알음 법무팀 직원들 사이에서 각자의 직업관과 엮여 자라나고 있었다. HR 설득도 그렇게 힘들지 않다. 2명이냐 3명이냐의 문제는 있어도 뽑느냐 마느냐의 단계는 이미 넘어섰기 때문이다. 따라서 채용 자체가 안정적이다. 채용절차도 회사 인사팀에서 수 년의 경험과 연구의 산실인 정형화된 절차에 따라 체계적으로 이루어진다. 구성원들의 심적으로나 회사 상황으로나 새 식구를 맞을 준비가 된 것이다.

준비는 됐으나 그렇기 때문에, 너무 준비가 됐기 때문에 직무기술서는 두리뭉실 추상적이며 일반적인 법무가 모조리 들어가있다. 갑부장, 을과장, 병대리 모두 자기가 하는 (그중에서 특히나 귀찮은) 업무들을 하나씩 보탠다. 작성은 주로 병대리가 하겠지만 어쨌든 모두의 바람이 녹아있다. 그렇기에 보는 사람 입장에서는 바라는 것도 참 많아 보인다.

괜시리 경력도 요구해보지만 사실 있으면 좋겠다 정도의 희망사항인 경우가 대부분이다. 겁먹지 말자. 채용공고가 올라왔는데 이 책에 나온 모든 업무에 대해 경험이 있으면 좋겠다고 써있으면 바로 이 경우다. 여러분이 나설 차례다(물론 아직 이 책을 끝까지 다 읽지 않은 여러분들은 어떤 업무기술이 '모든 업무'를 나열해둔건지, 어떤 경우가 구체적인 업무를 적은 것인지 지금 상태로 그것을 구별할 수 없을 것이다. 책을 끝까지 다 읽도록 하자!).

공식적으로 채용사이트에 넉넉한 기간과 함께 공고가 올라오고, 신입 채용기회도 많으므로 우리에게 일반적으로 유리하다. 급박하게 채용을 하는 경우는 당연히 바로 써먹을 수 있는 '경력'직이 필요하다. 여유있게 공고를 냈다는 것 자체가 경력이 있는 사람이 지원하면 좋지만 그래도 당장 필요한 자리는 아니라는 의미다. 즉 들어가서 배울 시간적, 상황적 여유가 있는 자리다. 아주 훌륭한 자리이다. 꼭 쟁취하시길 바란다.

이제 대충 '채용공고'가 올라올 때까지의 상황들에 대한 그림이 그려질 것이다. 서류와 면접을 볼 차례다.

서류는 특별한 양식이 없는 이력서, 경력기술서 등 자유양식을 요구하는 경우가 있고, 회사 전체 차원에서 정해둔 질문들을 나열해 둔 정형화된 자기소개서를 요구하는 경우가 있다. 앞서 본 내부 사정에 따른 채용 양태에 따라 주로 급하게 뽑을 때에는 자유양식을, 찬찬히 뽑을 때에는 정형화된 양식을 요구한다. 바로 이렇게 서류 접수의 시작점부터 갈리기 때문에 각각의 채용상황을 먼저 머리에 그려두는 것이 필요한 것이다!

자유양식을 쓸 경우 너무 막막하다. 인터넷상의 양식을 참조해보자.

일단 첫 장은 간단한 표로 자신의 인적사항과 학력, 경력 등을 한 페이지 분량으로 정리해주는 양식을 사용하자. 이 표에 적어야 할 것은 일반적인 입사 지원서 인터넷 접수시 필수기재를 요하는 항목들을 쓰면 된다. 꼭 인터넷 양식에 기재된 내용을 그대로 다 적을 필요는 전혀 없다. 일반적인 항목으로는 이름, 나이, 주소, 학력, 경력, 사용가능 프로그램, 수상이력, 저술 등이 있고 그중에서 자신이 자신있어 하는 것 위주로, 즉 상대방에게 '보여주고 싶은' 것 위주로 골라 한 페이지 안에 들어가도록 하자.

한 페이지가 깔끔하다. 표가 중간에 잘려 1/5 페이지 분량은 다음 페이지로 넘어가있다면 보기가 좋지 않다! 뭐 그런 시답잖은 것에 신경을 쓰냐고? 그런 걸 신경 쓰는 사람이 생각보다 많다. 정말이다. 입사를 하고 사회생활을 하다 보면 경험하시겠지만 많은 직장인들은 표로 된 보고서 첫 페이지는 반드시 한 페이지 안에 꼭 맞추어 채워넣어야 한다는 강박관념이 있다! 없던 사람도 일하다 보면 생긴다! 이런 별거 아닌 것 하나에서 그 사람에 대한 '인상'이 좌우된다. 그리고 이 '인상'은 생각보다 중요하다.

생각해보자. 우리는 최종결과를 위해 한 달이 넘는 기간을 기다려야 하고 나는 내 인생의 시간만큼 날 알아왔지만, 날 뽑는 사람 입장에서는 나에 대해 종이 한 장과 면접에서 10분 잠깐 보는 게 전부다. 사실상 작은 부분 하나라도 좋은 인상을 남기는 것이 큰 영향을 미칠 수밖에 없는 상황이다. 신경쓰자. 어쨌든 이 표는 책의 목차와 같은 역할을 한다. 간략히 기재가 불가능하고 '문장'을 써야될 내용이 있다면 이곳에 쓰지 말고 가차없이 뒷장으로 넘기자.

그 뒤는 완전한 자유양식으로 나름의 소목차를 잡아서 여러분의 인

생을 써내려가면 된다. 자서전을 쓰라는 얘기가 아니다. 여러분이 쓸
글은 명확한 목적이 있다. '이 회사, 이 직무에 적합한 인재인 나'를 설
득력있게 써내려가는 것이다. 그러기 위해서는 이 회사, 이 직무가 무
엇인지를 아는 것이 최우선 순위이다. "범용" 자기소개서는 다 티가 난
다. 그리고 경력이 아주 이상적인, 반드시 데리고 와야 하는 인재가 아
닌 이상, 이런 자기소개서는 매력적이지 않다. 매력적이지 않다는 이야
기는 최종 합격여부를 결정할 때 상당히 고민을 하게 된다는 이야기이
고 이것은 절대 좋은 것이 아니다. 물론 취업난이 말도 안되는 것이
현실이기 때문에 인사담당자도 '머리로는' 모든 지원자가 다른 회사들
에도 수도 없이 이력서를 난사했다는 사실을 알고 있다. 하지만 그럼
에도 불구하고 어디든 가져다 붙여도 될 자기소개서를 보면 정이 가질
않는 것이 사람 마음이다. 그러니 그걸 굳이 티내며 선언하는 것은 아
주 아주 어리석은 짓이다. 그래서 구체적인 그 회사와 그 직무에 대해
알아야 한다. 직무에 대해서는 이 책에서 배우실테니 그 회사가 어떤
회사인지만 며칠이라도 공부해두도록 하자.

알았으면 이제 써먹어야 한다. 회사가 속한 업계, 회사의 사업, 직무
와 내 인생의 연결고리를 필사적으로 찾자. 내 직접적인 경험이 가장
좋고, 배운 것도 좋다. 혼자 공부한 것도 좋지만 증빙이 남아있는 경우
가 거의 없을 것이다. 이럴 때를 대비해 평소에 공부기록을 남겨보자.
블로그 등의 매체를 활용하면 좋을 것이다.

잠시 TMI 하나. 여러분이 앞으로 무엇을 하든, 나중에 써먹을 일이
조금이라도 있을 것 같은 분야는 무엇이든 기록을 남기는 버릇을 해두
면 좋다. 책 한 권을 읽어도 기록을 남기자. 지금 당장 하루하루 쓰기
는 귀찮고, 이거 써서 뭐하나 싶을 수도 있지만 꾸준히 해보자. 몇 년

이 지나고 데이터가 쌓이면 정말 누구와도 비교가 안 되는 엄청난 자산이 될 것이다. 철수는 책을 누구보다도 많이 읽었지만 아무것도 남기지 않은 반면 영희는 100권의 책에 대해 블로그에 공부노트를 만들었고 이것을 면접장에 들고갔다. 누가 멋져 보이겠는가?

그렇게 회사나 직무와 나의 연결고리들을 찾았으면 이제 간단하다. 그것을 시간순으로 나열해보자. 그리고 마지막에 '그래서 나는 이 회사에 꼭 필요한 사람이다'라는 뉘앙스의 결론을 내주면, 그것은 서사가 된다. 자동적으로. 그냥 이것저것 공부한 것과 경험한 것의 나열은 재미가 없다. 읽히지도 않는다. 하지만 이러이러한 노력들을 했고 이 모든 것들은 '이 회사에 입사하기 위한 과정'이었다는 서사가 완성되면 얘기는 달라진다.

이제 정형화된 자기소개서들을 보자.

회사마다 각기 다른 질문들을 던져댈 것이다. 상당히 골치아프다. 특히나 '직무경험'이 없는 지원자들은 쓸 말이 없어서 미칠 것 같을 것이다.

이럴 때 위 내용을 참조로 무정형 자기소개서를 한번 써보자. 여러분이 해냈던 모든 일들을 쭉 떠올려보고 그중에서 회사와 직무와 내 인생의 연결고리를 찾아보자. 한번 그 작업을 해보고 난 뒤에는 막막했던 추상적인 자기소개서 문항들에도 할 말이 생길 것이고 각 문항과의 연결고리가 조금이나마 드러날 것이다. 이제 유형별 문항들을 보자.

자신을 표현해보라는 식의 문항들은 보통 첫 문항에 위치한다. 이런 문항들은 쉽다. 여러분들이 알고있는 자기소개서 스타일로, 시간순서대로 가볍게 써주면 된다. 학교경험(이수한 수업, 학점), 기타 스펙, 직업경험 등이다. 다만 여러분이 해온 노력들 중 직무와 관련이 있는 내용들을 최대한 뽑아서 드러내려고 애써보자. 그중 다른 문항들에서 중복 되는 내용들은 쳐내면 된다. 다른 문항들에서 구체적인 경험들을 요구 하고 이 문항들에서 주요 에피소드들을 다 써먹었다면 첫 문항은 남는 게 별로 없을 수 있다. 이런 경우 자신의 가치관, 직업관과 엮어 멋진 "서론"을 써보자. 여러분은 문제 하나하나 풀어나가는 게 숙제이지만 여러분이 작성한 글을 보는 담당자는 선생님이 아니다. 한 문항 한 문 항 문제에 대한 답이 맞았는지를 보기보다는(물론 그래도 물어보는 것과 전혀 엉뚱한 대답을 하면 안 된다) 전체로서의 '글'을 보기 마련이다. 자신 을 멋지게 표현해볼 기회가 주어졌다고 생각해보시라.

그 다음은 경험이다. 대놓고 학교, 사회생활 경험을 물어보는 문항 일수도 있지만 주로 "최근 가장 뿌듯했던 일", "역경을 극복한 에피소 드" 같은 것을 물어본다. 이 부분이 경력직 지원이 아닌 분들에게는 가 장 어려운 문제가 될 수 있다. 이런 문항을 통해 인사담당자는 조직적 합성을 알고 싶어 할 것이고 실무팀 담당자는 써먹을 수 있는 사람인 지를 알고 싶어 할 것이다. 이 둘을 조합하면 답은 나왔다.

여러분이 뒤에서 배울 직무와 관련이 있을 만한 내용으로(이런 문항 에 군대 얘기 좀 쓰지 말자. 물론 정 에피소드가 없다면 어쩔 수 없지만 군대 얘기를 쓰는 순간 여러분의 자기소개서를 읽는 사람도 "이 친구 얼마나 쓸 경험 이 없었으면…"이라는 생각을 할 수밖에 없다), 되도록이면 혼자서가 아닌 팀을 이루어서 해낸 경험을 써내자. 그것이 해당 문항에 들어가야 할 컨텐츠이고 거기서 자신이 느낀점을 실무에서 필요한 추상적인 자질 (예를들어 배우려는 자세, 팀워크의 중요성, 적극성 등등)과 엮어 내어 글을 완성하자.

뭐가 됐든 해냈다는 사실이 중요하다. 수료증, 수상경력처럼 증빙이

있는 것이면 금상첨화지만 팀플처럼 증빙이 없는 경험도 없는 대로 써
보자. 다만 절대로 없는 사실을 지어내서 쓰면 안 된다. 한 마디만 물
어봐도 바로 들통난다. 이건 장담할 수 있다. 거짓 경력은 절대로 안된
다. 특히 기업의 준법을 책임질 법무담당자라면 더더욱 요구되는 자질
이 바로 정직성이다.

"장단점" 문항도 비슷하다. 역시 이 사람이 "그" 조직에서 생활을 잘
할 사람인지를 판단하고자 하는 문항이다. 역시 에피소드가 있으면 좋
다. 다만 구체적 에피소드 그 자체보다는 에피소드를 통해서 나타나는
추상적 자질, 여러분이 사회생활을 잘 해낼 사람인지를 나타내주는 묘
사가 중점이 된다. 역시 무엇인가 해낸 에피소드를 하나 써내고 그것
을 '해낼 수 있도록' 했던 자질을 장점으로 부각시키고, 그 과정에서 어
려웠던 점을 단점으로 언급, 결국에는 단점을 극복해낸 아름다운 스토
리를 적어준다고 생각하면 쉬울 것이다. 단점을 쓰라고 했다고 정말
같이 있고 싶지 않은 사람임을 드러내는 치명적인 단점을 써내는 사람
은 없을 것이라고 믿는다.

다음은 가치관, 좌우명 같은 추상적인 내용을 대놓고 물어보는 문항
들이다. 이런 문항들의 경우 정말 물어보는 대로 추상적인 내용을 써
낸다면 여러분의 필력이 헤밍웨이급이 아닌 이상 좋지 않은 결과물이
나올 것이다. 이 역시 에피소드가 있으면 좋다. 여러분이 해온 일들 중
여러분이 이 직무, 이 업계에 뛰어들게 된 계기가 될 만한 에피소드를
찾아내자. 그 에피소드를 통해 배우게 된 점이 바로 여기에 쓸 가치관
이다. 그 가치관 때문에 여러분은 이 기업에, 이 업계에, 법무조직에
종사하고자 하는 것이다. 이런 추상적인 문항조차 "나는 이 기업에 적
합한 인재다"라는 하나의 스토리의 일부로 써먹어야 한다. 연결을 이

어나가야 하는 것이다.

많은 취준생분들이 골치 아파하는 것 중 하나이자 일반적으로 자소서의 마지막 문항을 장식하는 문항은 "장래의 내 모습"류의 질문이다. 이 부분은 고민이 될 수밖에 없다. 당장 가서 할 일조차 잘 모르는데 앞으로 어떤 모습으로 어떤 일을 할지 도대체 어떻게 알겠는가? 사실 그렇기 때문에 뻔한 "○○분야 전문가", "임원" 같은 답을 하는 지원자들이 대부분이다. 그래서 뻔한 답을 써도 큰 지장은 없다.

오히려 뻔하지 않은 답을 추구하려다가 업계종사자가 본다면 코웃음을 칠 이야기를 써내는 경우가 정말 많다. 그래서 안전하게 가도 좋지만 정말 한 문항도 놓치고 싶지 않다면 그 분야에 종사하거나 사회경험이 풍부한 선배에게 확인을 구하는 것이 좋다.

그리고 이 문항에 있어 일반 법조계 취업과는 다르게 기업 취업에서는 "장기근속"을 원하는 지원자를 선호한다는 사실을 반드시 염두에 두어야 한다(물론 법조계도 우수인재의 장기근속을 애타게 원한다. 업계가 그렇게 돌아가지 않을 뿐). 다소 뻔한 이야기일 수도 있지만 회사에서 잘 배워서 나중에 '이 회사가 아닌 다른 곳'에서 일하겠다는 내용은 절대로 절대로 쓰지말자. 실제로 이런 내용들을 쓰는 지원자들이 존재하기 때문에 쓰는 경고이다.

이제 면접 차례이다.

회사에 따라 다르지만 두 단계로 구분하자면 실무진 면접과 임원진 면접이 있다.

실무진 면접은 어느 정도 준비가 되어있으면 좋다. 실무진들이 궁금해할 내용들은 어느 정도 예측이 가능하다. 가장 먼저 해야 할 것은 그 산업계의 이슈를 파악하고 있는 것이다. 기본 중의 기본이다. 취업준비 시즌은 꽤 길다. 면접까지 갈 때 즈음이면 최소 한 달은 지났을 것이다. 그 시간동안 계속해서 그 회사와 그 회사가 속한 업계 현황에 대한 기사들을 눈여겨보자. 법무부서를 지원할 땐 법만 보면 되는 것 아니냐는 순진한 생각을 가지신 학생분들이 너무나도 많다. 궁극적으로 기업은 돈을 벌기위해 존재하는 조직이다. 이 기업이 무엇으로 돈을 어떻게 버는지에 대한 내용을 파악하는 것이 가장 핵심일 수 밖에 없다. 법무라고 다를 것이 없다. 회사가 돈을 버는 과정에서 벌어지는 수없이 많은 일들 하나하나에 관여를 하는 것이다. 회사의 문제와 법무의 문제가 별개라고 생각하지말라. 어느 회사에나 써먹을 수 있는 자기소개서를 쓴 학생이라면, 그래서 그 특정회사가 뭘로 먹고사는지에 대한 고민을 해보지 않았다면 이 부분에서 큰 고난을 겪을 것이다.

그리고 또 중요한 것은 '업계'를 관찰하는 것이다. 그 회사뿐만이 아니라.

A라는 회사에 지원했다. 그 회사는 B라는 회사의 물건을 받아서 원재료로 사용하고 C회사에 유통을 맡기며 D회사의 플랫폼에서 이를 판매한다. 이 모든 것이 같이 굴러가고 법무부서 사람들은 이들 전체의 '구조'를 특히 눈여겨보아야 한다. 이 구조는 결국 계약구조이다. 그리고 계약구조 분석에서 모든 계약검토가 시작된다. 이 전체 구조에 대한 이해가 있음을 드러내준다면 상당한 득점포인트가 될 것이라 장담한다.

그리고 그 외에 위에서 자기소개서에서 열심히 준비했던 내용들, 즉 이 책의 뒤에서 배울 각종 업무적 법 이야기와 여러분들의 인생 사이의 연결고리들을 한번 더 되새김질하자. 자기소개서는 반드시 한번 더 읽고 가야한다. 아니 줄줄 외우고 갈 정도로 보고 가는 것이 제일 좋다. 보통 여러 군데의 회사를 지원하기에, 그리고 면접은 자기소개서를 제출하고 한참 뒤에 보는 것이 보통이기에 여러분이 면접을 볼 때쯤에는 여러분이 '이 회사'의 자기소개서에 무슨 얘기를 썼는지 기억도 못하는 경우가 허다하다. 그런데 면접관들, 특히 인사담당자가 아닌 '찐'실무진 면접관들의 손에는 여러분들의 자기소개서 한 장이 달랑 들려있다. 그럼 뭘보고 질문을 하겠는가? 예상질문이 거기에 다 있는데 그걸 공부 안하고 오는 것은 정말 말이 안 되는 짓이다. 내가 썼던 내용이 '불의타'가 되어 돌아오는 경우가 정말 생각보다 많으니 자기소개서에 쓴 내용은 완벽하게 숙지하고 면접에 임해야 한다.

또 회사 따라 다르긴 하겠지만 실무진 면접에서 인사부서 인원이 함께 질문을 던지는데 회사에 맞는 사람인지에 대한 궁합질문이 주를 이룬다. 회사 홈페이지를 참고하여 대외적으로 공개된 회사의 인재상에 대해 고민을 해보고 그것에 맞추어 자신을 최적화하자. 단순히 예상답변들만 잘 써가면 되는 것이 아니다. 회사와 나의 궁합은 실제 조직생활을 하면서 굉장히 중요한 요소이기 때문에 미리미리 자신과의 궁합을 파악해보는 것이 좋다. 그래서 꼭 가고싶은 회사라면 인재상에 맞춘 최적화를 해두는 것을 추천하고, 그렇지는 않은 회사라면 인재상은 참고만해서 예상답변만 잘 준비해보자.

많은 지원자들이 회사 홈페이지에서 공개되는 인재상이 그저 겉만 번지르르한 입에 발린 소리라고들 생각한다. 하지만 대외적 홈페이지에 걸리는 내용이면 최소 임원결재를 득한 내용이다. 회사가 직원을, 인재를 어떻게 생각하는지, 이 회사는 어떠한 조직인지 상당히 많은 정보를 얻어갈 수 있는 곳이다. 단어 선택 하나하나부터 그 글의 분위기까지 음미해보자.

반면 임원진 면접은 솔직히 어떤 질문이 나올지 예측하기 힘들다. 임원분들이 어떤 생각을 하실지 예측할 수 있다면 내 직장생활이 500배쯤 편해졌을테지만 그렇지 않은 것이 슬픈 현실이다. 실무진 면접과 비슷한 준비를 하되, 상상도 못할 질문이 튀어나올 확률이 상당히 높으니 최대한 좋은 인상을 남기려 노력해보자.

이제 길고 길었던 입사과정이 마무리 됐다. 이제 어엿한 사회의 구성원으로서 제몫을 다 하게 된 자신을 그려보며 인생 마지막 방학을 즐기자.

II

주요 기업
법무 일반

01

"왜" 사람을 뽑는가?

"왜" 사람을 뽑는가?

일이 있기 때문이다. 그렇기에 기업에서, 기업 법무에서 어떤 일을 하는지부터 생각을 해봐야 한다.

아래에서 법무팀의 일에 대해서 상세히 소개하는 시간을 갖겠지만 먼저 일단 취업을 해야 하니 간단히 보고가자. 크게 네 덩어리다. 계약 및 법률자문, 컴플라이언스, 주주총회/이사회, 분쟁해결. 여기에 작은 혹 같은 게 붙는데 바로 형사분야다. 앞서 언급한 것과 같이 분쟁해결 분야와 형사분야는 변호사 자격이 있는 사람들이 다루기 훨씬 적합한 분야이고, 그렇기 때문에 사내변호사들의 수가 많아지면서 이 분야들은 대부분 사내변호사의 역할로 돌아갔다. 따라서 이 둘은 이 책에서 다룰 범위에서 제외했다.

그럼 그 둘을 제외하고 이 중에서 여러분이 배운 것은 무엇인가? 놀랍게도 거의 없다. 길게는 4년을 법을 배웠지만 기업 실무에서 벌어지는 일들에 대해서는 거의 배운 게 없다시피 한 것이 교육현실이다. 대충 떠올려봐도 우리가 아는 것은 계약검토에 필요한 계약법 관련 일반지식, 주주총회/이사회 관련 상법지식이 전부이다.

그것이나마 배웠으니 바로 업무에 투입될 수 있는가? 그것은 또 전혀 다른 문제다. 법학공부를 하신 분들이라도 방대한 학습 범위에 치여 대부분의 지식은 교과서에서만 보아왔고 실제 그것이 현실에서 어떻게 이루어지는지에 대해 고민을 해볼 시간은 없었을 것이다. 심지어 계약법을 배웠는데도 (자취를 해서 부동산을 오가본 경험이 있는 학생을 제외하고는) 계약서라는 것이 어떻게 생겼는지 본 적도 없는 학생들이 태반이다. 이런 상황에서 계약검토에 투입될 수 있겠는가? 대답은 뻔하다.

그러니 여러분이 법무 취업을 하고자 취업 전선에 뛰어들었을 때, 여러분에 대해 면접관이 알고 싶어하는 것 역시 뻔하다.

그래서 이 다음 장부터는 여러분들이 여태까지 배워온 것을 실무의 관점에서 다시 훑어보는 시간을 가질 것이다. 방대한 법령의 전 범위를 다 봐야 하나? 전혀 그럴 필요가 없다. 우리는 시험을 보는 것이 아니다. 실무에 실제로 사용되는 부분들만 추려서, 그중에서도 아주 중요한 내용들만 다시보는 시간을 가질 것이다. 여러분들은 실무에서 어떤 일이 일어나는지, 그것에 여러분들이 학교에서 배운 지식이 어떻게 적용되는지의 관점에서 읽어나가시면 된다. 이 부분들을 읽고나면 어떤 것들이 주로 문제가 되는지 감이 올 것이고 학점만 열거한 지원자들보다 자기소개서와 면접에서 월등한 점수를 얻어갈 수 있을 것이다. 조금 더 완벽을 기하고자 하는 지원자분이라면 여기에 여러분이 지원하는 산업과 관련된 특유의 법들만 조금 더 추가하면 된다.

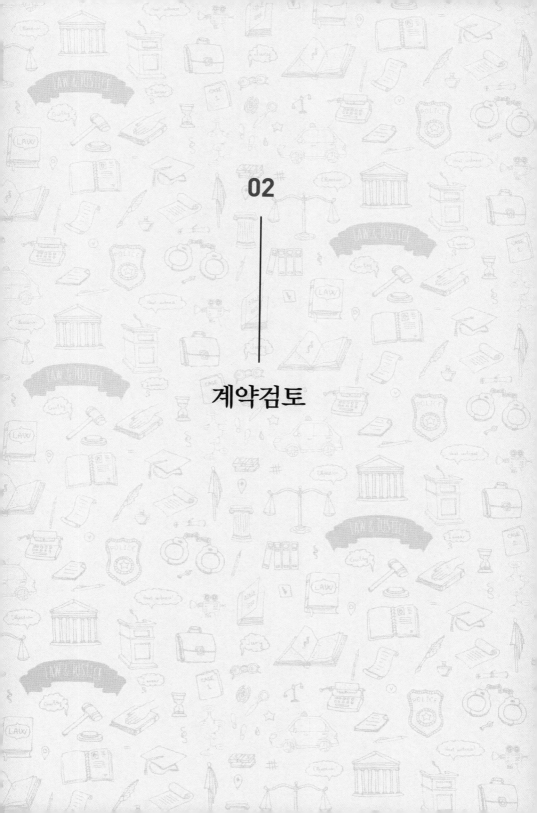

02

계약검토

계약검토

가. 총론

(1) 계약 일반

기업에서는 수많은 계약서를 작성, 관리한다. 수조원 단위의 굵직한 프로젝트 계약서도 있지만 작은 블로그 광고 계약 같은 것도 많다. 작은 규모의 회사라 할지라도, 아무리 작은 사업을 영위한다 하더라도 법인의 이름으로 관리되는 계약은 정말 수두룩하게 많을 수 밖에 없다. 뿐만 아니다.

서류의 이름도 다양하다. '계약서'의 명칭을 가진 것도 있지만 '계산서', '기술 사양서', 'Technical Specification', 'RFQ' 등의 갖가지 이름으로 작성된다. 기업들은 '실제 세계'에서 벌어지는 물품 제작, 납품, 운송부터 설계, 건설 시공이나 소프트웨어 유지보수 용역 등 많은 일들을 처리해야 하기 때문이다. 우리는 이 일들이 잘 굴러가게 하기 위해 계약을 하는 것이고, 그렇기에 계약서에서는 계약 내용을 분명히 정의하고 문제가 생겼을 경우를 대비한 명확한 해결방안을 제시해야 한다. 그래서 계약서는 법적 효력을 갖는 아주 중요한 문서고 이를 구성하는 문장 한줄한줄이 법률용어들로 가득 차 있다.

여기서 계약서가 법적 효력을 갖는다는 말은 '법적 구속력' 또는 '강제력'을 말한다. 상대방이 계약내용대로 이행을 하지 않는다면 이를 계약서에 근거하여 강제할 수 있다는 의미이다. 쉽게 말하면 유효한 계약을 했다면 법원에 달려가서 '약속대로 해라'라고 판사님께 일러바칠 수 있는 힘이 생긴다.

바로 이 점이 계약과 우리가 사업 실무에서 흔히 보게 될 LOI(의향서 Letter of Intent)나 MOU(양해각서 Memorandum of Understanding)와의 차이이다.

이 둘은 계약과 달리 법적 구속력이 없다. 사실상 '잘해봅시다' 정도의 의미를 갖는 것이다. 그런데 왜 하는 것인가? 사업에서는 실제로 이러한 '잘해봅시다'가 큰 의미를 갖기도 하고, 추후 '진짜' 계약서를 작성할 때 위 LOI나 MOU에 적었던 내용을 그대로 포함시키거나 아예 계약서의 일부로 첨부하기도 하는 등 계약서 작성을 용이하게 해준다. 그리고 전체적으로 보면 법적구속력이 없지만 일부 조항에는 법적 효력을 부여하여 상대방을 실제 계약이 이루어질 때까지 약속을 지키도록 할 수 있다. 계약체결시까지 사업관련 비밀을 유지해야 한다는 조항이나 다른 경쟁자와의 접촉을 금지한다는 조항들이 대표적이다.

여기서 여러분은 살짝 당황했을 것이다. MOU는 강제력 없다면서? 핵심 아이디어는 여러분이 작성하는 문서의 제목이 아니라 당사자 간의 의사의 합치가 중요한 것이라는 것이다.

MOU라도 비밀유지 의무와 같이 일부조항의 경우 당사자 간 그 조항 내용에 구속받고자 하는 의사의 합치가 있고, 이러한 의사의 합치가 해당 문서 내에 명확히 표시됐다면 구속력이 생긴다. 의사의 합치가 명확히 표시돼야 한다고 해서 뭐 대단한 것이 필요한 것은 아니고, 보통 '~할 수 없다', '~해야 한다'와 같은 문구를 사용하여 '구속받고자 하는 의지'를 표현하고 그거면 충분하다.

반대로 일반적으로 '최대한 노력한다', '적극협조한다'와 같은 문구는 이러한 강제성이 없다고 보는 전형적인 표현이니 주의하도록 하자. 산업현실에서 계약상대방에게 '공손한 표현'을 쓰겠다고 이러한 문구들이 가득한 합의서를 작성하는 경우가 굉장히 많은데 나중에 문제가 생겼을 때 어떠한 효력도 인정받지 못할 수 있다.

어쨌든 계약서는 법적 강제력을 갖기 때문에 잘 써야 한다.

그런데 그렇게 중요한 걸 실무진들은 어떻게 작성하나? 팀 드라이브에서 비슷한 다른 프로젝트에서 썼던 계약서를 긁어다가 복사, 붙여넣기 한 뒤에 숫자만 바꾸고 제출한다. 정말이다. 숫자를 제외한 나머지 '문자'로 된 조항들은 사람들의 뇌에서 자동으로 필터링 된다. 아무도 읽지 않는다. 그렇게 팀의 문화유산인 전설의 계약서는 숫자만 바뀐 채로 도장이 찍혀 나간다. 계속해서.

여기서 우리가 개입한다. 규모가 작은 회사라면, 혹은 아주 중요한 계약이라면 법무부서에서 직접 계약서를 작성할 수도 있다. 하지만 법무조직을 갖춘 보통의 기업들은 계약서 '작성'까지 법무조직에서 맡지는 않는 것이 보통이다. 앞서 언급했다시피 기업이 운영되기 위해서는 정말 무수히 많은 계약관계가 맺어져야 하는데 그것을 각 담당부서에서 처리하지 않고 (예를 들어 기계구매계약은 기계설계팀에서, 운송계약은 운송팀에서, 보험계약은 금융팀에서 등등) 법무조직에서 맡아서 작성하는 것은 물리적으로 불가능하기 때문이다. 그렇기 때문에 법무조직에서는 계약서 작성 후 체결 전 '검토'를 하는 경우가 대부분이다. 그래서 여러분들은 법을 배우지 않은 실무 담당자분들이 위와 같은 식으로 계약서의 문언을 그렇게 열심히 읽어보지 않고 숫자만 바꾸는 식으로 작성한다는 사실을 알고있어야 한다. 비슷한 프로젝트의 비슷한 계약에서 긁어오는 것이다! 비슷한 계약을 긁어왔으면 다행이고 심지어는 구매계약에 용역계약서를 사용하는 경우와 같이 전혀 비슷하지 않은 계약서 양식을 사용하는 경우도 빈번하니, 항상 이 계약서가 무엇을 하기 위한 계약서인지를 반드시 확인해야 할 것이다. 그걸 검토를 요청할 때 언급을 해주는 실무자가 있는 반면, 그저 계약서만 덜렁 던지고 마는 경우도 많으니 실무부서와의 커뮤니케이션은 필수적이다. 계약목적에 전혀 맞지 않는 계약서인데도 불구하고 손해배상, 해제 조항이 잘 붙어있다고 그냥 '오케이'하고 승인을 해서는 안 되는 것이다. 계약 검토는 단순히 계약법만 알아서는 제대로 해낼 수 없는 일이다. 절대로.

이러한 설명만으로는 잘 와닿지 않을 것이니 기업이 계약을 할 때에는 어떤 과정을 거치는지를 피상적으로나마 알아둘 필요가 있다.

1) 먼저 그 계약으로 무언가를 달성(예를 들어 물건의 구매를 하고 싶거나, 용역을 맡기거나)하고자 하는 실무부서에서 그 필요성이 생긴다.

2) 그리고 나서 이에 대한 내용을 구매 혹은 외주관리 등 해당 계약을 관리하는 부서에 요청을 하고(그 실무부서에서 직접 계약을 체결하는 경우는 생략)

3) 해당 부서에서는 수의계약의 경우에는 직접 필요한 일을 해줄 수 있는 업체와 컨택을 하고, 입찰을 하는 경우에는 입찰절차를 준비한다(입찰공고문 작성, 입찰 설명회 개최 등).

4) 이제 어느 회사와 일을 할 것인지가 정해졌으면 계약서를 작성한다. 이 과정에서 실무진 간 기본적인 협상이 이루어진다.

5) 그 초안을 법무부서에 보내 법무검토를 받는다.

6) 법무부서에서 수정한 내용을 가지고 두 회사 실무진 간 최종적인 계약체결을 위한 협상이 이루어진다. 협상과정에서 새로운 수정사항이 생기거나 협의가 안되는 경우 다시 법무부서의 검토를 거친다.

7) 최종적으로 확정된 계약서를 결재받고 날인을 한다.

이러한 절차 중에서 법무부서는 법무검토 단계인 5) 항목에서만 개입을 한다. 그렇기 때문에 계약서는 우리를 '스쳐지나갈' 뿐인 모양새가 된다. 이 점을 반드시 염두에 두어야 한다. 계약 체결의 필요도 실무부서에 의한 것이고, 계약 체결 이후 그 계약서로 달성하고자 하는 업무 역시 실무부서에 의해 이루어진다. 그렇기 때문에 이들의 니즈를 정확히 파악하는 것이 기업 법무 계약업무의 알파이자 오메가이다. 계약법 관련 내용 검토는 너무 당연한 것이고 유능한 사내 법무 조직의 일원이 되기 위해서는 이를 반드시 염두에 두어야 한다.

취업에 있어서도 면접에서 '법무조직 일원으로서 어떤 것이 중요하다고 생각하나요?'라는 질문을 받을 확률이 높을텐데 이럴 때 '실무부서와의 긴밀한 커뮤니케이션이 필수적'이라고 대답하면 면접관들 모두가 감동의 눈물을 흘릴 것이다.

그리고 또 하나 알아두어야 할 점. 여러분은 법무팀에 취업했다. 그 이야기는 당연히 여러분의 회사는 법무조직을 갖춘 회사이고 계약서를 법을 배운 사람의 관점에서 검토를 한다는 이야기이다. 그런데 그렇지 않은 경우도 있다. 아니, 태반이 그렇다. 즉 애초에 법을 제대로 배운 법무부서 사람이 계약서를 검토하는 회사들이 많지 않다는 이야기이다(숫자로만 따지면).

이것은 여러분이 계약서를 검토하고 상대방측과 특정 조항의 추가 및 삭제 등을 논의할 때 항상 염두에 두어야 하는 사실이다. 여러분은 지금 굉장히 유리한 위치에 있는 것이다. 법을 배운 여러분이, 이 책을 통해 실무까지 배웠다. 상대방은 무방비 상태로 여러분이 아리까리하게 독인 듯 아닌 듯 넣어둔 독소조항에 당할 수밖에 없게 된다.

다만 자만하면 안 된다. 법무팀은 해당 프로젝트의 내용과 그 안에 포함된 기술적 언어를 알지 못하기에 우리가 열심히 뜯어본 법무검토조차도 기술과 관련된 계약서에 한해서는 피상적인 검토가 되기 일쑤이다. 우리가 검토한 것은 대부분 '돈'이나 '계약관계 그 자체'에 관련된 손해배상, 해제 등의 일반적인 조항들이 대부분이다. 현업부서 사람들이(이 계약서를 작성한!) 법적인 내용을 건너뛰고 기술적인 내용만을 고쳐담았다면 여러분들은 정반대의 문제를 갖고 있다. 그래서 항상 많은 문제가 생기는 지점은 그 가운데의 회색 부분, 즉 그 계약이 정말 이루고자 하는 목적과 관련된 사업적인, 혹은 기술적인 내용으로 우리가 제대로 이해 못하고 넘긴 부분들이다(앞서 든 예를 이용하자면 현업부서 사람들이 단순한 물품 '구매' 계약서를 작성해서 법무검토를 올렸는데 그 계약의 진짜 목적을 알아보니 단순 구매가 아니라 용역 '도급' 내용이 포함되어 있어 까다롭기 그지없는 하도급법 적용 대상이 되는 경우가 있을 수 있다). 그나마 다행인건 계약 상대방 회사도 마찬가지라는 것이다. 뭐 그렇게 해도 프로젝트는 어찌저찌 잘 굴러간다. 문제가 생기기 전까지는. 이것이 대한민국 산업 현실이다.

그래서 우리는 계약의 기초적인 내용에 대해 알아야 할 필요가 있고, 법만 안다고 자만하지 말고 자신이 속한 회사의 사업과 그 계약이 이루고자 하는 사업적 목적에 대해서 명확히 알아야 한다.

법학을 전공하지 않은 실무진들이 법률용어들이 난무하는 계약서를 '작성'하고, 법학을 공부한 우리가 사업내용이 가득 담긴 계약서를 '검토'해야 하는 것이 실무의 현실이다. 하지만 아무도 그에 대해 알려주는 사람은 없었다. 이 책이 나오기 전까지는 말이다.

또 기업 법무의 계약서 작성과 관련해서 알아야 할 한 가지 포인트가 더 있다. 우리는 계약법 시간에 수많은 법과 판례들을 배운다. 그런데 그 대부분은 계약서에 별 내용을 안썼기 때문에 벌어지는 문제 상황들이다. 하지만 (여러분이 취업을 희망하는) 대기업들은 법무부서를 운영하고 있기 때문에 이러한 법과 판례가 나온 상황들을 다 알고, 그것을 반영한 자체적인 표준계약서를 가지고 있다. 그렇기 때문에 계약 실무의 초점이 많이 달라진다. 즉, 교과서에서는 계약서에 별 내용을 안넣었을 경우, 각 계약의 종류별 특성을 고려하여 어떤 조문이 적용되고 어떤 판단 기준이 적용되어야 하는 것인가에 대한 분쟁상황에서의 해결 방법을 배운다면, 실무에서는 그것들이 이미 다 반영된 계약서들을 가지고 사용하기 때문에 이 사업을 원하는 대로 진행시키기 위해서 이 계약서를 사용하는 것이 맞는 것인가에 대한 판단이 훨씬 중요해진다.

이 부분 역시 현업 실무 담당자들이 원하는 사업의 내용이 '이 계약서'로 커버가 되는지 확인하는 것이 필수적이기 때문에, 결론적으로는 사업을 잘 알고 있어야 한다는 결론이 다시금 도출된다. 아무리 강조해도 부족한 포인트이다.

여기까지 여러분들이 모르고 계셨을 기업 법무에서의 계약서 작성 실무에 관한 가장 중요한 포인트 두 가지를 정리하면 다음과 같다.

법무부서에서는 계약서 '작성'을 하지 않고 '검토'를 하는 경우가 대부분이다.

여러분들이 계약법 시간에 배운 법리들이 반영된 '표준계약서'가 회사에 있기 때문에 계약법 법리 그 자체보다는 이 계약에 이 계약서를 쓰는 것이 맞는 것인지에 대한 판단이 굉장히 중요해진다.

 ## 어떤 계약서는 얇고, 어떤 계약서는 두껍던데 왜 그래요?

계약에 대해 살펴보기에 앞서 알아두면 좋을 내용이 있다. 굉장히 기초적인 내용이지만 수험위주의 법공부만을 해왔다면 제대로 이해하지 못했을 내용이기에 간단히 설명하고 넘어가도록 하겠다. 법과 관련된 논의가 나오면 '대륙법'과 '영미법' 이야기가 빠지지 않는다. 어디선가 들어봤을 것이다. 당연히 우리나라는 대륙법계다. 지리 과목을 배우지는 않아도 그정도는 세계지도를 펼쳐보지 않아도 안다. 근데 그게 뭔 차이인가? 알아보자. 이 차이가 우리의 계약서 작성 실무에 크나큰 영향을 미친다는 사실을.

개략적으로 설명하자면 대륙법계는 온갖 것들에 대해 세세하게 '규칙'들을 미리 정해둔다. 문자로 적힌 '법'으로 말이다. 멋지게 이해하고자 한다면 이를 '함수' 또는 '알고리즘'으로 생각하면 된다. 그래서 우리가 '법전'을 그리 신성시하는 것이다. '규칙'이 있으니 우리가 '입력'을 넣으면 '결과'가 튀어나온다. 이용자 입장에서는 굉장히 편리하다.

하지만 당연히 우리 국회의원들이 모든 경우의 수를 대비해서 규칙을 만드는 것은 불가능하다('우리'라고 쓰긴 했지만 이건 당연히 다른 나라도 마찬가지다). 거기다가 '규칙' 자체도 '언어'로 표현되기 때문에 부실하기 짝이 없다. 이러한 규칙 기반 시스템은 그러한 빈 구멍에 대한 해석과 명확하게 표현되지 못한 부분에 대한 다툼이 숱하게 생길 수밖에 없다.

반면 영미법계는 판례 위주의 케이스 중심의 시스템이다(물론 그렇다고 문자로 적힌 법이 아예 없는 것은 아니다). "이러이러한 상황이 있었고 이럴 때 법원은 이렇게 판단했었대." 이 '상황' 자체가 중요해지는 것이다. 그렇다보니 영미법계에서는 케이스 위주의 공부와 실무가 이루어진다.

인공지능 분야에 관심이 있는 사람이라면 다음과 같은 비유를 생각해보라.

이전까지 우리는 컴퓨터에 if-then 형식의 규칙을 입력하여 각 명령에 따르는 규칙기반 시스템을 설계해왔다. 하지만 이런 식으로는 굉장히 한정적인 업무처리만이 가능하다는 사실이 드러났다. 쓸데없이 규칙 수만 많아져서 관리하기도 힘들며, 시대를 쫓아가기에는 법률 제정 과정이 너무나도 느리다는 당연한 단점도 있고 말이다. 이윽고 머신러닝과 빅데이터의 시대가 도래하면서 케이스별로, 여러 데이터 세트 자체를 학습시켜서 배우고 스스로 규칙을 배우고 형성하는 패러다임의 전환이 이루어졌다. 전자의 모습이 대륙법계의 모습이고, 후자가 영미법계의 시스템이다.

그래서 그게 우리랑 무슨 상관인데? 계약서 분량과 내용이 차이가 난다.

대륙법계 국가에서는 법전에 '우리'가 지켜야 할 온갖 '규칙'들이 다 정해져있으므로 거기에 따르기만 하면 된다. 그래서 계약서가 간단하다. 여러분들이 가장 쉽게 접했을, 부동산에서 30분이면 완성되는 임대차 계약서를 떠올려보자.

달랑 한 장이다.

계약이 누구와 누구 사이에서, 어떤 부동산에 대해서, 언제부터 언제까지, 얼마주고 이루어졌는지와 같은 기본적인 사항을 써넣고 나면 나머지 사항들은 특약 사항 정도만 대충 집주인과 협의해서 써넣는다. 왜? 우리 임대차 계약과 관련된 내용은 민법과 임대차보호법에 다 써 있으니까 그렇다. 미리 정해진 규칙들이 있다는 것이다. 그래서 여러분들 입장에서 유리한 법 규정들이 존재하는 경우 그에 대한 내용을 굳이 계약서에 적을 필요가 없다.

반면 영미법계는? 미리 정해진 규칙이 없기 때문에 온갖 내용들을 계약서에 다 집어넣는다. 하자가 생기면 어떻게 처리할 것인지, 나중에 분쟁해결은 어떻게 할 것인지, 입금 방법은 어떻게 할 것인지 등등 오만 가지 내용들을 다 집어넣는다. 그래서 간단한 계약이라도 계약서 분량이 책자만큼 불어난다. 조금이라도 큰 계약이라면 계약서 사이즈가 백과사전을 방불케한다. 변호사들에게도 버거운데 일반인들은 들여다볼 엄두도 나지 않는다.

그래서 글로벌 시장을 상대하는 수출기업들의 경우 영미권 스타일의 온갖 사항들을 다 집어넣은 계약서들을 많이 사용한다. 업계에 따라 계약서 스타일이 다른 것이다. 글로벌 계약에 익숙한 기업들의 경우 국내 계약에서도 두툼한 영미권 스타일의 계약서를 사용하고, 반대로 국내 계약이 익숙한 업체의 경우 글

로벌 계약에서도 그리 두껍지 않은 계약서를 선호한다. 팀 드라이브에서 굴러다
니는 계약서들이 다 그렇게 생겼으니 결국 그걸 가지고 적당히 수정해서 계속
돌려쓰다보니 그렇게 되는 것이다.

여러분이 종사하는 업계에 따라서, 프로젝트에 따라서 어떤 계약서는 들춰보
기도 싫게 생긴 푸짐한 사이즈의 책이고 어떤 계약서는 얇다면, 그리고 그 이유
가 궁금했다면 그 차이가 이런 연유에서 발생한다는 것을 알아두면 좋다. 안
그래도 영어로 쓰인 계약서는 읽기 싫은데 왜 이렇게 쓸데없이 두껍냐? 하는
의문이 들었던 분이라면 이제 후배들에게 아는 척 한번 해주자.

물론 아는 척 외에도 실제로 일을 하다보면 비전공자분들에게 이러한 기초지
식들을 설명해줘야 할 경우가 많다. 내 경험에도 어느 임원 분께서 '해외 어느
국가에서나 쓸 수 있는 만능 표준계약서' 작성을 의뢰했던 적이 있다. 어느 국
가인지 특정도 안 되고, 특정 구체적 프로젝트를 염두에 둔 것도 아니었다. 추
상적이기 그지없다. 때문에 엄청나게 세세한 내용이 가득 담긴, 업계에서 자주
쓰이는 영미권 스타일의 계약서 양식을 작성해서 들고갔다. 하지만 돌아오는 말
은 '우린 이렇게 두꺼운 계약서를 이해할 수 없다. 간단히 만들어달라'라는 것이
었다. 그 분께서 특정을 하지 않았기 때문에, 계약서를 이해할 역량이 되지 않기
때문에 오히려 모든 경우의 수를 세세하게 기재한 계약서가 필요하다는 사실을
받아들이기 힘들었던 것이다. 그리고 실무에서 이러한 일들은 비일비재하다. 제
대로 된 계약문화가 자리잡는 데에 있어 걸림돌인 셈이다. 이제 우리는 이러한
요구에 대해 설명할 지식이 생겼다.

정리해보면 다음과 같다.

	대륙법계	영미법계
시스템	규칙 기반	케이스 기반
계약	특약만 간단히 작성	세부적인 케이스까지 작성

이제 계약과 관련된 일반적인 내용을 살펴 보자. 여기서는 여러분들이 '민사법' 시간에 배운 계약법 관련 지식들이 실제에서 어떠한 모습으로 현출되는지, 그것에 따른 산업실무에서의 실질적인 문제발생의 모습은 어떠한지 위주로 볼 것이다.

이에 앞서 다시 한번 강조드리고 싶은 이야기가 있다. 계약서를 나누어 여러분이 속한 법무를 비롯한 '스탭 부서'에서 검토하고 관리하는 상업계약서와, 실무 현업 부서에서 검토하는 기술계약서로 따로 관리하는 경우도 있지만[1] 그렇지 않은 경우도 많다. 즉 여러분들이 온갖 법적, 기술적 내용이 담긴 계약서 전체를 작성, 검토해야 할 일이 자주 있기 때문에 여러분도 '전체'를 조금은 알아둘 필요가 있다. 그리고 기술부서에서 작성한 계약서를 검토하더라도 실제 프로젝트를 진행하다 생기는 문제들은 여러분 선에서 해결해야 하는 경우가 수두룩하기 때문에 적어도 계약서의 어떠한 내용이 중요한지는 필수적으로 알아야 한다.

이를 위해서 계속 강조하지만 법과 이 책의 범위를 벗어나는 여러분이 속한 산업계, 그리고 여러분의 회사의 사업에 대한 지식을 연마하는 것은 사내법무조직 일원으로서의 필수적인 자질이다. 어쩌면 법보다 더 많은 시간을 투자해야 할 것이고 그게 맞다. 일을 제대로 처리하고 싶다면.

계약서를 잘 만들기 위해서는 무엇을 보아야 할까. 일단 우리가 계약서를 열심히 작성해야 하는 이유부터 알아야 한다. 계약서 작성의 핵심은 법의 한도 내에서 최대한 여러분의 회사에 유리하도록 작성하는 것이다.

여기서 '유리'라는 말은 애매하기 그지없다. 기준이 있어야 한다. 뭐에 비해서 '더' 유리해야 유리한 것인가. 기준이 되려면 양 계약당사자

---

[1] 규모가 큰 계약의 경우 엔지니어분들이 검토하는 기술적 내용을 적어놓은 부분은 Technical Specification 등의 이름을 달고 계약서의 '첨부'로 들어간다.

들의 입장을 모두 고려하여 어느 정도 '공정함'을 갖추어야 한다. 이 기준으로 삼을만한 것이 있다. 민법이나 상법 등에 규정된 계약법의 기본 원칙들과 공정위 같은 정부기관이나 업계사람들이 모여서 만든 표준계약서이다. 이러한 기준들은 상대적 비교를 할 때에도 유용하지만, (실무에서 꽤나 자주 벌어지는) '맨 땅에 헤딩'해서 처음부터 계약서를 작성해야 할 경우에 좋은 길라잡이가 되어준다는 측면에서 알아두면 매우 유용하다. 사실상 여러분들은 이러한 경우에 이러한 표준계약서를 써먹게 될 가능성이 가장 클 것이다.

계약법의 내용들은 뒤에서 살펴보도록 하고 표준계약서를 먼저 보자.

표준계약서에 관하여 주의할 것이 있다. 아무 표준계약서나 인터넷에서 주워다가 사용하면 안 된다. 인터넷에서 표준계약서라고 이름 붙어 돌아다니는 것들의 상당수가 아무 내용이 없거나 일방에게 유리하게 작성된 것이다. 그래서 막 가져다 썼다가는 낭패를 볼 수 있다. 대기업들의 경우 회사 법무팀에서 만든 역사와 전통이 있는 표준계약서를 쉽게 찾아볼 수 있을테지만(상당수가 너무 오래된 것이긴 하지만) 모두가 그렇게 운이 좋은 것은 아니다. 그리고 여러분이 대기업 법무조직에 입사했다 하더라도 끊임없이 새로운 표준계약서를 만들고, 기존 표준계약서를 수정하고 해야 할 일들이 생길 것이다.

회사에서 사용하는 표준계약서를 구하지 못했을 경우 계약의 양 당사자의 입장과 법률 내용들을 최대한 반영하여 각계 전문가들이 모여 오랜 시간동안 머리싸매고 만든, 정부부처에서 발행한 표준계약서가 좋은 길잡이가 돼준다. 그래서 그걸 어디서 보냐고? 정부는 국민들을 위해 공정거래위원회 사이트에 표준약관양식을 모아두었다.

검색엔진에서 "공정거래위원회"를 검색, 공정거래위원회 사이트에 접속해서 "정보공개"를 클릭한 후 "표준계약서"를 클릭하면 된다. 이 것조차 하기 귀찮은 여러분을 위해 각주로 링크를 달아놨다.[2] 정말 온 갖 계약들의 표준계약서들을 다 마련해두었다.

만약 여기서 찾지 못하였다면 자신이 관련된 업계를 관할하는 정부부처 사이트에서 찾아보면 된다. 우리는 산업분야의 계약서를 작성코자 하는 것이므로 공정위보다는 이쪽에서 찾을 수 있을 확률이 더 높다. 보통 해당 업계를 관할하는 정부부처에서는 훈령이나 고시의 형식으로, 즉 '행정규 칙'의 형식으로 그 업계에서 자주 쓰이는 계약의 표준계약서를 작성해 발표한다(행정법 공부를 하셨다면 아시겠지만 행정규칙은 일반 국민을 구속하 지 않는 것이 원칙이다. 그래서 정부부처에서 고시한 표준계약서를 사용하지 않 았더라도 여러분들이 잡혀가지 않는 것이다! 사실 그렇기 때문에 사문화된 정부 작성 표준계약서들이 많다).

예를 들면 건설과 관련된 계약의 경우 국토교통부에서 관장한다. 여 러분이 원하는 회사가 건설사업을 한다면 국토교통부 사이트[3]에 들어 가보자. 메뉴에서 "정책자료"를 클릭하면 "법령정보"가 보인다. "법령 정보"를 클릭하면 "행정규칙(훈령·예규·고시)"가 보인다. 이제 검색창 에서 "계약서"를 검색해보면 된다.

물론 표준계약서를 업로드 해둔 카테고리는 부처 사이트별로 다를 수 있다. 예를들어 소프트웨어 엔지니어들이 볼 '디지털콘텐츠 표준계 약서'는 과학기술정보통신부에서 관리하는데, 과학기술정보통신부 사 이트[4]에서는 표준계약서를 "정보공개" > "사전정보공표" > "사전정

2 https://www.ftc.go.kr/www/cop/bbs/selectBoardList.do?key=201&bbsId=BBS MSTR_000000002320&bbsTyCode=BBST01

3 http://www.molit.go.kr/portal.do

4 https://www.msit.go.kr/index.do

보공표목록" 게시판에서 찾을 수 있다. 사실 게시판 찾기가 상당히 까다로우니 그냥 어떤 정부기관 사이트를 들어가든 우측 상단의 전체검색 버튼을 클릭해 활용하도록 하자.

사소한 팁 한가지. 정부기관 사이트에서 검색시 주의할 점은 "계약서"나 "표준"을 검색해야지 "표준계약서"라고 검색하면 안 된다는 것. 왜냐하면 표준계약서를 올릴 경우 국토교통부의 표준계약서인 '민간건설공사 표준도급계약서'와 같이 '표준××계약서'라고 표기하는 경우가 잦기 때문이다.

그리고 정부기관뿐 아니라 건설엔지니어링업계의 FIDIC5과 같이 업계사람들이 모여서 만든 표준계약서들도 있다. 해당 업계를 관할하는 협회의 홈페이지에서 위와 같은 과정을 거쳐 찾아보자. 업계에서 만든 표준계약서는 장점이 있다. 당연히 자신들의 이익을 반영해두었기 때문에 위에서 언급한 '길잡이'가 되는 정부에서 만든 계약서보다 여러분의 입장에서 유용하게 써먹을 수 있을 가능성이 높다.

이렇게 찾은 표준계약서를 계약서 작성시 사용하거나 다른 사람이 작성한 계약서와 비교하는 용도로 사용하시면 막막함이 조금 풀리실 것이다.

표준계약서 얘기가 나온 김에 중요한 내용을 하나 보고가자. 정부부처나 업계사람들이 작성한 표준계약서가 아니라 계약당사자 일방이 '회사 내부적으로 작성해서 가지고 있는 표준계약서'를 사용할 때의 문제이다. 사실상 여러분이 지망하는 회사들은 어느 정도 시스템이 갖추어진 대기업인 경우가 대부분일 것이므로 이 경우가 가장 눈여겨보아야 할 내용일 것이다.

---

5 Fédération Internationale Des Ingénieurs－Conseils. 국제컨설팅엔지니어링연맹의 이름이자 이 기관에서 만드는 표준계약서의 이름이기도 하다.

계약실무에서는 '갑'과 '을'의 협상력 차이뿐만 아니라 계약서를 누가 작성했는지에 따라 계약의 유불리가 확연히 갈린다. 당연히 계약서를 먼저 작성해서 상대방에게 던지는 쪽이 유리하다. 일단 먼저 작성해놓으면 그것이 '기준'이 되고 거기에 어떤 내용을 더하거나 빼려면 상대방 측이 협상안을 제시해야 하니까 말이다. 더군다나 상대방이 제대로 된 계약서 검토 능력이 없다면 '갑'이 작성해서 집어넣은 독소조항에 눈뜨고 코 베일 수 있다. 그래서 자신의 회사가 '갑'이든, '을'이든 자주 이루어지는 계약에 대해서는 표준계약을 마련해두는 것이 좋다. 아니, 필수적이다. 평소에 '을'인 회사라도 어떤 계약관계에서는 '갑'이 될 수도 있고, 이번에 만난 '갑' 회사가 운이 좋게도 '너네가 계약서 알아서 준비해와'라고 할 수도 있을 뿐더러, '갑'이 던져준 계약서를 비교 검토할 대상이 필요하다.

이는 대기업에서도 실제로 왕왕 벌어지는 일이다. 자신의 회사의 표준계약서가 엄연히 존재함에도 '을'에게 계약서를 작성해올 것을 요청하는 경우가 있다. 왜 그런가.

조직 내의 관계를 이해할 필요가 있다. 그 표준계약서를 만들고 관장하는 것은 법무부서이다. 그런데 '현업부서' 사람들은 자신의 회사의 '법무부서'에 연락을 하는 것을 꺼려한다. 꽤 많은 '현업부서' 사람들은 '관리부서' 사람들을 싫어하거나 두려워한다. 충분히 이해는 가는 상황이다. 그러다보니 자기네 회사의 법무부서에 연락해서 계약서를 부탁하기보다는 '너네가 만들어서 가져와'라고 요구하는 일들이 있다. 그림으로 보면 다음과 같은 구조가 그려지게 되고, 각 단계를 거치는 것은 여러모로 굉장히 번거로운 일이라는 것을 알고계시면 좋을 것이다.

A회사 법무 ◄───► A회사 실무진◄───► B회사 실무진 ◄───► B회사 법무

결국 '을' 입장에서는 상당히 좋은 기회이고 이런 경우를 놓치지 않기 위해서라도 적당히 유리한 표준계약서를 마련해두는 것이 필요하다.

이렇게 운이 좋은 경우도 있지만 일반적인 모습은 아니다. 보통은 '갑'이 내부적으로 작성해서, 여러 상대방에게 돌려가며 사용하고 있는 표준계약서를 '을'이 계약서 문구 수정을 할 엄두도 못하고 사인을 하는 것이 우리 산업의 계약 실무 현실이다. 영화에서 보는 것처럼 각 당사자를 대리하여 정장 쫙 빼입은 변호사들이 우르르 몰려나와 서류 가방들고 미팅하며 협상하는 계약은 극히 드물다. 만에 하나 협상을 하더라도 협상 테이블에 앉은 사람은 계약서의 문구가 뭘 의미하는지도 모르는, 법을 배우지 않은 현업실무자이다. 이상할 것은 없다. 그 계약으로 이루어내고자 하는 '사업'의 내용은 실무자가 제일 잘 아니 그것은 당연하다. 하지만 그로인해 현실에서 대등한 당사자 간의 자유로운 의사에 따른 합의는 찾기 힘들다.

그래서 '을'을 보호할 필요가 있다. '갑'이 미리 작성해둔 계약서에 말도 안되게 부당한 내용을 적어두어도 '을'의 입장에서는 이것을 막을 수 없다는 현실을 반영한 것이다. 이 때문에 "약관의 규제에 관한 법률(약칭: 약관법)"이 만들어졌다. 사실 우리가 '약관'하면 보험사나 은행에 가서 사인해야 하는 눈에 보이지도 않는 작은 글자들이 더덕더덕 붙어있는 종이만을 떠올릴 텐데 그보다 넓은 말이다. 약관법에서의 약관의 정의가 다음과 같기 때문이다.

> **약관법** 제2조(정의)
> 이 법에서 사용하는 용어의 정의는 다음과 같다.
> 1. "약관"이란 그 명칭이나 형태 또는 범위에 상관없이 **계약의 한쪽 당사자가 여러 명의 상대방과 계약을 체결하기 위하여 일정한 형식으로 미리 마련한 계약의 내용**을 말한다.

그렇기 때문에 단 몇 명을 위해 미리 작성해 둔 계약서도 약관에 해당, 약관법의 적용을 받게 되는 것이다.

우리가 신경써야 하는 약관법의 주요 조항들을 살펴보고 가자. 먼저 우리가 알아둬야 할 핵심 아이디어는 약관법에 의하여 특정 조항에 문제가 있다고 판단되어도 계약서 전체가 통째로 다 날아가는 것이 아니라 개별 조항별로 유효인지 무효인지 여부가 판단된다는 것이다. 부분과 전체를 구별해야 하는 것이다. 이것은 일부무효의 특칙으로 제16조에 규정되어 있다.

> **약관법** 제16조(일부 무효의 특칙)
> 약관의 전부 또는 일부의 조항이 제3조제4항에 따라 계약의 내용이 되지 못하는 경우나 제6조부터 제14조까지의 규정에 따라 무효인 경우 계약은 나머지 부분만으로 유효하게 존속한다. 다만, 유효한 부분만으로는 계약의 목적 달성이 불가능하거나 그 유효한 부분이 한쪽 당사자에게 부당하게 불리한 경우에는 그 계약은 무효로 한다.

그리고 제4조에서는 개별 약정의 우선 원칙을 정하고 있다. 그 내용은 "약관에서 정하고 있는 사항에 관하여 사업자와 고객이 약관의 내용과 다르게 합의한 사항이 있을 때에는 그 합의 사항은 약관보다 우선한다"는 것이다.

약관에 주절주절 쓰여져 있는 내용에는 '갑'이 '을'에게 100만원을 준다고 쓰여 있더라도 당사자 간 합의로 '특약사항'란에 50만원만 주기로 합의해서 따로 써 두었다면 그러한 '개별 약정'이 우선한다. 그래서 약관은 대충 읽었더라도 별도로 적어둔 특약사항 부분은 확인의 확인을 거쳐 철저히 작성해야 한다.

그리고 약관은 공정하게 해석되어야 하며, 고객에 따라 다르게 해석될 수 없고, 뜻이 명백하지 않을 때에는 '고객', 즉 약관을 '받아 본' 상대방에게 유리하게 해석되어야 한다(제5조).

약관법의 하이라이트는 불공정한 약관조항을 무효로 규정하고 있다는 것이다.

약관법 제6조(일반원칙)
① 신의성실의 원칙을 위반하여 공정성을 잃은 약관 조항은 무효이다.
② 약관의 내용 중 다음 각 호의 어느 하나에 해당하는 내용을 정하고 있는 조항은 공정성을 잃은 것으로 추정된다.
1. 고객에게 부당하게 불리한 조항
2. 고객이 계약의 거래형태 등 관련된 모든 사정에 비추어 예상하기 어려운 조항
3. 계약의 목적을 달성할 수 없을 정도로 계약에 따르는 본질적 권리를 제한하는 조항

제2항에 불공정 약관의 예시를 세 가지로 들고 있다. 하지만 제6조 제2항에 쓰인 내용들은 너무 추상적이라 실제로 적용하기에는 별 쓸모가 없어 보인다. 그래서 제7조부터 제14조까지 불공정한 약관 조항의 유형들을 따로 규정해두고 있다. 그 내용을 다 설명할 수는 없기에 간단히 이름만 보고 가자. 제7조(면책조항의 금지)는 간단히 말하면 '줄건 줘

라' 조항이다. "'갑'이 고의 또는 과실로 '을'에게 손해를 입히더라도 손해배상을 해주지 않아도 된다"는 식으로 법률상, 계약상의 당연한 책임을 면제해주는 조항은 무효라는 뜻이다. 법을 좀 배운 사람들은 너무 말도 안 되는 규정 아니냐고, 누가 그런 계약서에 사인을 하냐고 따져묻지만, 이런 계약서들이 난무하는 것이 산업계의 현실이다.

그리고 제8조(손해배상액의 예정)은 실무적으로 LD(Liquidated Damage)라는 이름으로 더 많이 쓰이는 지연손해금 등을 너무 과도하게 정해두면 무효라는 것이다. 지연손해금에 대해서는 뒤에서 조금 더 자세히 알아보도록 하자.

제9조(계약의 해제·해지)는 예를 들어 '갑'의 훼방으로 당연히 계약을 해제 할 수 있는 상황인데도 '을'은 해제를 못한다고 규정하거나, '갑'은 계약을 아무 이유없이 해제할 수 있다거나, 계약이 해제되더라도 손해배상을 할 필요없다는 식으로 해제와 관련되어 부당한 내용을 정하는 조항은 무효라는 의미이다. 주의할 것은 계약을 해제하는 것은 당사자의 의사가 결정적으로 중요하기 때문에 위에 언급한 경우라면 모두 해당 약관 조항이 무효가 된다는 것은 아니고 '고객에게 부당한 불이익'을 줄 우려가 있어야만 한다는 것이다. 워낙 유동적인 거래분야라서 서로서로 계약을 물르는 경우가 잦다면 '갑'이 마음대로 해제를 할 수 있어도 그것이 '을'에게 딱히 불리하지 않을 것이다.

제10조(채무의 이행)은 '갑'이 제멋대로 '을'이 이행해야 할 내용을 정하도록 하는 조항 또는 '갑'이 자신이 이행하여야 할 것을 일방적으로 중지하거나 제3자에게 대행할 수 있도록 하는 조항은 무효로 정하고 있다. 예를들어 '을'이 '갑'에게 물건을 납품하는데, 구체적인 물건의 스펙을 정해둔 것이 아니라 '갑'은 "'갑'이 적당하다고 판단하는 물건"을 받

아야 '을'에게 대금을 지급한다는 식으로 규정하는 경우이다. 일반인들이 보면 누가 이런 말도 안 되는 식으로 계약을 하냐며 절레절레할 내용들이지만 우리 실무자들은 안다. 이런 '을'의 서러움을. 어쨌든 그런 조항은 무효다.

그 외에 고객의 정당한 법적 권리를 부당하게 박탈하거나(제11조), 고객의 의사를 무시하거나(제12조), 고객의 대리인이 계약을 체결할 때 대리인에게 계약상 책임을 뒤집어 씌우거나(제13조), 고객이 소송제기를 하지 못하도록 규정하는 조항(제14조)는 무효로 규정하고 있다.

"약관규제법"에는 이런 규정들이 있으니 '갑'의 입장에 있는 회사의 법무부서 인원들은 미리미리 나중에 무효로 될 조항들은 무리해서 집어넣지 말고, '을'의 입장에 있는 회사의 법무부서 인원들은 너무 상심하지 마시라. 추후 계약상의 불공정한 조항이 문제가 되었을 때 무력화 시킬 가능성이 열려있다.

그리고 자신의 회사가 '갑'의 위치에 있다고 신나서 "약관규제법"상 무효로 될 정도는 아니더라도 상당히 부당한 조항들을 계약서에 마구 집어넣는 경우가 왕왕 있는데 그것도 조심해야 한다. 보통 이런 경우 자신의 권리를 "'갑'은 ~을 할 수 있다"의 형식으로 과다하게 집어넣고는 하는데 나중에 내부감사를 받을 때 '계약서에 의하면 우리 회사는 이럴 때 ~할 수 있게 규정되어 있는데 너는 왜 그걸 안해서 우리 회사의 이익을 깎아먹었니?'라고 문책을 당할 수 있다. 실제로 벌어지는 일이다. 우리는 여기서 갑질 좋아하다 짤릴 수도 있다는 교훈을 얻어갈 수 있다.

또한 사내 법무부서에 들어간지 얼마 되지 않은 법무직원이 너무나도 강한 자신감에 가득차서 자신의 계약 지식을 뽐내고자 자신의 회사에 '너무 유리'한 조항들을 강제하려는 경우가 굉장히 많은데 정말 피해야 될 자세다(대표적으로 위약벌, 임의해지 조항, 무조건적인 '모든' 손해배상 조항, 비밀유지계약서(NDA)에 있어 '비밀'의 예외를 전혀 두지 않는 경우 등이 있다). 결국 '사업'이 되도록 도와야 하는 것이 기업의 일원으로서의 임무이다. 상대방이 '을'이라고 무조건 자신의 회사에 유리한 악독한 계약서를 강제하는 것은 회사 평판을 깎아 먹는 일이며 심지어는 자신의 그런 태도 때문에 사업이 불발될 수도 있다는 것을 반드시 염두에 두어야 한다. 또한 그러한 강요가 계속된다면 회사 내 실무부서에서도 좋은 소리를 들을 수 없다. '법무팀의 저 녀석 때문에 계약이 힘들어진다'는 평판을 듣게 되고 이는 여러분에게도 좋지 않으며, 실무부서에서 법무를 우회할 방안을 찾게 만드는 계기가 된다는 측면에서 회사 입장에서도 좋지 않다.

진짜 계약 전문가라면 취할 건 취하고 버릴 것은 버릴 줄 아는 태도가 필요하다. 이러한 자신감 있는 태도는 결국 자신의 지식에서 나온다. 어디까지 버려도 되는지를 아는 것, 무엇이 중요한지를 아는 것. 법학만 알아서는 안 된다. 산업과 사업에 대한 고려가 필요하다. 그리고 업계 실무 경험을 통해서만 익힐 수 있는 이런 지식이야말로 진짜 여러분의 가치를 올려주는 지식이고 전문성이다.

표준계약서는 어디서 찾아야 하고, 회사에서 일방적으로 만든 표준계약서를 사용할 때 무엇을 주의해야 하는지 알았다. 그럼 이제 계약법의 기본 원칙들을 파악해보는 시간을 갖도록 하자. 계약법은 사실 제대로 배우려면 백과사전 사이즈의 책 몇 권의 분량이지만 최대한 기업 실무에서 필요한 부분들만 추리고 추려봤다. 기본개념은 유사하기에 기본적으로는 국내법의 규정을 소개하되 필요한 경우 영미계약법 혹은 국제거래법의 내용을 곁들일 것이다.

아무튼 이 정도만 알아두어도 어디가서 아는 척은 못해도, 읽지도 않고 인터넷에서 긁어다온 표준계약서 복사, 붙여넣기 해넣은 을대리, 갑과장보다는 훨씬 훌륭한 성과를 내실 수 있으리라 확신한다.

(2) 계약이란 무엇인가

계약은 서로 대립하는 둘 이상의 의사표시의 합치로 성립하는 법률행위라고 정의된다.6 우리는 계약서를 보면 무슨 말인지 잘 몰라 두려워하지만 계약 자체라는 것은 간단하다. 일단 둘 이상의 당사자들이 짝짜꿍이 맞아 의사의 합치를 이루면 그게 계약이다. 이 '짝짜꿍(Mutual Assent)'은 청약(Offer)과 승낙(Acceptance)으로 나누어지며 그 효과로 계약이 '성립'된다. 대부분의 계약들은 특별한 양식도 필요없고 심지어 계약서가 없어도 된다. 말로만 합의해도, 냅킨에 대충 휘갈겨도 계약이 된다. 실무적으로 거쳐야 하는 복잡한 결재선, 인감 등과 무관하다.

그렇지 않고 일정한 양식을 지켜가며 계약을 해야 되는 경우가 있는데 이런 계약들을 요식계약이라고 한다. 다행히도 몇 종류 되지 않는다. 더욱더 다행히도 여러분이 업무적으로 다룰 계약 중에 이러한 요식계약은 없다고 보면 된다. 이렇게 일정한 양식이 없이 마음대로 체결해도 되는 계약을 불요식계약이라 한다. 여러분이 다룰 대부분의 계약은 이렇게 마음대로 해도 되는 불요식계약이다.

'그러면 번거롭게 계약서를 안써도 되나요?'하는 물음이 뭉게뭉게 피어오를 것이다. 당연히 서면으로 계약서를 쓰지 않으면 추후 굉장히 골치아픈 일들이 생길 것이 뻔하므로(인간의 기억은 믿을 만한 게 못된다)

---

6 지원림(2019). "민법원론 제2판". 홍문사. p256 참조

우리가 열심히 계약서를 쓰는 것이고, 그래서 지금 이 재미있고 유익한 책을 읽고 있는 것이다.

다만 이러한 "불요식계약"의 경우에도 법에서 일정한 경우에는 서면 또는 전자계약 등으로 계약서를 작성할 것을 강제하고 있는 경우가 있는데 국가기관과의 계약이나 하도급 계약이 대표적이다. 이는 "국가를 당사자로 하는 계약에 관한 법률(국가계약법)7"과 "하도급거래 공정화에 관한 법률(하도급법)8"에 "계약서를 써야된다"고 규정되어 있기 때문이

7 **국가계약법** 제11조(계약서의 작성 및 계약의 성립)
  ① 각 중앙관서의 장 또는 계약담당공무원은 계약을 체결할 때에는 다음 각 호의 사항을 명백하게 기재한 계약서를 작성하여야 한다. 다만, 대통령령으로 정하는 경우에는 계약서의 작성을 생략할 수 있다.
  1. 계약의 목적
  2. 계약금액
  3. 이행기간
  4. 계약보증금
  5. 위험부담
  6. 지체상금(遲滯償金)
  7. 그 밖에 필요한 사항
8 **하도급법** 제3조(서면의 발급 및 서류의 보존)
  ① 원사업자가 수급사업자에게 제조등의 위탁을 하는 경우 및 제조등의 위탁을 한 이후에 해당 계약내역에 없는 제조등의 위탁 또는 계약내역을 변경하는 위탁(이하 이 항에서 "추가·변경위탁"이라 한다)을 하는 경우에는 제2항의 사항을 적은 서면(「전자문서 및 전자거래 기본법」 제2조제1호에 따른 전자문서를 포함한다. 이하 이 조에서 같다)을 다음 각 호의 구분에 따른 기한까지 수급사업자에게 발급하여야 한다.
  1. 제조위탁의 경우: 수급사업자가 제조등의 위탁 및 추가·변경위탁에 따른 물품 납품을 위한 작업을 시작하기 전
  2. 수리위탁의 경우: 수급사업자가 제조등의 위탁 및 추가·변경위탁에 따른 수리행위를 시작하기 전
  3. 건설위탁의 경우: 수급사업자가 제조등의 위탁 및 추가·변경위탁에 따른 계약공사를 착공하기 전
  4. 용역위탁의 경우: 수급사업자가 제조등의 위탁 및 추가·변경위탁에 따른 용역수행행위를 시작하기 전
  ② 제1항의 서면에는 하도급대금과 그 지급방법 등 하도급계약의 내용 및 제

다. 둘 다 중요한 조항이고 계약서를 적을 때 꼭 써넣어야 할 법정기재 사항이 함께 규정되어있으니 한번 훑어두고 가자. 각주에 친절하게 달 아두었다. 계약서에서 어떤 것들이 중요한 사항들인지 판단할 좋은 길 잡이가 되어 줄 것이다.

어쨌든 "누가/언제/무엇을/어떻게 해야 하는가?"와 같은 계약의 주요 사항들에 대한 의사의 합치가 있으면 계약은 '성립'된 것이다. 계약이 성립되 면 그 계약의 내용은 계약을 한 사람들(계약당사자)을 구속한다. 성립된 계약은 준수되어야 한다. 이 당연한 얘기를 조금 멋있는 말로 '계약준 수의 원칙'이라 한다.

그리고 기본적으로 계약을 어떤 내용으로 할 것인지는 당사자들의 자유이다. 이를 '계약자유의 원칙'이라 한다. 하지만 자유에는 한계가 따르기 마련이다. 법이 꼭 지키라고 강제하고 있는 사항(강행법규)들에 반하는 계약 내용은 당사자가 자유롭게 정할 수 없다. 당연하지 않는 가? 계약으로 다 법을 회피할 수 있다면 뭐하러 법을 만들겠는가(위에

16조의2제1항에 따른 하도급대금의 조정요건, 방법 및 절차 등 대통령령으로 정 하는 사항을 적고 원사업자와 수급사업자가 서명[「전자서명법」 제2조제2호에 따른 전자서명(서명자의 실지명의를 확인할 수 있는 것을 말한다)을 포함한다.
하도급법 시행령 제3조(서면 기재사항)
  법 제3조제2항에 따라 원사업자가 수급사업자에게 발급하는 서면에 적어야 하는 사항은 다음 각 호와 같다.
1. 위탁일과 수급사업자가 위탁받은 것(이하 "목적물등"이라 한다)의 내용
2. 목적물등을 원사업자(原事業者)에게 납품·인도 또는 제공하는 시기 및 장소
3. 목적물등의 검사의 방법 및 시기
4. 하도급대금(선급금, 기성금 및 법 제16조에 따라 하도급대금을 조정한 경우 에는 그 조정된 금액을 포함한다. 이하 같다)과 그 지급방법 및 지급기일
5. 원사업자가 수급사업자에게 목적물등의 제조·수리·시공 또는 용역수행행 위에 필요한 원재료 등을 제공하려는 경우에는 그 원재료 등의 품명·수량· 제공일·대가 및 대가의 지급방법과 지급기일
6. 법 제16조의2제1항에 따른 하도급대금 조정의 요건, 방법 및 절차

서 본 약관규제법 규정들이 강행법규의 대표적인 예이다). 그래서 결론적으로 우리는 계약서를 잘 써야 하고 관련 법을 잘 알고 있어야 하는 것이다.

계약서의 인감 날인

참고로 계약의 날인에 대해 잠깐 알아두고 가도록 하자. 실무적으로 계약서가 최종적으로 확정되면, 그 계약을 체결하겠다는 계약체결 품의를 올린 뒤, 인감을 찍겠다는 별도의 인감 품의를 올리고 그것이 최종 결재가 난 뒤에서야 실제로 계약서에 도장을 찍어 최종적으로 계약체결 절차가 마무리된다. 물론 회사마다 다르지만 이런 절차가 존재한다는 것을 상상해보는 것만으로도 큰 도움이 될 것이다. 이때 어떻게 뭘 찍을 것인가가 문제된다.

실무적으로는 보통 국내계약의 경우 사용인감을 날인하고, 해외계약의 경우 담당자의 자필서명을 한다(회사 대표일 필요없고, 회사 내에서 그 계약을 담당하는 자이면 된다. 심지어 사원, 대리급의 실무 담당자가 하는 경우도 많다). 문화의 차이다. 단, 국내계약에서 엄격한 증명을 요구하는 계약상대방은(주로 국가나 지자체, 은행 등 금융기관이 이에 해당한다) 법인인감 날인을 요구하거나(여러 개가 제작되어 편하게 관리가 되는 사용인감과 달리 법인인감은 회사별로 하나씩만 제작하기 때문에 도장 하나찍는 것도 회사 내에서 엄청나게 많은 절차가 요구된다!), 사용인감을 찍는 대신 그 사용인감의 정당성을 증명하기 위해 최초에 한번 사용인감계와 법인인감증명서를 제출하도록 요구하기도 한다(사용인감계에는 사용인감과 법인인감이 날인된다).

또한 '간인'이라는 굉장히 귀찮은 절차를 거치는 경우가 많다. 계약서 한장한장마다 접어서 그 안에(예를 들어 1, 2페이지가 있는 경우 1페이지를 접어올려서 1페이지의 뒷부분과 2페이지 앞부분이 만나는 지점에) 도장을 찍는 것이다. 이것은 솔직히 굉장히 귀찮은 절차이고 이게 없어도 계약의 효력발생에는 아무런 문제가 없다. 하지만 계약서를 실물로만 관리를 한다면 그 계약서 전체 문서 중 몇 페이지가 누락 혹은 수정된 경우 이것이 정당한 계약서라는 사실을 증명하기가 굉장히 힘든 일이 될 수 있기 때문에 만일을 대비해서 하는 것이다. 사실상 스캔하여 파일로도 함께 관리를 한다면 굳이 필요하지 않을 것이지만 관행상 21세기에도 많은 회사에서 이를 따르고 있다. 그래서 '펀치 기계'를 이용해서 구멍을 뚫어('천공'이라 부른다) 이를 대신하는 경우도 많다.

또한 계약서는 계약당사자수만큼 출력해서 보관하기 때문에 일반적으로 두 부가 작성된다. 이때 이 두 부 사이에 또 도장을 하나 더 찍어서 두 계약서가 동일하다는 것을 나타내기도 한다. 세상에 뭐 하나 쉬운 일이 없다.

물론 요즘은 전자계약이 보편화되고 있는 추세이기 때문에 조만간 모든 것이 전자서명으로 대체되고 이런 번거로운 절차들은 역사의 뒤안길로 사라질 가능성이 높다. 하지만 독자여러분들께서 법무부서에서 인감 관련 일을 담당하게 될 수도 있기 때문에 참고로 말씀드리는 내용이다. 우리는 계약은 당사자 간 의사의 합치이며 이 당사자의 의사가 잘 드러나있는지, 법인의 이 계약에 대한 계약체결을 할 정당한 권리자가 날인 또는 서명을 했는지만이 중요하다는 것을 알지만 실무부서분들은 이것을 모르는 경우가 많으니 잘 설명해드리도록 하자.

(3) 계약서의 구성 일반

이제 계약서를 펼쳐보자.

먼저 '서문' 또는 '목적조항'이 있을 것이다. 별 내용은 아니다. '이 계약이 무슨 목적을 달성하기 위해 체결되는 것이고 그 목적을 달성하기 위하여 양 당사자의 권리와 의무를 규정하고자 함'이 주내용이다. 관례적으로 쓰고, 이러한 목적조항이 없는 경우도 많다. 하지만 의외로 이 부분이 중요해질 수 있는 경우가 있다. 민법 교과서에서 열심히 배운 '동기의 착오'라는 것을 여기서 써먹을 수 있다.

기본적으로 우리가 법률행위를 할 때 그 내용의 중요부분에 있어 착오가 있는 경우 그 법률행위를 취소할 수 있다.[9] 즉, 너무 재미있는 최

---

9 **민법** 제109조(착오로 인한 의사표시)

기욱 작가의 책을 구매하기로 했는데 잘못 알고 최기숙[10] 작가의 책을 구매했다면 계약을 물를 수 있다.

그런데 문제는 우리가 계약을 체결하기를 원하는 '동기'는 계약의 내용이 아닌 것이 보통이다. 그래서 '나는 기똥차게 재미있는 최기욱 작가의 책을 산 뒤, 5년 뒤 비싼 값에 팔아야지'라고 생각했지만 5년 뒤 내 책이 똥값이 됐더라도 계약을 취소할 수 없다. 하지만 동기를 이렇게 계약 내용으로 포함시켜버린다면, 그리고 그것이 계약의 중요한 부분이라면 착오가 있었을 경우 취소가 가능한 것이다. 이론적으로 민법 첫 시간에 배운 내용이 실무적으로 계약서의 서문 또는 목적조항으로 현실화되는 것이다. 실무적으로 관공서의 '인허가'가 걸려있는 계약의 경우 목적조항을 잘 써먹을 수 있는데, 이런 경우에는 목적조항뿐 아니라 해제와 손해배상 조항에도 신경을 써야 한다. '인허가를 받을 것을 예정하고 계약을 체결하는 것'이라는 점을 명시하고 '그렇지 못할 경우 어떻게 할 것인가'를 상세히 정해두는 식으로 말이다.

그 다음으로 건설계약과 같이 규모가 큰 계약의 경우에는 뭐가 '계약서'인지부터 문제다. 정말 말도 못하게 많은 서류들이 계약서의 일부로 포함된다. 우리가 일반적으로 생각하는 내용의 주계약서뿐만 아니라 시방서, 계산서, Technical Specification, 온갖 계산서와 스케줄, 입찰 시 제출한 견적서 등이 첨부서류로 들어간다. 이런 첨부서류를 계약서에 첨부한다는 행위는 그 서류의 내용을 계약 내용의 일부로 받아들이

---

① 의사표시는 법률행위의 내용의 중요부분에 착오가 있는 때에는 취소할 수 있다. 그러나 그 착오가 표의자의 중대한 과실로 인한 때에는 취소하지 못한다.
② 전항의 의사표시의 취소는 선의의 제삼자에게 대항하지 못한다.

10 쉬운 이해를 위해 필자가 만들어낸 상상 속의 인물이다. 실제로 이런 분이 존재한다 하더라도 실제 인물을 상정하고 쓴 말이 아니다.

겠다는 것이다. 즉 그 내용과 다르게 행하면 계약불이행책임을 져야 할 수도 있다는 생각을 항상 하고 있어야 한다. 아무생각 없이 계약상 대방 요구에 따라 전부 내면 안 된다. '첨부'서류라고 해서 단순한 '참조' 자료라고 생각해서는 안 된다. 첨부서류도 계약서의 일부를 이루며 그 내용에 양 당사자가 구속받는다.

따라서 공사가 진행됨에 따라서 내용이 바뀔 수 있는 상세한 내용을 담은 기술적 내용의 서류의 경우 계약서에서 제외하거나 본문에 '해당 문서는 참조용 이며 계약이 진행되면서 내용이 바뀔 수 있다'는 사실을 명기해두는 것이 좋다. 물론 반대로 입찰시 받아봤던 서류상의 조건이 너무 마음에 들었던 '발주처 입장'의 근무자라면 해당 서류를 반드시 계약서의 일부로 포섭시키는 것이 중요할 것이다.

그래서 이러한 각종 서류 중 1) 계약서에 포함시킬 서류들을 정해서 나열하고, 2) 그것의 효력 순위를 규정하는 조항을 계약서 제일 앞 부분에 놓는 것이 좋다. 영미권 계약서에서는 자주 볼 수 있지만 국내 계약서에서는 좀처럼 찾기 힘든 조항이다. 좋은건 수입하자. 복잡한 프로젝트의 경우 서류가 너무 많으니 서류별로 서로 다른 말이 오갈 수밖에 없다. 그래서 효력 순위를 정해 두는 것이 중요한 것이다(물론 내용파악이 어렵지 않은 두어 장짜리 단순한 계약서에서는 이런 게 필요없다. 만약 여러분의 회사가 다루는 계약서들이 이런 단순한 계약서들뿐이라면… 정말 복받은 것이다!).

당연히 1) 지금 사인을 하려는 주계약서가 최우선의 효력을 갖도록 하고, 나머지는 2) 최근에 작성된 서류 일수록, 3) 일반적인 내용보다 구체적인 내용을 담은 것일수록 우선하도록 정하는 것이 타당할 것이다.

우선 순위 규정에 대해 덧붙이고 싶은 말이 있다!

이러한 우선 순위 규정은 보통 위에서 언급한 것과 같이 계약서 자체가 굉장히 여러 서류들로 나누어져 있을 경우, 그 서류들 간의 우선순위를 따지기 위해서 사용된다. 그런데 실무적으로 사용되는 계약서에서는 주 계약서 내에서도 굉장히 잡다한 내용들이 두서없이 짜깁기되어 들어가는 경우가 많고, 그 사이에서 내용적 충돌이 일어나는 경우가 허다하다. 이런 경우에도 우선 순위 규정으로 교통정리를 해두는 것이 바람직할 것이다. 즉 계약서에 포함되는 서류가 여러 종류가 있는 경우뿐만 아니라 한 장의 계약서에 여러 내용들이 포함되어 있는 경우에도 우선 순위 규정으로 교통정리를 하고 가자는 것이다.

예를 들어 산업계에서 사용하는 복잡한 기기에 대한 계약서에는 이 물건을 제작할 때 어떠어떠한 "기술표준"을 지키라는 내용을 담아두는 "Code and Standard" 섹션을 둔다. 여기에는 보통 우리가 아는 모든 기술표준들을 다 담아둔다. 해당 물건과는 별 상관없는 표준이라도 그 물건을 필요로 하는 '전체 프로젝트'에서 요구하는 모든 기술표준들을 리스트로 만든 다음, 해당 프로젝트에서 이루어지는 모든 계약서에 복사-붙여넣기 하는 것이다. 그런데 업계에서 통용되는 그러한 기술표준들 중 상당수는 "미국" 기술표준인 경우가 많다. 그래서 해당 물건은 "미국" 기술표준에 따라 설계, 제작되었다. 계약서에 그 표준을 지켜서 설계하라고 써있으니까.

그런데 문제는 해당 프로젝트는 "유럽"에서 진행되고, 계약서 구석 어딘가에는 "제작업체는 현지 국가의 법령을 준수해야 한다"라고 규정되어 있다. 실무자 분들이라면 잘 알다시피 "미국"과 "유럽"의 규제는 상당히 다르다. 주로 유럽쪽은 안전이나 환경 관련 규제가 상당히 촘촘하고 신경쓰지 않는다면 완전히 준수하기 어려운 편이다. 계약서 내에서 혼동이 생긴다. 서로 할 말은 있다. 제작업체는 "나는 계약서에 적힌대로 기술표준을 지켰다."라고 주장할 것이다. 여러분들은 "관련 법규도 준수해야지"라고 주장할 것이다.

사실 충분히 이해가 가는 상황이다. 제작업체든 매수인측이든 엔지니어들은 기술표준들은 어느 정도 알아도 국외법은 잘 알지도 못하고 알아볼 엄두도 못낸다. 그러니 기술표준에 따라서 제작하는 것이 자연스럽다. 이러한 상황이 문제되는 것도 프로젝트를 신나게 진행해놓고 보니 나중에 설계가 해당 국가 법률 위반이라는 행정청의 경고가 날아와서 그제서야 문제가 되는 경우가 태반이다. 이게 다 우리들이 계약서에 기술표준들을 무더기로 집어넣고, 관련 국가의 법을 제대로 알아보지도 않고 계약서를 작성한 탓이다. 반드시 계약서 작성 전 현지 법률 전문가에게 상담을 먼저 받아야 한다!

이렇게 계약서 내에서도 충돌이 발생할 우려가 많다. 실제로 비일비재하다. 이러한 경우 계약서에 계약서 내의 내용 간 우선순위를 미리 설정해두면 혼란을 피할 수 있다. "현지 국가의 법령과 'Code and Standard'에 규정된 기술표준이 충돌하는 경우 현지 국가의 법에 따른다"와 같은 규정 한마디만 넣어두어도 원만한 분쟁해결은 물론이요, 제작업체도 설계를 함에 있어 훨씬 주의를 기울이게 될 것이다.

이렇게 어떤 문서들은 계약서의 일부로 포함시켰지만 우리가 실무적으로 계약까지 이르기까지에는 주고받은 서신, 이메일 등 상당히 많은 '서류'들이 존재하기 마련이다. 경우에 따라 다르겠지만 이런 '계약서' 외의 서류들은 계약의 내용으로 받아들이기를 원치 않을 수 있다.

예를 들어 갑부장님이 계약 전 상대방을 계약 테이블로 끌어들이기 위해 온갖 감언이설과 살짝 무리한 조건을 제시하는 듯 아닌 듯 오묘한 말투로 던졌던 이메일 같은 것들이다. 나중에 분쟁이 생겼을 때 상대방이 그 내용도 약속이니 지켜야 한다고 우기면 회사 입장에서는 낭패가 아닐 수 없다.

위에서 살펴보았듯이 계약은 서로 간 짝짜꿍만 맞으면 체결되는 것이고 구두합의도 구속력이 있다. 계약을 체결할 권한이 있는 갑부장이 실적 욕심에 눈이 멀어 '계약서 싸인만 해! A뿐만 아니라 B도 해줄게!'라고 말했고 상대방이 'OK!' 했다면 갑부장네 회사는 상대방에게 A와 B

를 해줘야 할 의무가 생기는 것이다. 이런 어처구니 없는 일을 방지해야 한다.

그래서 '이 계약서에 포함되지 않은, 이 계약 체결 이전에 주고받은 논의나 서면은 계약 내용에 포함되지 않으며, 특히 그중에서도 이 계약 내용에 반하는 것은 주장할 수 없다'는 내용의 규정을 포함시킨다. 이를 완전합의 조항(entire agreement clause)라 부른다. 주로 계약서 거의 끝 부분에 위치한다. 역시 주로 국제계약에서 쓰이는 규정이고 국내 기업들 간의 계약서에서는 잘 사용되지 않는데 분쟁해결 편의를 위해 국내 계약에서도 사용하는 것이 좋을 것이다.

단, 이는 계약 체결을 위한 협상 테이블에 앉기 직전까지의 이야기이고, 계약을 체결하는 과정에서 오가는 말은 상당히 중요할 수 있다. 많은 경우 계약 협상테이블에는 법률전문가가 아닌 이공계 출신인 실무부서 사람들이 앉아 있다. 계약은 하나도 모르지만 그 계약을 통해 달성하고자 하는 사업의 내용은 그 분들이 제일 잘 아니까 그게 당연하다.

이 단계에서 계약서는 이미 수차례 이메일로 주고받으며 검토하여 완성돼있고 다만 정리되지 않은 세부쟁점들이 다소 남아있는 상태이다. 이때 논의되는 내용은 실무적으로 무척 중요하다. 하지만 말로만 하면 계약서에 근거가 남지 않는다. 거기다가 계약서에 위와 같은 '완전합의 조항'까지 넣어두었다면 답이 없다. 여러분이 계약 체결 협상테이블에서 5시간 동안 죽어라고 협의한 실무적인 세부내용은 아무 효력이 없어졌다.

그래서 중요한 계약 체결 협상시에는 반드시 회의록을 작성하고 계약서에 첨부하여 계약서의 일부로 만들어두는 작업을 해야 한다는 사실을 계약 담당자에게 알려야 한다(앞서 본 '계약내용에 포함되는 서류 목록'을 정해둔 조항에 이

회의록의 명칭을 포함시키면 편리할 것이다). 일단 회의가 끝나면 계약 상
대방(이나 자리에 참석한 여러분 회사의 제일 높으신 분)은 눈치없이 빨리
사인하고 술 마시러 가자고 하는 분위기를 조성할테니 쉽지 않겠지만
반드시 해야 하는 일이다.

(4) 계약서의 내용 일반

이제 본격적으로 계약 내용을 보자.

계약을 하려면 당연히 누가 누구랑 하는지가 가장 중요하다. 그런 일
은 극히 드물지만 당사자를 잘못 쓴 경우 계약이 아예 '성립'하지 않을
수 있다. 낭패도 이런 낭패가 없다.

실무자들이 제일 많이 헷갈리는 것들은 계약당사자가 법인인지 개인인
지 여부다. 이것은 심지어 법을 배운 사람들도 자주 헷갈리는 포인트니
잘 익혀두도록 하자. 우리는 모든 사업체를 전부 '회사'[11]라고 부르는
것에 익숙하다. 하지만 개인사업자의 경우 '회사'가 아니라 그 대표 개
인이 계약의 주체가 된다. 상법에서 지겹게 배운 내용이다. 이 얘기는
실무적으로 계약서에 그 '사람' 이름이 써있어야 한다는 것이다.

반면 법인의 경우 법적으로 별도의 '인격'을 가지므로(그래서 '법인'이라
부르는 것이다) 법인 자체가 계약의 당사자가 된다. 인류는 사업을 하는 '사
람'인 '나'와 사업의 리스크를 분리시키기 위해서 '법인'이라는 개념을
만들어냈다. 그러니 당연히 계약도 사업에 관한 계약이라면 법인의 명
의로 체결하는 것이 맞다. 이 경우 법인의 대표이사를 함께 병기한다. 법
인이 법적으로는 인격체로 인정을 받지만 진짜 최종적인 책임을 지는

---

11 상법에서 '회사'는 영리를 목적으로 하는 법인을 의미한다. 하지만 여기서는
　우리들이 평소에 쓰는 일상 용어로 사용했다.

자는 '사람'이어야 하니까 말이다.

여기서 꿀팁 한 가지. 그래서 우리가 볼 땐 다 똑같은 '회사'로 보이는데 개인사업자인지 법인인지 어떻게 아냐고? 사업자등록번호를 보면 알수 있다. 사업자등록번호는 ○○○-□□-○○○○-○의 10자리 숫자로 구성되어 있는데 □□에 해당하는 두자리가 개인/법인 구분코드이다. 이 두자리가 81~88인 경우면 법인이다.

계약 상대방이 법인이라면 인터넷등기소 사이트[12]에서 법인등기부등본을 열람하여 정확한 명칭, 주소, 대표이사 성명을 확인한 뒤 계약서에 당사자로 정확히 기재하록 하자. 참고로 이 글을 쓰는 2024년 현재 열람수수료는 700원, 발급수수료는 1,000원이다.

그리고 계약의 대상(누가 뭘 해야 하는 것인가 또는 어떤 물건을 주어야 하는가), 그 대가의 금액, 기간 등의 사항 등이 나온다. 여기까지는 여러분들이 이미 사용하고 있는 계약서 1페이지에 표로 정리되어 박혀있을 것이다. 표로 정리를 안해둔 경우에도 계약서 어딘가에 숨어있다. 없다고? 이게 없으면 완벽하게 잘못 쓴 무용지물인 계약서이다.

특히 '대상'의 경우에는 계약서 앞부분에 "정의" 조항을 두어 계약서에서 사용되는 용어의 정의를 꼼꼼하게 적어두는 경우도 많다. 이렇게 하는 것을 권장한다. 우리가 몸을 담게 될 '산업계'에서는 기술적으로 복잡하거나, 여러 행위를 포함하는 도급계약이나, 여러 부품으로 이루어진 물건의 구매계약을 체결해야 할 일들이 많다. 대부분의 계약들이 이러한 법대생들은 도저히 알 수 없는 내용을 담고있다.

이럴 때 계약서에 덜렁 "X는 Y에게 A물건을 주어야 한다"라고 적어두기만 하면 문제가 생길 수 있다. 용어에 대해 잘 정의해둔다면 'b옵

---

12 http://www.iros.go.kr

선까지 당연히 같이 줘야하는 것 아니냐'는 억지 주장을 자연스레 막을 수 있는 것이다.

그래서 정의 규정을 두어(앞서 보았듯 보통 계약서 제1조에 "계약의 목적"을, 제2조에 "정의" 규정을 둔다) "A물건이란 b, c, d로 구성된 e하는 목적으로 작동하는 기계를 의미한다"와 같은 식으로 구체적으로 적시해두는 것이다. 그렇지 않으면 상대방이 c와 d가 빠진 엉터리 A물건을 주어도 계약위반을 주장할 수 없는 불상사가 생길 수 있다. 제일 확실한 방법은 실무부서에서 기술적인 측면을 고려해서 열심히 작성한 "Technical Specification"을 첨부로 넣고 정의 조항에는 "A물건은 Technical Specification에 기재된 것을 의미한다"로 적어두는 것이다. 이는 플랜트 건설 사업과 같은 큰 프로젝트에서 주로 쓰이는 방식이다. 도급계약의 경우에도 단순히 "공사를 수행한다"라고만 적어두지 말고 '첨부'를 이용해 그 공사에 어떤 중요 역무들이 포함되는지를 구체적으로 나타내주도록 하자. 물론 이렇게 별도로 계약의 대상을 정의하는 경우 너무 추상적인 표현을 사용하여 자신의 책임범위가 늘어나지 않도록 유의해야 할 것이다.

기타 여러분들이 용어 설명이 필요하거나 구체화시킬 필요가 있는 사항들은 모조리 미리 적어두는 것이 좋다. 물론 수행해야 하는 업무 내용이 뻔한 단순한 계약에서는 굳이 둘 필요는 없다. 하지만 '법관'의 입장에서 보았을 때는 뻔하지 않을 수 있다는 사실을 염두에 두자. 특히 정의조항에 기재된 내용을 실무부서에서 작성을 했을 경우 이러한 문제가 생길 수 있다. 법무부서에서는 읽어도 무슨 말인지 몰라서 그냥 넘겼고, 실무 엔지니어분은 '이렇게 써도 저렇게 해석하니까 괜찮겠지'하고 넘기는 경우가 상당히 많다. 그런 경우 그 내용의 기술적인 면을 이해하고 나서 다시 보면 법적인 관점에서 구체적이지 않거나, 우리가 목적한 권리와 의무를 정확히 기술하지 않은 경우가 수두룩하다. 조금 어렵더라도 이 계약서로서 달성하고자 하는 목적과 직접적으로 관련이 있는 부분이니만큼, 실무부서 분들을 붙잡고서 이 정의가 말하는 것이 무엇인지, 이렇게 기재하는 것이 이 계약서의 목적달성에 적확한 것인지 확인의 확인이 필요하다.

계약서를 볼 때에는 항상 미래를 내다보고 '이 프로젝트가 망해서 다툼이 생겼을 때 상대방이 뭐라고 따지고 들지', 그리고 '남들은 이 계약서를 보고 이 프로젝트에 대해 어떻게 머릿속에 그림을 그려낼지'를 염두에 두어야 한다.

계약 '기간'도 계약서 초반에 위치하는 경우가 많다. (일반적인 물건의 매매와 같이) 한번에 이행이 끝나는 계약이 아니라 (계속적으로 물품을 공급받기로 하는 계약이나 공사계약, 유지보수계약과 같이) 일정기간 진행이 필요한 계약의 경우 이러한 기간이 중요할 수 있다. 쉽게 '이 계약서의 유효기간'이라 생각하면 된다. 기간이 길어질 것 같은 경우라면 일반적으로 자동연장 조항을 둔다. 대략 '이 계약의 기간은 계약체결일로부터 N년이다. 계약종료일 M개월 전까지 계약을 계속 이어나갈지 여부를 통지하지 않으면 자동으로 이 계약과 같은 내용으로 연장된다'와 같은 취지가 들어가면 된다.

물론 일정 기간이 경과시 바로 계약을 끝내고 싶은 경우라면 뒷문장을 살짝 바꾸어 '계약종료일 M개월 전까지 계약을 계속 이어나갈지 여부를 통지하지 않으면 이 계약은 N년＋1일에 자동종료된다'와 같은 취지를 드러내면 될 것이다.

여기까지가 일반적인 계약의 공통 사항이다. "누가 / 언제 / 어디에서 /

무엇을 대가로 / 어떤 행위를 해야 하는가"를 정하고 이와 같은 기초 내용을 갖췄으면 계약의 기본적인 토대는 갖추었다.

법무부서인 우리가 진짜 신경써야 할 것, 그리고 실무자들이 읽지 않고 넘기는 규정들은 그 뒤에 나온다. 우리가 법에 대해 공부했던 것을 드디어 써먹을 때가 온 것이다(물론 계약법 시간에 배우지 않은 것이 더 많을 것이다). 그것을 실무적인 관점을 녹여서 산업의 관점에서 바라보는 시간을 가져보자.

(5) 선급금과 기성 … 그리고 보험

가장 중요한 것은 뭐니뭐니해도 '돈'이다. 상세한 대금지급 '방법'에 대해서는 각 회사별로 내부 구매 혹은 대금지급 규정이 있을테고 그것을 계약에 반영할 테니, 우리가 공부할 것은 없다. 잘 모르겠으면 회계나 금융부서에 물어보면 그만이다. 다만 그 '돈'들의 종류별 성질은 좀 알아둘 필요가 있다. 민법시간에 배운 것을 복습해볼 시간이다.

먼저 계약금을 보자. 계약금은 말 그대로 '계약체결시' 계약이 성사되었다는 의미로 일방이 다른 일방에게 주는 돈이다. 그리고 우리 민법은 계약금을 '해약금'으로 추정한다.13 계약이 일단 이루어졌음에도 불구하고, 상대방이 계약 상의 의무를 이행하기 위해 일을 시작하기 전이라면 이 해약금을 내고 언제든지 계약을 해제할 수 있기 때문에 '해약금'이라 표현하는 것이다. 그래서 집주인이 (중도금지급 전까지) 집값

---

13 **민법 제565조(해약금)**
　① 매매의 당사자 일방이 계약당시에 금전 기타 물건을 계약금, 보증금등의 명목으로 상대방에게 교부한 때에는 당사자간에 다른 약정이 없는 한 당사자의 일방이 이행에 착수할 때까지 교부자는 이를 포기하고 수령자는 그 배액을 상환하여 매매계약을 해제할 수 있다.

이 급상승하면 계약금을 던지며 계약을 물러대고는 하는 것이다. 여기까지가 우리가 민법시간에 배운 것이다.

다만, 우리가 사용하는 회사의 표준계약서들에서는 이 민법 조문을 적용할 수 없도록 '해제'에 관해서는 굉장히 깐깐한 규정들을 마련해놓는 경우가 대부분이다. 이렇게 '계약'과 관련된 법 규정들은 상당수가 임의규정으로 양 당사자간 합의에 의해 적용하지 않을 수 있다. 여러분은 법을 배우면서 뭐가 임의규정이고 뭐가 강행규정인지 다툼이 되었던 것을 기억할 것이다. 하지만 수험에서는 그리 큰 비중을 차지하지 않기에 슥 보고 넘겼을 것이다. 실무에서는 여러분이 법에서 배운 내용을 그냥 적용한다고 단순하게 생각하면 안 된다. 계약서의 기재로 인해 법에서 배운 내용 중 어떠한 것을 무력화시킬 수 있고, 어떤 것은 굳이 계약서에 안적어도 괜찮은지를 항상 염두에 두어야 한다. 그리고 '상관행상' 주로 어떠한 규정들이 이렇게 민법에서 배운 내용과 다르게 돌아가는지도.

이쯤되면 뻔한 계약금 얘기를 왜 했는지 궁금해하실 것이다. 선급금 때문이다. 큰 규모의 매매계약이나 공사계약에서 선급금을 주거나 받는 경우가 있다.[14] 아니, 오히려 Project성 계약서는 없는 경우가 찾기 힘들다. 선급금은 계약에서 정한 채무의 이행 전에 미리 지급하는 돈을

---

14 뒤에서 보겠지만 공사계약, 즉 도급계약은 후급이 원칙이다. 다시 말해 일이 다 끝나고 완성된 목적물을 인도받음과 동시에 대금을 지급하는 것이 원칙이다. 그런데 그렇게 되면 시공사 입장에서는 계약을 했어도 긴 공사기간 동안 인원 투입, 자재 구입 등을 할 재원이 없게 된다. 그래서 실무적으로 도급계약에서는 선급금을 주고 받는 것이 일반적이다. 도급뿐만 아니라 예를 들어 해외판매자에게로부터 물건을 떼어서 매수인에게 넘겨주는 형태의 수입업자와의 매매계약의 경우처럼 '계약하자마자 돈 나갈 일이 생기는 계약의 경우 선급금을 지급하는 경우가 많다.

통틀어 부르는 말이다. 쉽게 말해서 내가 뭘 하지도 않았는데 돈을 받았으면 다 선급금이라 부른다. 이러한 선급금은 계약체결 전, 계약체결 시, 계약체결 후 일정 기간 내에 지급하도록 하는 것이 보통이다. 돈을 주는 입장에서 생각해보면 상대방이 아무것도 안했는데 내가 돈을 줘야하는 것이다. 매우 위험할 수밖에 없다.

이런 경우 상대방이 돈만 받고 도망가면 우리는 닭 쫓던 개 지붕 쳐다보는 신세가 된다. 그래서 선급금을 주는 입장에서는 금융기관을 통해 선급금 보증을 받기를 원한다. 특히 계약상대방이 처음 거래해보는 업체이거나, 상대방의 신용도를 가늠하기 힘들거나, 수입상을 통해 계약하는 경우와 같이 '선급금을 들고 도망가도 막기 힘든' 경우라면 선급금 보증을 필히 받는 것이 좋다. 그리고 계약서에도 선급금 관련 조항을 집어넣어 선급금 반환 사유를 정해놓아야 한다. 당연히 계약이 해제되거나, 물건을 판 사람이 재료를 살 생각도 안하거나, 일을 맡아 하기로 한 사람이 일을 제때 시작하지 않는 경우가 이러한 선급금 반환 사유에 포함될 것이다. 그러한 사유가 발생하면 선급금을 받은 측에서 상대방에게 선급금을 반환하여야 하고, 이를 반환하지 않는 경우 보증기관으로부터 선급금을 지급받을 수 있다.

본드콜(Bond Call)이란?

아마 학교에서는 들어볼 일이 없겠지만 프로젝트 경험이 쌓이다보면 '본드콜'이라는 용어를 들어보게 될 것이다. 특히 망한 프로젝트 경험이 있다면 말이다.

프로젝트 내부에서 이 용어가 나오는 순간 관리부서 친구들이 얼굴이 새하얘지고 여기저기서 '본드콜', '본드콜'하면서 웅성웅성대기 시작하고, 그 모습을 본 여러분은 '본드콜이 뭐지?'하면서도 선배들과 다른 팀 동료분들이 벌벌 떠니 막연히 무서운 것이겠거니 생각하면서 '본드콜', '본드콜'하며 따라 외치고 다닐 것이다. 하지만 법을 배웠다는 사람이 그걸 모른다고 물어보긴 자존심이 상한다. 이제 그 정체를 알아보자.

위에서 설명한 보증과 관련된다. 보증은 수업시간에는 배우지 않지만 산업실무에서 굉장히 자주 쓰이고 법무검토에서 필수적으로 확인해야 할 사항이니 이 기회에 알아보고 가도록 하자.

'발주처' 입장에서 생각해보자. 우리가 다루는 큰 프로젝트들을 수행하기 위해서는 큰 돈이 들어간다. 큰 돈은 곧 큰 리스크이다. 도급업체가 일을 제대로 수행할까? 물건제작업체가 물건을 제대로 만들까? 물론 대부분의 경우 일이 조금 늦는 경우는 생길지언정 제대로 수행되기 마련이고 별 문제없이 지나간다. 하지만 그렇지 않는 경우라면? 발주처 입장에서는 엄청난 리스크가 아닐 수 없다.

그래서 상대업체가 선급금을 받고 '먹튀'하지는 않을지(선급금보증), 계약을 제대로 이행할지(계약이행보증, 공사이행보증), 받은 목적물에 하자가 발생할지(하자보증)에 대해 '보험'이 필요하다. 만약 계약상대방이 이렇게 계약을 제대로 이행하지 않는다면 돈으로 받아내야 한다. 하지만 상대방이 잘못을 인정하고 바로 돈을 물어주면 얼마나 아름다운 세상이겠는가. 세상은 그리 호락호락하지 않다. 그래서 발주처 입장에서는 계약상대방에게 이러한 보증보험'증권'을 끊어오라는 요구를 한다.

이 경우 계약서에는 '을은 어느 시점까지 갑에게 XX보증보험증권을 제출하여야 하고, 그 증권은 갑이 인정하는 신뢰할만한 금융기관에서 발행되어야 한다'는 취지의 문구가 삽입된다.

그럼 계약상대방은 금융기관(또는 해당 업계의 협회)에 가서 (일정 수수료를 지급하고) 발주처가 요구한 보증보험 증권을 끊어와야 한다. 그 내용은 '특정한 사실이 발생하고(을이 계약을 제대로 이행하지 않았거나, 늦게 이행했거나, 물건에 하자가 발생했거나 등등) 발주처의 청구가 있으면 해당 금융기관이 발주처에게 약속한 돈을 지급한다. 그리고 금융기관은 을에게 그 돈을 받아간다'는 취지이다. 그 증권을 받음으로써 발주처는 안심하고 프로젝트를 맡길 수 있게 된다. 이것이 많은 대형 프로젝트가 진행되는 모습이다.

그래서 진짜로 문제가 발생하면? 공사기간이 한도끝도 없이 늘어지고 물건은 너덜너덜하다면? 당연히 처음에는 말로 해결한다. 협상이다. 처음엔 프로젝트 실무자가, 관리자가, 나중에는 더 '높으신 분'들끼리 만나 눈물겨운 협상을 한다. 그러다 발주처 측에서 참다참다 '얘들은 안되겠다' 싶으면 보험증권의 취지에 따라 금융기관에 '그 돈 달라'는 청구를 한다. 이걸 바로 '본드콜'이라 한다. 그러니 을 입장에서는 이제 그 프로젝트는 망한 것이다. 다른 부서 친구들이 무서워서 벌벌 떠는 이유를 이제 우리도 알았다.

선급금은 특히 도급계약에서 중요한데 일단 계약이 시작되면 바로 장비와 자재와 인력을 투입해야하므로 선급금이 없으면 일을 진행할 수 없기 때문이다(그래서 선급금 관련 판례들이 전부 도급계약 파트에 몰려있는 것이다!). 물론 돈이 무척 많은 건설사라면 가능하겠지만 말이다. 어쨌든 그래서 '해낸 일이 하나도 없음에도 불구하고' 선급금을 먼저 지급한다. 문제는 선급금 지급 이후부터는 '해낸 일만큼' 기성지급을 하는 경우가 보통이기 때문에 선급금의 성질이 오묘해진다. 다른 돈은 다 일을 한 뒤, 그에 대한 대가로 받은 것인데(그것이 기성의 본래적 의미인데!) 일도 안하고 미리 받은 이 돈은 도대체 무엇이란 말인가?

이와 관련해서 특히 공사가 열심히 진행되던 중 계약이 해제가 되었을 경우 받았던 돈을 '어디까지' 돌려줘야 하는지가 문제된다. 당연히 일단 '그때까지 진행한 데까지'의 기성고 비율만큼의 돈은 수급인에게 주는 것이 우리 상식에 맞다. 그런데 해낸 일과 상관없이 지급한 '선급금'이 이미 넘어가있으므로 선급금의 성질에 따라 도급인이 '지금 현재의 상태'에서 얼마를 더 줘야 하는지 그 액수가 달라지게 된다.

판례는 "선급금이 공사대금의 일부로 지급된 것인 이상 선급금은 별도의 상계의사표시 없이 그때까지의 기성고에 해당하는 공사대금에 당연 충당되고 그래도 공사대금이 남는다면 그 금액만 지급하면 되고, 거꾸로 선급금이 미지급공사대금에 충당되고 남는다면 그 남은 선급금에 관하여 도급인이 반환채권을 가진다고 보는 것이 선급금의 성질에 비추어 타당15"하다고 한다.

한마디로 선급금도 공사대금 명목으로 준 것이니, 공사 진행 도중에 계약이 해제되는 경우 도급인이 수급인에게 그때까지의 기성대금을 따로 주지 않고, 돌려받을 선급금에서 '까'면 된다는 얘기다.

기성 얘기가 나왔으니 기성지급도 조금 보고가자. 도급계약에서 허다하게 쓰는 방식이다. 일이 얼마나 진행되었는지, 그 정도에 따라서 공사비를 지급하는 방식이다. 여러가지 방식이 있다. 실무적으로는,

1) 수급인이 발주처에 월간 보고서(Monthly Progress Report)를 제출, 승인 받고 '단위 기간'을 정해서 꼬박꼬박 월급처럼 일정한 돈을 받거나, 해당 단위 기간 동안의 실투입비를 고려하여 산정하는 방식,

2) 진도율(Progress Measurement Payment)에 따라 지급하는 방식, 즉 공사 스케쥴을 세분화하여 일정 단계의 작업까지 도달하는 경우 (예를 들어 주요 자재 구매했을 때, 터파기 공사를 시작했을 때, 시운전을

---

15 대법원 2007. 9. 20. 선고 2007다40109 판결

마쳤을 때 등) 각 단계별로 따로 정한 전체 대금의 일정 퍼센티지의 금액을 지급하는 마일스톤(Payment Milestone) 방식,

3) 그리고 이런 방식들을 혼합하는 방식이 많이 사용된다(사실 위에서 본 단위 기간을 나누어 일정액을 따박따박 받는 방식은 기성지급이라 보기 어려우나 총 액을 한번에 지급하는 것이 아니라 나눠서 지급하는 이런 모든 방식들을 실무상으로는 모두 기성이라고 부른다).

기성지급을 하기 위해서는 위와 같은 방식들로 총 계약금액을 '쪼개어서' 지급 내지 정산한다는 내용이 포함되어야 한다. 실무상 현업부서 사람들은 이러한 내용을 신경쓰지 않고 계약금액 '총액'만을 기재하고 법무검토를 올리는 경우가 많다. 법을 배우지 않았다면 당연히 그럴 수 밖에 없다. 그런 경우 계약금액이 정해져있는 Fixed Price 계약으로 읽히고, 도급계약의 원칙상 '일의 완성' 후에 모든 금액을 한번에 지불하는 것으로 읽히기 때문에 굉장히 골치아픈 문제가 생길 수 있다. 실제로 대금을 지급하는 방식과 계약서의 문언이 일치하지 않게 되는 것이다.

사실 당사자 간에서는 실무자들끼리 '실제로 어떻게 대금을 지급할 것인가' 협의가 되어있을 것이기 때문에 큰 문제가 생기지는 않는 것이 보통이다. 담당자가 중도퇴사를 하지 않는 한 말이다. 문제는 오히려 '내부적으로' 돈을 지급하는 회계부서가 깐깐한 경우 '계약서에는 계약기간 후 한번에 지급으로 써있는데 왜 이번달에 당장 돈을 지급해야 된다고 그러니? 못 줘.'라고 하는 경우가 있기 때문에 생기는 경우가 많다. 회계부서도 내규에 따라서 계약서에 적힌대로 돈을 내보내는 것에 불과하기 때문에 뭐라고 할 수도 없다. 여러분의 회사가 돈을 지급

해야 되는 입장이라면 그리 큰 문제가 아닐 수 있지만, 돈을 받아내야 하는 회사 측이라면 굉장히 골치 아프고 답답한 상황이 벌어질 수 있는 것이다.

따라서 여러분들은 계약기간이 길거나 금액이 큰 프로젝트 계약을 검토했는데 계약금액이 총액만 덜렁 쓰여있고, 대금지급 방법이 딱히 쓰여있지 않거나 '일의 완성 후' 지급하는 것으로 기재되어 있다면 현업부서에 한번 '실제로 이렇게 대금지급을 할 것인지? 월 혹은 분기마다 정산해서 지급할 것이 아닌지' 확인을 해야한다.

(6) 계약불이행 책임

이제 계약서를 잘 써야 되는 이유 중 하이라이트라 할 수 있는 계약불이행 책임에 대해 살펴보자. 계약을 맺은 당사자들은 계약에 따라 각각 서로에게 '채무'를 진다. 채무는 채무자가 채권자에 대하여 일정한 '급부'를 하여야 할 의무라 정의된다. 물건은 판 사람은 산 사람에게 '물건을 넘겨'(급부)야 할 채무를, 물건을 산 사람은 판 사람에게 '돈을 줘'(급부)야 할 채무가 있는 것이다. 복잡한 민법 문제를 풀 때 느끼셨겠지만 상황에 따라 문제가 되는 의무가 어떤 것인지에 따라 채무자가 달라지니 용어 사용에 항상 주의하도록 하자.

아무튼 양 당사자가 해당 계약을 통해 "누가 뭘 해야하는지"를 정하므로 '언제 채무불이행 책임을 져야 하는가'가 계약서 문구 때문에 확 달라질 수 있다. 그래서 되도록 구체적으로 "누가 뭘 해야하는지"를 정해두되, 투입인원이나 사용장비와 같이 상황에 따라 얼마든지 바뀔 수 있는 것에 대한 너무 상세한 사항은 제외시키는 것이 현명하다. 상대방이 수틀리면 일이 잘 진행되고 있음에도 '너 계약서에는 병대리, 을과장, 갑부장

투입한다고 했는데 왜 을과장 대신 정과장 투입했니? 이거 계약위반이 야.'라고 주장할 수도 있기 때문에 꼬투리잡힐 일을 만들지 않는 것이 좋다.

이런 별거 아닌 걸 가지고 실제로 꼬투리를 잡는가? 프로젝트가 잘 굴러갈 땐 아무도 신경쓰지 않는다. 그런데 한 판 싸워볼 필요가 생긴 경우 전 부서가 달려들어 수백 페이지짜리 계약서를 샅샅이 뒤져 문구 하나하나 뜯어보며 상대방이 뭐라도 하나 계약서와 다른 짓을 했는지 를 찾는다. 그리고 그것을 레버리지 삼아서 협상이 시작된다. 굉장히 무서운 일이다. 그렇기에 사전적으로 계약서에 적힌 것 중 실제와 다르 게 굴러갈 만한 내용은 모두 처음부터 수정해놓고 일을 시작하는 것이 최선이다. 그렇기에 여러분은 담당부서와의 끊임없는 커뮤니케이션을 통해 실제 현업의 업무가 어떻게 돌아가는지를 파악하고 있어야 한다.

본론으로 돌아가자. 법을 배우신 분들이라면 지겹겠지만, 익숙치 않 은 분들을 위해 교과서적인 설명을 하자면 채무불이행의 종류에는 '늦 는 것'과 '못하는 것', '안하는 것', '이행을 하긴 했는데 문제가 있는 것' 이 있다.

그런데 이러한 개념 구분이 우리의 실무에서는 그리 중요하지 않다. "계약 내용대로 의무를 이행하지 않을 경우" 혹은 "이 계약을 위반한 경우" 와 같은 문구를 사용해 모든 채무불이행을 둥그스름하게 뭉뚱그려 묶 은 뒤 "모든 법적 손해를 배상한다."로 맺어버리고 그 한 조항으로 모 든 채무불이행 책임을 '퉁치는' 경우도 상당히 많기 때문이다.[16]

---

16 **민법 제390조(채무불이행과 손해배상)**
　채무자가 채무의 내용에 좇은 이행을 하지 아니한 때에는 채권자는 손해배상을 청구 할 수 있다. 그러나 채무자의 고의나 과실없이 이행할 수 없게 된 때에는 그 러하지 아니하다.

참고로 영미권의 계약서에서는 계약위반(Breach of Contract)을 중대한 계약위반(Material Breach)과 경미한 계약위반(Minor Breach)으로 구분, 중대한 계약위반의 경우 계약 자체의 취소가 가능하도록 하고, 경미한 계약위반은 계약 자체의 취소는 불가능하며 계약 위반에 대한 손해배상청구만 가능하도록 구성하기도 한다. 그리고 중대한 계약위반의 경우 계약을 위반한 당사자의 상대방은 이행중단(suspend performance) 또는 계약해지(terminate the contract)가 가능하다.

어찌됐건 채무불이행은 민사법에서 가장 중요하게 배우는 개념들이고 엄청나게 방대한 분량을 자랑하는 챕터이다. 하지만 다행히도 우리에겐 각종 표준계약서들이 있으니 우리에게 문제될 수 있는 개념들만 슬쩍 보고 넘어가자.

일반적인 경우 우리의 계약서에는 계약불이행과 관련된 세 가지 규정이 존재한다.

1) 지체상금 규정
2) 일반적인 채무불이행에 따른 손해배상 규정
3) 담보책임 규정

이 중 '담보책임 규정'은 매매와 도급, 위임의 경우 내용이 다르기 때문에 계약별 검토에서 보도록하고 지체상금과 손해배상에 대해 보고 가자.

1) 지체상금은 무엇인가. 지체상금 규정은 말그대로 일방 당사자가 일을 늦게했을 때, 법률용어로 '이행을 지체했을 때'에 돈을 물어줘야 한다는 내용을 담고있다.

이행지체는 말그대로 이행기가 도래했고, 이행이 가능함에도 불구하고 고의나 과실로 채무를 이행하지 않는 것이다.17 우리가 하는 거의 모든 계약은 이행기가 확정적으로 정해져있다. 그때까지 계약에서 정해둔 해야할 일을 하지 않는 당사자는 지체책임을 진다. 지체책임을 진다는 말은 이행기 다음날부터 '지체상금(Liquidated Damage. 산업계에서는 다들 L/D라고 쓰고 '엘디'라고 읽는다)'을 내야 한다는 의미이다. 2024년 2월 22일에 물건을 납품하기로 했는데, 공사를 완성하기로 했는데 그러지 못했다면 23일부터 지체상금을 내야 하는 것이다.

지체상금은 말그대로 계약이행을 지체하였을 때 배상해야 되는 돈이다. 그러면 얼마를 정해야 할까? 일반적으로 일정 '액수'를 내도록 하는 것보다는 지체가 된 일수당 계약금액의 일정 '비율'에 해당하는 금액을 내는 것으로 정해둔다.

업계마다, 회사마다 정해두는 것이 다르지만 보통 1일마다 총 계약금액의 1/1,000~3/1,000 정도를 내는 것으로 정한다. 1/1,000이라 하면 얼마 안돼 보이지만 건설계약 같이 애초에 금액 단위가 큰 프로젝트의 경우 하루하루 어마무시한 금액을 지불해야 할 수 있다. 만약 계약서에 지체상금을 정해두지 않았다면? 그런 경우 일반적으로 상사법정이율(연 6%. 상법 제54조)을 따르게 된다.

왜 이런 지체상금 규정을 따로 마련해두는가? 지체상금은 결국 손해배상의 일종이다. 손해배상은 항상 '얼마'인지가 중요하기 마련이다. 그런데 보통의 계약서에 들어가는 일반적인 손해배상 규정은 너무 간단해

---

17 **민법** 제387조(이행기와 이행지체)
① 채무이행의 확정한 기한이 있는 경우에는 채무자는 기한이 도래한 때로부터 지체책임이 있다. 채무이행의 불확정한 기한이 있는 경우에는 채무자는 기한이 도래함을 안 때로부터 지체책임이 있다.
② 채무이행의 기한이 없는 경우에는 채무자는 이행청구를 받은 때로부터 지체책임이 있다.

서 '얼마'에 대한 다툼이 생기기 쉽다. 세부적으로 경우의 수를 나누어서 복잡하게 규정할 수도 있지만 일반적인 손해배상 조항은 다음과 같은 내용이 핵심이다.

"당사자 일방이 고의·과실로 계약 내용을 불이행한 경우 그로 인하여 상대방이 입은 손해를 배상해야 한다."

위 목록에서의 2) 일반적인 채무불이행에 따른 손해배상 규정이 바로 이렇게 규정된다. 문제는 단순히 늦게 이행을 한 경우에는 손해가 얼마인지 명확하게 드러나지 않기 때문에 생긴다.

본론인 지체상금으로 다시 돌아오자. 이행을 아예 안 한 경우라거나 누가 홧김에 공장을 때려부순 경우라면 손해배상을 '얼마나' 해야 하는지를 산정하기 편하지만, 늦게 한 경우에 불과한 이행지체의 경우 손해가 얼마나 있는지 산정하기 힘들다(사실은 지체가 아닌 다른 모든 경우에도 손해배상액 산정은 엄청나게 힘들다!). 그래서 '늦으면 하루에 얼마씩 내라'하고 미리 정해두는 것이 편하다. 이게 지체상금의 핵심가치이다. 손해가 발생하기 한참 전인 계약서를 작성할 당시부터 지체할 경우 얼마의 손해배상을 해야 할지 미리 정해두는 것이다. 이런 것을 '손해배상의 예정'이라 부른다.

그래서 지체상금은 손해배상의 예정인데 뭐가 어쨌다는 것인가? 지체상금은 앞서도 언급했지만 엄청나게 커질 수 있다. '1일당' 총 계약금액의 1/1,000이나 되고, 그 상한이 없거나 상당히 높은 경우도 비일비재하다. 마음씨가 좋은 발주처의 경우 지체상금의 상한을 총 계약금액의 10%로 정해두는 경우도 있지만, 계약금액의 100%로 상한을 정하는 경우도 실무에서 흔히 보이며 상한을 따로 정해두지 않는 경우도 허다하다. 거기다가 도급계약의 경우 한번 늦어지면 하루이틀 늦어지는 것이 아니라 수개월이 늦어지는 것이 보통이다. 일을 열심히 했음에도 불구하고 오히려 돈을 줘야 하는, 배보다 배꼽이 더 커질 수 있는 무시무시한 것이 바로 이 지체상금이다. 그래서 우리 민법은 손해배상의 예정의 경우 너무 과다하면 법원이 적당히 감액할 수 있다고 규정해놓고 있다(민법 제398조 제2항18). 이 규정이 왜 존재하는지 이제 이해가 됐을 것이다.

그리고 우리가 지체상금을 통해 배운 손해배상액의 예정(Liquidated Damage)과는 구별되는 개념으로 "위약벌"(Penalty)이라는 개념이 있다. 잘 아시는대로 지체상금은 '너 계약한 대로 이행하지 못한 것에 대한 손해배상으로 이만큼의 돈을 내라'라는 의미이지만, 위약벌은 '어쭈? 감히 계약을 위반했어? 혼 좀 나봐라'하는 의미이다. 즉 전자는 계약의 불이행으로 인한 '손해'에 대한 보상인 반면, 후자는 계약위반자에 대한 제재적 성격을 갖는 것이다. 하지만 매우 주의해야 할 것이 있다. 영미계약법에서는 보통 이러한 위약벌을 정하는 것은 무효이고, 강제할 수 없다고 보는 반면 우리나라는 위약벌을 인정하고 있다.19

---

18 **민법** 제398조(배상액의 예정)
　② 손해배상의 예정액이 부당히 과다한 경우에는 법원은 적당히 감액할 수 있다.
19 이는 최근 전원합의체 판결에 의해서도 재확인 되었다. 대법원 2022. 7. 21. 선고 2018다248855
　여러분들의 지적쾌감을 위해 위 전원합의체 판례의 반대의견 중 일부를 소개해본다. 굵은 글씨는 저자가 임의로 강조한 부분이다.
　"6) 위약벌에 대한 감액을 인정하지 않는 것은 비교법적 고립을 자처하는 셈이다.
　대륙법계에서는 대체로 위약벌의 유효성을 인정하고 그 감액을 인정하고 있다. 독일 민법은 계약벌 또는 위약벌에 관하여 이것이 과도하게 많은 경우에는 채무자의 청구에 따라 판결에 의하여 적절한 액으로 감액할 수 있다고 정하고 있다(제343조 제1항). 프랑스 민법은 법원이 위약벌을 직권으로 증감할 수 있다고 정하고 있다(제1231조의5). 기존 판례에 영향을 미친 일본조차도 2017년 민법을 개정하여 '법원은 손해배상의 예정액을 증감할 수 없다'는 제420조 제1항 후문 규정을 삭제하였다. 영국이나 미국 등 보통법계에서는 위약벌을 아예 무효로 보고 있다.

그래서 오히려 일반인들끼리 간단히 주고받는 거래에서는 '계약 위반시 (손해와 상관없이) 위약금 얼마를 내야 한다[20]'는 위약벌(의 의미를 갖는) 규정을 굳이 끼워넣는 경우가 많은 반면, 여러분들이 주로 볼 글로벌 대기업들에서 사용하는 계약서들의 경우 위약벌 조항을 찾아볼 수 없는 경우가 많다. 오히려 손해배상액의 예정 조항에 무효로 판단되는 것을 피하기 위해 '이것은 위약벌의 성격을 가지지 않는다'는 문구를 넣는 경우들이 종종 있다.

앞서서 손해배상액의 예정의 경우 법원에 의해 감액될 수 있다고 했다. 위약벌은 그렇지 않다. 그럼 마음껏 과다하게 위약벌을 규정해도 되나? 그럴리가 없다. 위약벌은 지나치게 과다한 경우 아예 무효가 돼 버릴 수 있다.[21]

일반적으로 위와 같은 지체상금을 납입해야 하는 것은 고의나 과실에 의한 이행지체의 경우로 한정되나, 꼭 그렇지는 않다. 계약 당사자들이 소위말하는 '갑·을'관계에 있는 경우 '을'에 해당하는 업체의 경우 고의나 과실을 불문하고 '갑'의 '모든' 손해를 배상하도록 규정해버리는 경우가 있음에 주의해야 한다. 가슴아픈 현실이다.

따라서 비교법적으로도 위약벌의 감액을 인정하는 것이 균형 잡힌 해결책이라고 볼 수 있다."

20 앞서 언급한 민법 제398조에 '위약금'의 약정은 손해배상액의 예정으로 추정한다는 말이 이 때문에 나오는 것이다. 비록 미리 정해진 돈을 배상하는 것이지만 손해에 대한 배상인 손해배상액의 예정과 손해에 상관없이 제재적 의미로 지불해야 하는 위약벌이 구별되기 때문에, 단순히 계약서에 '계약위반시 위약금 얼마를 주어야 한다'라고 적어둔 경우 당사자의 일반적인 의도일 손해배상액의 예정으로 해석해주는 것이다. 그래서 꼭 위약벌을 규정하고 싶다면 계약위반시 손해와 상관없이 무조건 줘야 되는 돈이라고 명시를 해두어야 한다. 하지만 엔지니어들이 보는 글로벌 기업들의 계약서에서 이런 경우는 찾기 힘들 것이다.
21 대법원 2015. 12. 10. 선고 2014다14511 판결

보통 이런 일은 '갑'의 표준계약서에 의해 계약이 체결될 때 일어나는 데 이러한 경우 추후 "약관규제법"에 의해 불공정한 약관의 무효를 주장하여 고의, 과실에 의한 그리고 당사자가 예상할 수 있었을 손해로 손해배상 책임을 한정시킬 여지가 있다.22

그리고 위와 같은 지체상금은 당연히 계약상 의무 이행과 별도로 청구하는 것이다. 즉 공사가 늦었으면 당연히 공사(계약상 의무)는 마무리지어야하고, 지체상금은 지체상금대로 내야된다는 말이다.

그런데 늦게 이행을 제공받는 것이 별 이익이 되지 않는 경우에는 '너 그냥 그 의무 이행하지 말고, 대신 손해배상을 해라'라고 할 수 있다. 이러한 '대신'하는 손해배상을 '전보'배상이라 한다.23 이러한 전보배상은 '제때 자신의 의무를 다 했을 때의 상태'를 기준으로 액수를 산정하며 지연손해도 포함한다. 하지만 실무적으로 우리의 계약서는 당연히 계약이 '늦을 때 늦더라도 잘 굴러가는' 것을 전제로 작성되므로 이런 전보배상에 대한 조항은 따로 넣지 않는 경우가 많다. 그러니 우리에게 이런 선택권이 있다는 사실을 알아두자.

그리고 잘 아시다시피 "계약 당시 손해배상액을 예정한 경우에는 다른 특약이 없는 한 채무불이행으로 인하여 입은 통상손해는 물론 특별손해까지 예정액에 포함되고 채권자의 손해가 예정액을 초과한다 하더라도 초과부분을 따로 청구할 수 없24"다. 특별손해는 예견가능성이 없다면 배상할 필요가 없는 것이 원칙이다.

물론 실제 세상은 교과서처럼 깔끔하게 떨어지지 않는다. 뭐가 '일반적인지', 그리고 어디까지를 '예견할 수 있었다고 봐야하는지'에 대해 말도 안되게 복잡한 분쟁이 벌어진다. 그래서 손해배상 조항은 최대한 상세하게 적어두는 것이 좋다. 어떤 상황에 손해를 배상해야되는지, 그 액수는 얼마로 정할지 최대한 상상력을 발휘해서 미리 정해두는 것이 최선이다. 당연히 무척 어려운 작업이다

그렇기 때문에 계약의 '갑'들은 지체상금의 상한을 잘 씌우지 않으려고 한다. 그리고 여러분이 '을'이라면 지체상금 규정에는 필사적으로 캡(상한)을 씌우려고 노력해야 한다. 협상이 잘되면 계약금액의 10%, 안되면 계약금액만큼으로라도.

물론 위의 논의는 지체로 인한 손해들만 고려했을 때의 경우이다. 지체로 인한 손해가 생긴 경우가 아닌 일반적인 다른 사유, 예를들어 부실공사 때문에 손해가 생긴 경우에는 얘기가 다르다. 우리가 사용하는 대부분의 계약서에는 앞서 검토했듯 일반적인 손해배상 규정이 있고, 지체상금 규정은 따로 마련돼있다. 늦은 건 지체상금 규정에 의해, 부실공사는 일반 손해배상 규정에 의해 따로 배상을 받을 수 있고 지체상금 규정에 의해 정해지는 액수를 초과하여도 배상받을 수 있는 것이다.25

---

24 대법원 1993. 4. 23. 선고 92다41719 판결
25 민법시간에 배우는 아주 유명한 판례가 바로 이 내용이다.
 "공사도급계약을 체결하면서 건설교통부 고시 '민간건설공사 표준도급계약 일반조건'을 계약의 일부로 편입하기로 합의하였고, 위 일반조건에서 지체상금에 관한 규정과 별도로 계약의 해제·해지로 인한 손해배상청구에 관한 규정을 두고 있는 경우, 채무불이행에 관한 손해배상액의 예정은 당사자의 합의로 행하여지는 것으로서, 그 내용이 어떠한가, 특히 어떠한 유형의 채무불이행에 관한

이것이 기본적인 법리이지만, 혹시 발생할 수 있는 다툼을 방지하기 위하여(교과서에서는 손해배상이 종류별로 명확히 구분되는 것처럼 서술되어 있지만 실무에서는 손해배상의 종류, 액수 등 모든게 애매모호하기 짝이 없다!) 지체상금 규정에 "이러한 지체상금의 배상은 일반적인 다른 사유에 의한 손해배상에 영향을 미치지 않는다"는 문장을 끼워넣는 경우도 있다.

그리고 이행지체는 가장 대표적인 채무불이행 사유이므로 해제가 가능하다.[26]

일반적인 계약 해제의 프로세스는 이렇다.

1) A가 채무를 이행하지 않음
2) B는 '상당한 기간을 정하여' 이행할 것을 통지(최고)[27]

손해배상을 예정한 것인가는 무엇보다도 당해 약정의 해석에 의하여 정하여지는바, 위 일반조건의 지체상금약정은 수급인이 공사완성의 기한 내에 공사를 완성하지 못한 경우에 완공의 지체로 인한 손해배상책임에 관하여 손해배상액을 예정하였다고 해석할 것이고, 수급인이 완공의 지체가 아니라 그 공사를 부실하게 한 것과 같은 불완전급부 등으로 인하여 발생한 손해는 그것이 그 부실공사 등과 상당인과관계가 있는 완공의 지체로 인하여 발생한 것이 아닌 한 위 지체상금약정에 의하여 처리되지 아니하고 도급인은 위 일반조건의 손해배상약정에 기하여 별도로 그 배상을 청구할 수 있다. 이 경우 손해배상의 범위는 민법 제393조 등과 같은 그 범위획정에 관한 일반법리에 의하여 정하여지고, 그것이 위 지체상금약정에 기하여 산정되는 지체상금액에 제한되어 이를 넘지 못한다고 볼 것이 아니다."
대법원 2010. 1. 28. 선고 2009다41137, 41144 판결

26 **민법 제544조(이행지체와 해제)**
당사자 일방이 그 채무를 이행하지 아니하는 때에는 상대방은 상당한 기간을 정하여 그 이행을 최고하고 그 기간내에 이행하지 아니한 때에는 계약을 해제할 수 있다. 그러나 채무자가 미리 이행하지 아니할 의사를 표시한 경우에는 최고를 요하지 아니한다.

27 최고와 관련하여 일반적으로 채무불이행을 이유로 해제만 주장해도 이행의 최고가 있었다고 보아주며 해제를 인정하는 것이 일반적이고 대법원의 견해이기도 하다.
이와 관련하여 최근 서울대로스쿨 양창수 명예교수님의 멋진 비판이 있어 소개해본다.
'계약의 해제로 인하여 그 효력불발생이라는 계약관계의 결정적 전환이 일어나고, 쌍무계약에 있어서는 채권자로서도 자신의 반대채무를 면하게 되는 것이

3) A가 그 '상당한 기간' 동안에도 여전히 이행하지 않음

4) B가 계약 해제를 통지

그리고 이행지체 외에도 해제가 되는 사유들은 많다. 해제 사유는 크게 법정해제 사유와 약정해제 사유가 있다. 법정해제 사유는 말 그대로 법에서 정해둔 계약해제를 할 수 있는 사유로 민법에서 배운 것이다. 이행지체(늦게 한 경우)와 이행불능(하는 것이 불가능하게 된 경우), 그리고 담보책임 규정에 의한(즉 이행을 하긴 했는데 문제가 생긴) 경우가 있다.

그리고 약정해제 사유는 당사자가 합의를 통해 계약을 해제할 수 있는 사유들을 정해두는 것이다. 이 약정해제 사유는 뭐든지 될 수 있다. 당사자 일방이 파산, 회생절차가 개시되는 등의 재정적인 문제가 생겼거나, 직원이 공무원에게 뇌물을 줬다는 등의 도덕적인 문제가 생겨 그 회사와의 거래를 계속 하는 것이 우리 회사의 이미지에 심대한 타격을 줄 수 있는 경우 같은 것도 약정할 수 있고 실제로 그런 규정들을 많이 넣는다. 정하기 나름이다.

그리고 일반적으로 계약서의 해제 규정에 해제 가능 사유로 이행지체, 이행불능 등 법정해제사유도 굳이 써두는 것이 보통이다. 다만 해당 계약의 구체적 내용을 조금씩 반영해 넣을 따름이다(예를 들어 행사 계약에는 단순히 이행불능이라 적지 않고 '우천시'와 같은 사유를 추가하여 구체화하는 등의 경우가 있을 것이다)

다. 그럼에도 계약의 유효를 전제하는 이행 최고를 그 해제의 의사표시에서 읽는 것은 양립할 수 없는 내용을 끼워 넣는 것으로 명백히 모순이다.'
해당 내용은 다음 칼럼의 일부이다. "효력 없는 해제의 의사표시에서 이행 최고를 읽는 판례의 태도에 대하여". 법률신문. 24. 1. 8.
https://www.lawtimes.co.kr/opinion/194734

어찌됐건 법에서 정해져 있는 경우든, 약정한 경우든 계약해제 사유가 될 수 있는 것은 많다. 역사적으로 약속을 안지키는 녀석들이 많았기 때문에 별의별 내용들을 다 규정해둔다. 그렇더라도 회사에서 이루어지는 계약들의 경우 해제는 상당히 심각한 문제이기 때문에 (상대방이 아무리 잘못했다 하더라도 여러분이 당당하게 나서서 지금 상황은 해제 사유에 해당하니 사업을 무르겠다고 사장님께 보고할 엄두가 나겠는가? 난 못한다) 일방이 해제를 할 수 있는 사유를 한정적으로 나열해두고, 그 사유가 생겼다고 해서 바로 해제가 되도록 하지 않고 위와 같이 상대방에게 해제의 의사를 서면 통지로 알리고 계약을 이행할 충분한 기간을 주도록 하는 것이 일반적이다. 실무적으로도 조금 늦은 것 가지고 바로 해제를 하지는 않고 실무자들끼리 적절히 으박도 지르고 달래기도 하면서 해결하는 것이 보통이지만 만일의 사태를 대비해서 '독촉'했다는 증거를 남기기 위해 Reminder는 전화나 구두로 하지 말고 이메일로 보내, 꼭 증거를 남겨두는 습관을 가지자.

민법과 '일반적'인 계약서들에는 위와 같이 해제를 쉽게 하지 못하도록 힘든 절차적 규정을 두지만, 실제 세계에서는 '갑'이 임의로 해제를 할 수 있도록 정하는 계약도 상당히 많은 것이 현실이다. "갑의 합리적인 판단에 의해 을의 이행 제공이 불필요하다고 판단될 경우", 심지어는 "갑의 편의를 위해" 갑이 해제를 할 수 있다는 등의 규정이 들어가 있는 계약서들이 왕왕 보인다. 이러한 가슴아픈 현실을 바로잡기 위해 "독점규제 및 공정거래에 관한 법률(공정거래법)28"이나 "하도급거래 공정화에

---

28 너무너무 중요한 조문이니 이 기회에 다 보고 가자.
  공정거래법 제45조(불공정거래행위의 금지)
  ① 사업자는 다음 각 호의 어느 하나에 해당하는 행위로서 공정한 거래를 해칠 우려가 있는 행위(이하 "불공정거래행위"라 한다)를 하거나, 계열회사 또는 다른

관한 법률(하도급법)29"에서는 이러한 일방에게 불리한 해제를 하지 못하도
록 강제하는 규정이 존재한다. 둘 다 굉장히 중요한 규정이니 각주를 한
번씩 읽어보도록 하자.

　다만 이러한 '편의해제' 규정이 업계에 따라, 거래에 따라 필요할 수
도 있을 것이다. 거래와 관련된 상황이 급속도로 변하거나 상대방과의
신뢰가 굉장히 중요한 경우 등 필요할 때 해제가 가능한 것이 중요한
거래들이 실제로 존재한다. 이러한 경우라면 형평을 위해 편의해제를
한 당사자는 상대방에게 일방적인 해제에 따른 손해배상을 해주도록

사업자로 하여금 이를 하도록 하여서는 아니 된다.
1. 부당하게 거래를 거절하는 행위
2. 부당하게 거래의 상대방을 차별하여 취급하는 행위
3. 부당하게 경쟁자를 배제하는 행위
4. 부당하게 경쟁자의 고객을 자기와 거래하도록 유인하는 행위
5. 부당하게 경쟁자의 고객을 자기와 거래하도록 강제하는 행위
6. 자기의 거래상의 지위를 부당하게 이용하여 상대방과 거래하는 행위
7. 거래의 상대방의 사업활동을 부당하게 구속하는 조건으로 거래하는 행위
8. 부당하게 다른 사업자의 사업활동을 방해하는 행위
9. 부당하게 다음 각 목의 어느 하나에 해당하는 행위를 통하여 특수관계인
　또는 다른 회사를 지원하는 행위
　가. 특수관계인 또는 다른 회사에 가지급금·대여금·인력·부동산·유가증권·
　　상품·용역·무체재산권 등을 제공하거나 상당히 유리한 조건으로 거래
　　하는 행위
　나. 다른 사업자와 직접 상품·용역을 거래하면 상당히 유리함에도 불구하
　　고 거래상 실질적인 역할이 없는 특수관계인이나 다른 회사를 매개로
　　거래하는 행위
10. 그 밖의 행위로서 공정한 거래를 해칠 우려가 있는 행위
29 **하도급법** 제8조(부당한 위탁취소의 금지 등)
① 원사업자는 제조등의 위탁을 한 후 수급사업자의 책임으로 돌릴 사유가 없
는 경우에는 다음 각 호의 어느 하나에 해당하는 행위를 하여서는 아니 된다.
다만, 용역위탁 가운데 역무의 공급을 위탁한 경우에는 제2호를 적용하지 아
니한다.
1. 제조등의 위탁을 임의로 취소하거나 변경하는 행위
2. 목적물등의 납품등에 대한 수령 또는 인수를 거부하거나 지연하는 행위

규정하는 것이 타당할 것이다.

계약불이행 책임을 논하는 파트라서 자연스럽지 않긴 하지만, 별 사유가 발생하지 않았는데에도 불구하고 당사자들끼리의 합의로 계약을 해제하는 것도 계약자유의 원칙상 당연히 가능하다. 이것이 "합의해제"이다. 조금 철두철미한 계약서의 경우 합의해제를 할 경우 각각 누가 무엇을 얼만큼 돌려주고 돌려받아야 할지까지 미리 정해두기도 한다. 안써두면 안되냐고? 이렇게 합의해제를 하는 경우에는 보통 그때가서 별도의 "합의서"를 작성하기 때문에 계약을 이제 막 시작하려는 단계인 지금 당장 걱정할 것은 없을 것이다.

앞서 '이행기에 이행하지 않았을 것'이 이행지체를 이유로 한 해제의 요건이라 했다. 당연하다. 그게 이행지체니까. 그런데 이행기일까지 기다릴 필요 없이 '신의성실의 원칙상' 해제가 가능한 경우가 있다. 소위 말하는 이행거절의 경우이다. 이는 '채무자가 채무를 이행하지 않을 의사를 진지하고 종국적으로 표시함으로써 채권자로 하여금 임의이행을 기대할 수 없게 만드는 경우'를 의미한다. 쉽게 말해 '나 안 해'하고 뻗대는 경우이다.

이행거절은 학교에서 그리 중요하게 배운 파트는 아니었겠지만 처음 계약을 트게된 상대방, 재정상태가 좋지 않은 회사, 정보를 찾을 수 없는 개인 등 '신뢰하기 어려운 계약상대방'과 체결하는 소규모 계약에서 꽤나 비일비재하게 발생한다. 불성실이행도 마찬가지다. 그래서 상대방이 문제가 있을 여지가 있다 싶으면 계약서 검토 시 위에서 배운 계약이행보증증권을 받아두는 것이 좋겠다는 코멘트를 남기자.

(7) 불가항력 규정

계약불이행 책임은 이렇게 무서운 것이다. 지체상금도 물어야되고 해제도 당할 수 있다. 그럼 '계약을 불이행했으면 항상 계약불이행 책임을 져야하는가?'하는 의문이 든다. 살다 보면 내 뜻대로 안되는, 어쩔 수 없는 일들이 생기기 마련이다.

천재지변이나 전쟁 등 내가 책임질 수 없는 사유로 계약상 의무를 이행하는 것이 불가능한 경우가 있다. 일반적으로 우리가 사용하는 계약서들에서는 이러한 예외적인 경우를 "불가항력" 조항에서 나열한다. 영문계약서에서는 "Force Majeure" 또는 "Exceptional Events" 등으로 표현한다. 이 두 영어 표현은 엄밀히 말하자면 다른 개념이지만 일반적으로 계약서에는 둘 중 하나를 써놓고 거기에 모든 내용들을 다 포함시킨다.

어쨌든 "내 잘못도 아닌데" 계약불이행 책임을 물게 되는 것은 정말 억울하다. 그래서 계약서 작성시에 이 부분을 신경쓰는 것이 좋다. 실무적으로 최근에는 코로나 때문에 이 불가항력 조항들이 전 세계적으로 많이 문제가 됐다. 감염병으로 인해 많은 국가들에서 락다운이 시작됐고 엄청나게 많은 현장들이 멈추었다. 우리 탓도 남 탓도 아니다. 이러한 상황을 공평하고 매끄럽게 해결할 수 있는 방법이 바로 불가항력 규정이다.

1) 일반적으로 천재지변, 전쟁과 같은 사유는 대부분의 계약에서 이러한 불가항력 사유로, 즉 이런 일이 발생하면 계약 이행을 못해도 계약불이행 책임을 지지 않아도 되는 예외로 인정된다. 코로나와 같은 판데믹 상황에서는 아예 인력 수급자체가 불가능하게 되므로, 앞으로는 판데믹 정도로 인정되는 감염병과 같은 사유도 불가항력 조항에 포함시켜 불확실성을 없애는 것이 좋을 것이다.

2) 급격한 경제적, 정치적 상황변화는 조금 애매한 측면이 있다. 아예 너무 급격해서 쿠데타가 일어날 정도였다면 확실히 불가항력이 인정되지만 그정도는 아닌 경우가 대부분이다. 그래서 이러한 경제적, 정치적 상황변화는 '예외의 예외'로, '이정도 사유 정도만 가지고는 계약불이행 책임을 지는 것이 맞다'고 규정하는 경우가 종종 있다. 종종 있다는 말은 불가항력 사유로 규정하는 계약서들도 많다는 의미이다. 그래서 계약을 체결하기 전에 프로젝트가 이루어질 지역의 상황을 미리 조사해둬서 계약서에 반영여부를 결정해야 한다.

3) 노사분규, 운송지연 같은 '인재'의 경우들은 어찌보면 당하는 회사 입장에서는 억울하겠지만 사실 그런것들까지 다 인정해주면 제대로 돌아가는 계약이 하나도 없을 것이다. 이러한 사정들은 경우에 따라 명시적으로 불가항력 사유에 해당하지 않는다고 규정하는 경우가 많다. 물론 여러분이 노사분규나 운송지연 등의 위험을 안고사는 회사에 소속되어 있다면 되도록이면 이러한 사유까지 불가항력 사유에 포함되도록 협의를 잘 해야 할 것이다. 특히 하도급업체들을 많이 쓰는 업계라면 각별히 신경써야 할 부분이다.

이러한 불가항력 사유에 해당하는 사실이 발생하면 끝인가? 아니다. 세상은 그리 호락호락하지 않다. 이러한 사유들은 지체책임을 면하게 해주는 강력한 효과를 발휘하기 때문에 일을 시키거나 물건을 주문한 입장에서는 굉장히 신경이 쓰일 수밖에 없다. 더군다나 계약서에 예시로 적어둔 불가항력에 해당하는 사건들의 리스트에 포섭되지 않는, 그렇지만 계약을 제때 또는 제대로 수행하는 것이 객관적으로 힘든 사유가 발생하면 불가항력 조항이 적용되는지 자체부터가 고민거리이다. 그리하여 일단 계약의 이행에 영향을 미칠 만한 사유가 생겼다면 양 당사자가 얼른 사실을 파악해야 할 필요가 있다.

그래서 보통은 이러한 사유가 발생했을 때에는 즉시 또는 일정기한 내에 '이러이러한 사정이 생겨서 어느 정도의 기간까지 일을 못할 것 같다'는 통지를 상대방에게 보내도록 규정해놓는다.

즉 1) 어떤 사유가 발생하였는지, 2) 그로 인해 프로젝트가 얼마만큼의 영향을 받을 것인지, 3) 그래서 이후 어떻게 할 것인지에 대한 내용을 담도록 규정하는 것이 보통이다. 조금 더 나아가서 '손실을 최소화하도록 노력하여야 한다'와 같은 내용을 추가하기도 한다.

통지는 귀찮고 신경써서 챙겨야 하는 짜증나는 것이기도 하지만 이후 분쟁이 발생하거나 불가항력 사유 발생을 이유로 공기연장 클레임(Extension Of Time Claim)을 걸어야 할 경우 매우 중요하다. 실무적으로 불가항력 사유 발생 후 적정 기일 내에 통지를 하지 않아서 시공사에서 발주처에 공기연장 클레임을 시도하려다가 실패하는 경우가 허다하다. 문제가 생기면 재깍재깍 알리도록 하는 습관을 길러두자.

(8) 통지 규정

통지 이야기가 나온 김에 통지 규정도 한번 살펴보자. 위와 같이 클레임이나 손해배상 청구, 해제의 경우 적절한 기한 내의 통지가 전제조건이다. 그러니만큼 이러한 클레임이 비일비재한 업계의 계약서의 경우에는 "통지의 방법"을 규정하는 조항도 계약서에 따로 두는 경우가 많다. 물론 간단한 계약서들의 경우는 없는 경우가 더 많다.

이러한 규정의 경우 크게 1) 통지의 방법, 2) 어디로 통지해야 하는지(주소 등), 그리고 3) 수령간주에 대한 내용을 적어둔다.

통지의 방법은 '어떻게 보내나'이다. 말 그대로 서면으로 써서 우편으로 보낼지, 이메일로 보낼지, 그냥 말로 전해도 될지 등을 정하는 것이다. 확실성을 위해 종이에 적힌 글로 남기는 것이 좋지만 21세기에는 실무상 편의를 위해 이메일로 통지하는 것도 통지 방법으로 포함시켜 정하는 것이 좋을 것이다. 아니, 다들 그렇게 한다.

그리고 통지받을 주소나 전화번호, 이메일 주소 등을 각 당사자들이 기재해 놓는다. 이걸 계약서에 적어둔 경우 이메일 주소 변경시 반드시 상대방에게 주소 변경을 알려야 할 것이다. 본인이 바뀐 주소를 알려주지 않았는데, 상대방이 (계약서에 기재된) 이전 주소로 통지를 보냈다면 통지가 적법하게 이루어진 것이기 때문이다. 난 못 받았는데도!

마지막으로 수령간주 규정은 '일방이 적절한 방법과 주소로 통지를 보냈고, 일정 시간이 지났으면 상대방이 읽었든 아니든 수령한 것으로 간주'한다는 규정이다. 소위 말하는 '안읽씹'을 방지하는 규정이다. 계약해제 통보와 같은 중요한 상황에서 '난 그런 통보 받은 적이 없어서 너가 뭐라 보냈는지 모르겠다'고 뻗대는 것을 방지할 수 있는 유용한 규정이니, 계약상대방과 확고한 신뢰관계가 형성되지 않았다면 이런 규정을 넣는 것을 고려해보자.

(9) 비밀유지 및 지식재산권 규정

비밀유지 규정은 거의 모든 계약서에 들어가는 규정으로 말 그대로 이 계약과 관련된 또는 이 계약의 이행 과정 중 얻게된 자료나 정보를 관련없는 제3자에게 누설하면 안 된다는 규정이다. 일반적으로 계약서의 조항 중 하나로 들어가지만 업계에 따라 보안이 중요한 거래의 경우 별도의 비밀유지계약(NDA, Non Disclosure Agreement)을 따로 체결하기도 한다. 특히 첨단기술분야, 라이센스, 합작투자, 금융거래와 관련된 계약에서 중요하게 여겨진다.

일반적으로 비밀유지 규정이 계약서의 조항 중 하나로 들어가는 경우에는 "각 당사자는 본 계약과 관하여 상대방으로부터 제공받은 모든 정보와 자료를 비밀로 유지하여야 하며, 다른 목적으로 사용하여서는 아니된다." 정도의 문구로 구성된다. 조금 더 자세히 살펴보자. 핵심은 무엇이 "기밀"이고 무엇이 기밀이 아닌지를 규정하는 것이다.

어떤 것들이 기밀에 해당하는지를 상상력을 총 동원하여 나열해두는 경우도 있지만, 주로 기밀은 위의 예시나 '매체를 불문하고 상대방이 비밀로 유지할 가치가 있는 모든 정보와 자료'와 같이 일반적으로 규정한 다음, 기밀이 아닌 '예외'를 열심히 나열하는 방식으로 규정된다.

이러한 예외에는 제3자로부터 적법하게 취득한 자료나, 이미 잘 알려진 공지의 자료, 직접 알게된 자료 등이 포함된다. 간혹 NDA를 잘 못배운 분들이 '갑'의 입장에 서게 되는 경우 이렇게 기밀을 일반적으로 규정해놓고 예외규정을 하나도 두지 않는 경우가 왕왕있다. 그저 '예외는 없는 게 우리 회사한테 유리하니까'와 같은 단순한 이유로 표준서식에 있던 예외도 모조리 지워버리는 것이다. 그러면 결과적으로 상식적으로 말이 안되는 계약서가 된다. 1+1=2와 같은 아무리 뻔한 지식이라도 '갑'이 한번이라도 언급했다면 '을'은 그것을 써먹을 수 없다는, 있으나마나한 계약서가 되는 것이다. 또 규모가 큰 프로젝트의 경우 여러 회사간의 커뮤니케이션이 필요한데, '제3자로부터 적법하게 수신한 정보'에 대한 예외가 없다면 회사 간 커뮤니케이션이 불가능하게 된다!

여러분들은 그러면 안 된다. 우리는 일이 '되게' 해야 되는 사람이고 그것이 산업발전에 이바지하는 길이다. 어설프게 회사에 무작정 유리하게 하겠다고 갑질을 하며 협상을 망쳐놓으면 안 된다. 그러니 만약 '갑' 측 법무부서에서 저러한 계약서를 들이밀 경우 반드시 사전에 클레임을 하여 당연히 들어있어야 할 예외를 추가하자.

그리고 이 부분에 있어서는 법무팀원보다 현업 부서 분들이 실무에 있어 어떤 서류가 작성되고 누구에게 전달되어야 하는지 등을 훨씬 더 잘 알기 때문에 그들의 목소리를 적극적으로 경청할 필요가 있다. 프로젝트가 진행되면서 관련 당사자들 사이에 어떤 서류들이 오가고, 그중 어떤 서류에 핵심 기술이 담겨져 있는지는 오로지 실무자들만이 판단할 수 있다. 프로젝트 진행을 위해 관행적으로 주고받아야 되는 서류가 있는데 이 경우가 "기밀이 아닌" 예외목록에서 누락되어 있어 문제가 되거나, 굉장히 중요한 서류가 "기밀" 목록에서 빠진채로 정보가 오가는 경우가 있을 수 있다. 계약서의 다른 조항은 몰라도 이 조항은 반드시 현업부서 실무자 분들의 체크를 거치는 것을 권장한다.

만약 여러분의 회사가 라이센스의 소유자이고 그 기술이 무척 중요하고 값비싸다면 최대한 깐깐하게 굴 필요가 있다. 이러한 경우 유출돼서는 안 되는 "기밀"을 굉장히 촘촘히, 범위는 최대한 넓게 구성해야 할 것이다. 그리고 권리와 성과물의 이용에 있어서도 여러분이 지식재산권을 계속 가지되, 상대방은 계약의 목적 범위 내에서만 성과물을 이용가능토록 규정하는 것이 좋다.

그러한 경우까지는 아니라면 일반적으로 계약 이행의 '성과물'들은 이를 제공 받은 상대방에게 귀속되게 하는 것이 원칙이므로(당연하다. 내 돈 주고 물건 만들어달라고 했는데 그 물건을 내 마음대로 사용하지 못하면 말이 안된다!), 계약의 이행에 있어 상대방에게 제출한 물건이나 서류에 자신의

노하우, 영업비밀 등이 포함되지 않도록 각별히 주의해야 할 것이다.

어떤 정보가 "기밀"이라고 써놨다고 다 끝나는 것은 아니다. "누가" "어떤" 행위를 하는지도 중요하다. 어떤 짓을 해야 비밀유지의무 위반인 것인가? 관련 임직원끼리 그 내용을 회의시간에 말하는 것이 비밀유지의무 위반일 리가 없다. 그래서 이 부분은 주로 "비밀 공개 가능범위"를 '최소한의 관계 임직원'으로 한정시켜서 해결한다.

그리고 당연한 얘기지만 기밀이라 하더라도 법원이나 수사기관, 관련업계를 관할하는 정부부처 등에의 제출은 예외에 해당한다고, 즉 비밀유지의무 위반이 아니라고 덧붙여 규정할 수도 있다.

관련 쟁점으로, 지식재산권 규정은 비밀유지 규정과 별도로 마련해두는 것이 보통이다. 위에 적어둔 부분은 일반적인 매매나 도급 계약의 경우이고, 지식재산권 자체가 메인 쟁점이 되는 기술개발용역계약 같은 경우는 훨씬 더 촘촘하게 권리 귀속을 규정해야 한다.

출원 후의 권리뿐만 아니라 출원 전 단계의 권리('특허를 받을 권리')까지 모든 시점의 경우를 빠짐없이 규정해야 하며(즉 어느 시점에 누구에게 권리가 귀속되는지), 더 나아가 누가 얼마를 내고 어디까지의 연구개발업무를 수행할 것인지, 관련 장비나 장소의 제공은 어떻게 할 것인지 그리고 각각 권리의 어느 정도의 지분을 가질 것인지를 규정해야 할 것이다. 각 당사자의 권리와 의무를 시간 순서대로 촘촘히 정하자. 그리고 당사자의 지위의 양도, 즉 중간에 권리를 팔고 나갈 때 상대방의 동의를 얻어야 하는지, 아니면 아예 팔고나갈 수 없도록 규정할 것인지도 협상의 중요 요소이다.

(10) 계약 변경

계약의 변경에 관한 내용은 여러분의 회사가 협상력이 작은, '을'의 위치에 있다면 반드시 신경써야 하는 파트다. 프로젝트를 진행하다보면 기존 구상이나 설계의 변경이 있기 마련이다.

일반적으로 법률가들은 '계약은 그대로 지켜져야 하고 그 내용이 바뀌는 것은 예외'라는 전제하에 계약서를 작성, 검토하기 마련이다. 그러나 산업실무에서 다루는 복잡하고 지난한 프로젝트의 계약들은 오히려 프로젝트가 진행되면서 그 모습이 바뀌는 것이 일반적이고 최초 구상대로 진행되는 것이 오히려 보기 드물다. 그래서 계약 변경을 신경써야 한다. 여러분들이 학교에서 전혀 배우지 않은 분야이고 국내 당사자들 간에는 잘 쓰지 않는 규정이기도 하기 때문에 떠올리기 쉽지 않을 것이다. 반드시 따로 기억해 두도록 하자.

이를 고려하여 만약 계약 진행 중 '갑'이 (계약 내용에 없거나) 다른 것을 지시하면 "어떤 기준으로 대금을 산정해서 그 증감분을 정산할 것인지"에 대한 내용을 미리 정하여 반드시 넣어두도록 하자. 실무적으로 정말 많은 다툼이 벌어지는 부분이다. 단순 명확한 계약의 경우에는 별다른 의미가 없지만 프로젝트가 기간이 길고, 기술적으로 복잡하다면 "당연히" 애초 계약시와 다른 부분이 생긴다. 이제부터 산업계에서 일할 여러분들은 이것을 디폴트로 생각하고 있어야 한다. 계약 준수의 원칙은 신성하지만, 계약서를 작성할 당시 예측할 수 없는 사정들이 너무 많이 벌어지는 것이 현실인 것이다.

해외업체들과 다르게 국내업체들, 특히 '을'의 위치에 놓이게 되는 업체들은 '갑'이 '이 부분은 (계약과 다르게) 이렇게 진행해라'라고 말하면 '받들겠습니다'하고 그냥 따르는 것이 업계 관행인 경우가 많다. 안타깝게도. 국내업체들은 이렇게 상대방이 요구하는 추가적인 지시를 이행하는 데에 드는 비용이 아주 크지 않다면 '서비스로 해드리는' 것에 익숙하다. 하지만 국내업체들도 서서히 이러한 불합리한 관행을 타파하고 자신의 권리를 찾으려는 움직임이 보인다. 아주 바람직하다. 그리고 이 책을 읽고 있는 여러분들이 바로 국내 기업들의 권리찾기에 일조하는 산업역군이 될 것이다. 아주 바람직하다.

실무를 경험하신 분들은 이러한 계약변경이 Variation 또는 Change Order(variation order)라는 이름으로 더 익숙할 것이다. 이론적으로 둘은 다소 다르다. 전자는 계약 자체가 바뀌는 것이고 후자는 계약은 그대로이지만, 계약서에 정해진 절차를 밟으면(주로 갑이 일정한 내용을 통보하면 을이 이에 대한 검토와 회신을 함으로써 변경이 이루어지도록 규정한다) 계약의 변경없이 작업의 내용(scope of work)과 대금의 변경만 이루어지는 것을 말한다. 하지만 현실세계에서는 널리 혼용되어 사용된다. 그러니 너무 깊게 생각하지 말고 이 용어를 보면 뭔가 계약의 내용의 일부가 바뀌는 경우를 상정한 규정이라 생각하면 된다.

이에 대해 계약서에는 1) 어떤 사유로, 2) 어떤 절차를 거쳐서, 3) 어떠한 내용의 변경된 지시 또는 제안을 할 수 있는지, 4) 상대방은 이에 대해 어떤 경우 불복할 수 있는지, 5) 그에 따른 변경된 대금은 어떻게 산정할 것인지 등을 정해두어야 한다.

사유로는 기간 단축이나 비용 절감, 업무 효율성 증대 등이 대표적이다.

절차는 보통 변경을 원하는 계약당사자 측에서 상대방에게 상당한 기간(FIDIC의 경우 28일[30])을 주고 어떠한 작업을, 얼마의 돈과 시간과 인

---

30 FIDIC YELLOW BOOK(2017) 13.3 Variation Procedure 참조.

력이 투입하여 해야하는지에 대해 통지하도록 정한다.

불복 사유는 그 통지가 기존 계약 내용에 비추어 너무 뜬금없는(예견 가능성이 없는) 지시이거나, 해당 변경 내용을 이행하기 위한 필요 물품을 구할 수 없거나, 환경이나 안전규정에 반하거나, 그로 인해 약속한 일정이나 성능을 보장할 수 없는 경우와 같은 사유를 정해, 이러한 경우에는 계약변경이 이루어지지 않도록 정하는 것이 보통이다.

변경된 대금 산정방법은 말 그대로이다. 최대한 직관적이고 간단하게 정하는 것이 좋다. 계약서를 작성하는 현재로써는 예상할 수 없는 상황에 대한 것이니 너무 구체적으로 정해두면 오히려 실제 변경된 내용에 적용하기 어렵거나 부적절한 경우가 생길 수 있기 때문이다. 변경된 작업에 소요되는 물품, 인력, 시간 등을 고려하여 실투입비를 산정토록 하고 거기에 일정 이익률을 곱하도록 하는 것이 보통이다. 예를 들어 어떠한 추가 작업을 해야 할 때 실제로 들어가는 비용이 100이라면 20%의 마진을 두어 120을 지급해야 한다고 정해두는 것이다.

이왕 계약변경 규정을 두는 김에 조금 더 나아가 글로벌 계약의 경우에는 프로젝트가 진행되는 국가의 법령 변경으로 인한 계약변경 절차도 정해두는 것이 좋다. 실무적으로 은근히 문제가 많이 되는 지점이다. 코로나 사태에서도 이러한 내용을 계약서에 미리 규정해두었더라면 훨씬 편하게 프로젝트를 진행할 수 있었을 것이다. 하지만 실제 세계에서는 법령 변경에 대한 대응방안까지 규정해두는 계약서들은 그리 많지 않다.31 적어도 변경 절차와 대금 산정 방안 정도만이라도 미리

---

31 FIDIC에는 규정되어 있다. YELLOW BOOK (2007) 기준 13.7은 Adjustments for changes in Laws를 규정한다. FIDIC은 법령변경에 대한 대응에 있어서 일반적인 Claim 절차를 따르도록 규정하고 있다.

정해두면 편할 것이다. 어렵지 않다. '위의 일반적인 계약변경 절차를 준용한다'라고 한마디 덧붙이면 끝이다.

이렇게 계약변경 규정에 따라 적절한 절차를 밟아 계약을 변경하는 경우 외에는 쉽게 계약이 변경되게 해서는 안 될 것이다. 계약은 약속 이니까. 하지만 법률, 계약 전문가들이 아닌 실무진들이 계약을 체결하고, 일을 진행하기 때문에 계약서와 현실의 괴리가 생기기 마련이다. 계약서에는 'A일 때는 B이다'라고 규정해놨어도 일을 하다보면 C로 처리하고 양 당사자가 묵인하고 넘어가는 일들이 허다하다. 그렇게 C로 처리하는 '관행'이 생겼다면 계약 분쟁이 벌어졌을 때 골치가 아플 수밖에 없다. '나는 평소 하던대로 했고, 너네도 묵인해놓고 왜 이제와서 딴 소리냐'라고 주장할 여지가 생기는 것이다.

더군다나 일방이 상대방의 행위를 용인해놓고 나중가서 '그건 아니다'라고 주장하는 것은 '금반언의 원칙'에 반하며, 법원에서도 '업계관행'에 대해서는 어느정도 관대하게 인정해주는 경우가 많아서 계약서에 명확한 규정이 없다면 일이 복잡해질 수 있다.

더 큰 문제는 법무팀 사람들은 이러한 실무적으로 은밀하게 이루어지는 관행의 존재를 알기 힘들다는 것이다. 법무를 하다보면 계약서 작성 당시에는 현업 부서에서 아무 말 안 하고 있다가, 한참 후에 알고 보니 계약서와 전혀 다르게 일이 진행되고 있는 것("원래 이렇게 해왔어요!")을 발견하는 경우가 정말 많다. 뭐, 법무업무를 하다보면 익숙해져야 할 상황이긴 하지만 막을 방법이 있으면 좋을 것이다.

이러한 상황을 막기 위해 '서면으로 각 당사자의 서명을 받지 않는 한, 계약의 변경이 있거나 이 계약서의 내용과 다른 관행이 형성된 경우 이는 각 당사자들에게 구속력이 없다'는 취지의 규정을 두는 것이 좋다. 이를 임의변경금지 조항이라고 부른다. 이러한 규정은 굳이 넣지 않는 계약서들도 많다. 하지만 여러분들의 경험, 그리고 실무자와의 커뮤니케이션을 통해 얻은 지식으로, 이 업계가 프로젝트 진행시 계약과 다른 관행 형성이 잦은 업계로 보인다면 현실에 맞추어 이러한 규정을 두어 분쟁을 방지할 필요가 있을 것이다.

(11) 분쟁해결방법

해당 계약과 관련된 분쟁이 발생했을 때를 대비해 우리가 신경써야 할 것은 크게 두 가지이다. 1) 어떤 법에 따라 해결할 것인가, 2) 어디서 판단을 받을 것인가.

국내 회사들끼리의 계약의 경우 굳이 신경을 쓰지 않아도 된다. 당연히 국내법이 적용되고 민사소송법상의 관할 규정(어느 법원에서 소송을 해야하는지)32이 적용될테니 어느 법원으로 가야할지 별로 고민할 필

---

32 우리 민사소송법은 제2조부터 제40조까지 관할을 결정하는 규정을 두고 있다. 이걸 모두 여기서 설명하기는 어려우니 기본적인 내용만 조금 보고 가자.
관할은 기본적으로 "피고" 즉 소송을 제기 "당하는 사람"의 주소(를 관할하는 법원)에서 하는 것이 원칙이다(제2조). '사람'의 경우 주소이지만(제3조), 우리는 회사 일을 다루고 있으므로 '법인'을 봐야하는데, 법인은 주된 사무소 또는 영업소가 있는 곳을 기준으로 한다(제5조). 대충 본사 주소라고 기억하면 된다.
간혹 '국가'를 상대로 소송을 해야하는 경우가 있는데 국가를 대표하는 관청인 법무부장관의 소재지(과천시) 또는 대법원이 있는 곳(서울특별시 서초구)이다. 잘 모르겠으면 서울중앙지방법원에 넣으면 된다.
다만 일반 민사소송이 아니라 예를 들어 정부부처에서 우리 회사에 무슨무슨 조치를 취해서 이에 대해 싸우고자 하는 행정소송의 경우라면 서울행정법원에 제소하면 된다.
위에서 소송을 당하는 사람의 주소에서 하는 것이 원칙이라 했다. 그러다보니 '채무자'의 주소지에서 소송을 하는 것이 일반적인 모습이 된다. 채권자가 채무자를 상대로 소를 제기하는 것이 대부분의 경우라는 것을 생각해봤을 때, 소를 제기하는 채권자의 입장에서는 조금 아쉽다. 그렇기 때문에 '재산권'에 관한 소를 제기하는 경우에는 '의무이행지'의 법원에 제기할 수 있다(제8조). 보통의 거

요가 없다. 조금 더 상세하게 알고 싶다면 각주를 참고하도록 하자. 일반적으로는 계약서에 '갑'의 본사 소재지에 물리적으로 가까운 법원으로 합의관할을 정한다는 내용을 삽입한다. 여하튼 이 경우에는 여러분은 고민할 필요가 없다는 취지에서 본문에서는 의도적으로 제외한 것이다.

하지만 해외업체와의 계약이라면 반드시 위 두 내용을 삽입해야 한다. 일단 어느 나라 법이 적용될지부터가 불분명하면 회사차원에서 대응전략을 짜기 굉장히 힘들다. 일반적으로는 협상력이 큰 회사('갑')의 사무소가 위치한 국가의 법에 따라 이 계약서를 해석하며, 그 국가의 법원에서 분쟁을 해결한다고 규정하는 경우가 많다.

그런데 국제 무역, 국제 건설업계 같이 특수한 산업분야에 따라서는 특정 국가의 법원보다는 국제중재를 활용하는 경우가 많다. 중재나 조정은 분쟁해결방법이지만 법원에서 하는 소송이 아니라는 뜻에서 '대체적 분쟁 해결 제도(ADR, Alternative Dispute Resolution)'라고 불린다. 우리가 아무리 국제 업계에 근무한다고 하더라도 해외에서 외국인들과 분쟁 해결을 하는 것이 부담스러울 수 있다. 대한민국에도 서울 삼성동에 대한상사중재원[33]이 존재한다. 각주에 있는 대한상사중재원 홈페이지에 접속하면 간단하게 중재신청에 필요한 서류들을 다운받을 수 있다. 대신 인터넷에서 원클릭으로는 신청할 수 없고 내방 또는 우편으로 중재신청서를 작성해야 한다. 아무튼 분쟁해결방법으로 중재를 선택했다면 대한상사중재원에서 중재를 한다고 규정하는 것이 여러분

래의 경우 '채권자'의 주소에서 의무이행을 한다. 그래서 이 규정에 의해서 '채권자'의 주소지에서도 소를 제기할 수 있는 것이다.

33 http://www.kcab.or.kr/servlet/main/1000

들에게 편할 것이다.

　그 외에도 각 정부부처에서 각종 '조정위원회'를 두는 경우가 있는데 규모가 작은 계약의 경우 복잡한 소송보다 편하고 싸고 빠르게 분쟁을 해결할 수 있는 좋은 방안이다. 예를 들어 국토부 산하의 건설분쟁조정위원회를 들 수 있다.

　물론 해당 업계에서 중재나 조정을 하는 것이 관행이라고 여러분들까지 반드시 그렇게 규정할 필요는 전혀 없다. '대한민국 법'에 의해 '대한민국의 법원'에서 해결하는 것으로 지정하는 것이 여러분들에게 거의 무조건적으로 편할 것이다. 대한민국 법원에서 대한민국 법에 의한 판단을 받으면 사내의 국내법 전문가들만으로도 분쟁이 어떻게 진행되고 전략은 어떻게 짜야 할지 기획을 할 수 있고, 그렇지 않더라도 얼추 검색엔진에서 검색이라도 해볼 수 있다. 하지만 해외로 나가는 순간 전문 로펌의 도움없이는 한발자국도 움직이기 힘들다. 그리고 보통 국내 로펌에 해외 일을 맡기면, 그 국내 로펌은 또다시 해외 로펌에 자문을 맡기기 때문에 돈이 두 배 이상이 드는 것이 보통이다! 돈도 돈이고 제일 큰 문제는 우리 실무자의 판단 여지가 없어지는 것이다. 결국 우리는 해당 업무의 담당자임에도 불구하고, 해당 문제 해결에 대한 주도권을 잃게 된다.

　그래서 국제 계약에서는 어떤 법을 적용하고, 어디서 판단을 받아야 할 것인가를 계약서에 규정해두는 것은 지금 당장은 무슨 상관이냐 하는 생각이 들지 몰라도 문제가 생겼을 때 무척 중요하니 신경써서 미리 정해두도록 하자.

나. 각론

(1) 매매계약과 도급계약 그리고 위임계약

계약의 일반적인 내용을 보았으니 이제 각각의 계약을 보자. 여러분들이 작성하게 되는 계약서는 대부분 세 종류의 계약이다.

1) 매매계약
2) 도급계약
3) 위임계약

각 계약들의 특성을 알아야지 계약서도 잘 쓸 수 있다.

문제는 위 계약들이 정확히 저렇게 깔끔하게 나뉘면 얼마나 쉽고 좋으련만, 이게 어떤 계약인지 헷갈리게 만드는 경우들이 있다. 계약서 이름을 보면 되지 않냐고? 계약서의 명칭은 계약의 성질과 전혀 상관없다. 회사에서 아무생각 없이 작성되는 계약서들의 상당수가 계약의 성질에 맞지 않는 명칭을 사용하고 있다. 이는 이미 여기저기서 사용하던 비슷한 계약서를 가져다 사용하는 실무 관행 덕분에 생기는 문제이다.

실무부서에서 해당 계약의 실질적 성질에 맞지 않는 계약서를 사용하였다 하더라도 법무부서에서는 검토해달라고 올라온 계약서만을 기준으로 검토를 할 수밖에 없기 때문에(우리가 그들의 내심을 어떻게 알겠는가!) 잘못된 성질의 계약서라는 사실을 눈치채지 못하고 넘어가는 경우가 많으니, 의심이 가면 바로 실무부서에 연락을 하여 정확히 무엇을 하기 위한 계약서인지 물어보는 습관을 들이도록 하자. 다시 본론으로 돌아와서 계약의 성격과 관련하여 주로 우리를 헷갈리게 만드는 경우 몇 가지를 보고 가자.

먼저 매매계약인지 도급계약인지가 헷갈리는 경우가 있다. "제작물 공급계약"의 경우인데, 판례에 따르면 이는 매매계약일수도, 도급계약이 될 수도 있다. 민법시간에 많이 배운 내용이다.

"당사자의 일방이 상대방의 주문에 따라 자기 소유의 재료를 사용하여 만든 물건을 공급할 것을 약정하고 이에 대하여 상대방이 대가를 지급하기로 약정하는 이른바 제작물공급계약은, 그 제작의 측면에서는 도급의 성질이 있고 공급의 측면에서는 매매의 성질이 있어 이러한 계약은 대체로 매매와 도급의 성질을 함께 가지고 있는 것으로서, 그 적용 법률은 계약에 의하여 제작 공급하여야 할 물건이 대체물인 경우에는 매매로 보아서 매매에 관한 규정이 적용된다고 할 것이나, 물건이 특정의 주문자의 수요를 만족시키기 위한 부대체물인 경우에는 당해 물건의 공급과 함께 그 제작이 계약의 주목적이 되어 도급의 성질을 띠는 것이다.34"

쉽게 말해 일반적으로 사용되는 볼트, 너트 같은 규격품과 같은 '대체물'은 매매계약으로, 공장에서 사용하는 기계들과 같은 특별히 우리만을 위해 만든 '부대체물'의 경우에는 도급계약으로 보는 것이다.

이 내용 자체는 민법시간에 배웠던 것이다. 하지만 그것이 뭐가 중요한가. 담보책임이나 권리행사기간 등의 규정이 다르며 특히 상법 제69조35 등 매매에만 적용되는 규정이 있기 때문이다. 해당 내용들은

---

34 대법원 1996. 6. 28. 선고 94다42976 판결
35 **상법** 제69조(매수인의 목적물의 검사와 하자통지의무)
　① 상인간의 매매에 있어서 매수인이 목적물을 수령한 때에는 지체없이 이를 검사하여야 하며 하자 또는 수량의 부족을 발견한 경우에는 즉시 매도인에게

차차 보도록 하자. 결론적으로 우리는 그러한 매매냐 도급이냐가 헷갈리는 계약의 경우에는 이렇게 매매인지 도급인지 그 성질에 따라 결론이 갈라지는 부분(담보책임 등)을 계약서에 미리 명확히 규정해 놓아야 한다.

다만 "국제물품계약에 관한 UN협약(CISG)"이 적용되는 국제물품매매의 경우36 판단기준이 조금 다르다. 협약은 "물품을 제조 또는 생산하여 공급하는 계약은 매매로 본다. 다만, 물품을 주문한 당사자가 그 제

그 통지를 발송하지 아니하면 이로 인한 계약해제, 대금감액 또는 손해배상을 청구하지 못한다. 매매의 목적물에 즉시 발견할 수 없는 하자가 있는 경우에 매수인이 6월내에 이를 발견한 때에도 같다.

② 전항의 규정은 매도인이 악의인 경우에는 적용하지 아니한다.

36 글로벌 매매계약에서는 국내법보다는 국제협약인 CISG가 적용되는 경우가 왕왕 있다. CISG는 "국제물품매매계약에 관한 UN협약"으로, 영업소가 서로 다른 국가에 있는 당사자간 동산물품매매계약에 적용된다. 여러분들이 글로벌 기업에 근무하고 있다면 여러분이 작성할 매매계약의 상당수는 CISG가 적용될 수 있다. 우리나라가 CISG의 체약국이기 때문이다. 물론 계약자유의 원칙에 따라 당사자간의 협의가 우선하도록 규정(제6조)되어 있기에, CISG에서 다루고 있는 테마들(내용이 별로 많지 않다. 심심할 때 한번 훑어보면 30분만에 다 읽을 수 있다!)을 모두 규정해둔 계약서를 사용할 경우 CISG를 볼 일이 없을 것이다.

하지만 여러분의 회사가 국내 계약에 익숙하여 별 내용이 없는 얇은 계약서를 사용하는 것에 익숙하다면, 그래서 국제계약에서 일반적으로 정하는 내용들을 다 빼먹었다면 CISG와 관련된 문제가 생길 수 있다. 그럼에도 불구하고 실무적으로는 국제 거래의 경우 계약서에서 일방 당사자(주로 '갑')가 소속된 국가의 법을 분쟁발생시 사용할 법으로 지정하는 경우가 대부분이기에 여러분이 CISG를 펼쳐볼 일은 거의 없을 것이다. 그래서 앞에서도 언급했듯이 국제계약에서는 "어떤 법에 의할 것인지"를 계약서에 규정해두는 것이 중요하다!

CISG가 적용되기 위해서는 국제, 물품, 매매에 해당해야 하고(제1조), 당사자가 합의하여 CISG 규정 내용을 배제하지 않았어야 한다(제6조). 사실 조금 더 복잡한 판단기준이 적용되지만 여러분들은 이정도만 알고계셔도 충분하다. 즉, 계약서에 CISG 규정 내용과 다른 내용의 합의가 적혀있는 경우 그에 따르면 된다. 그래서 여러분들이 계약서를 잘 작성했다면 실제로 CISG를 펼쳐볼 일은 거의 없을 것이다.

조 또는 생산에 필요한 재료의 중요한 부분을 공급하는 경우에는 그러하지 아니하다."(CISG 제3조 제1항)라고 규정하고 있다. 따라서 이 경우 매매의 대상 물건이 대체물인지 부대체물인지는 '매매인지 여부'의 판단기준이 되지 않는다. 즉, 협약이 적용되는 경우에는 대체물이든 부대체물이든 물품을 주문한 당사자가 재료의 중요한 부분을 공급하였다면 '매매'가 아니라고 보아 CISG 규정을 적용하지 않도록 정하고 있다.

그리고 도급계약과 위임계약의 차이는 무엇인가? 둘 다 일을 시키는 것이라는 점에서 공통점이 있다. 하지만 도급은 "일의 완성"에 대해 대가를 지불한다는 측면을, 위임은 "업무의 수행" 자체를 맡긴다는(보통 업무의 '위탁'이라는 표현을 사용한다) 측면을 강조한다. 여기서 이 둘의 결정적인 차이가 나타난다. 위임계약의 경우 일을 했다면 '완성'된 것이 없더라도 채무불이행책임을 지지 않는다. 병원에서 진료를 받았으면 병이 낫지 않았어도 진료비를 내야 하는 것이다. 반면 도급계약의 경우 아무리 일을 열심히 했더라도 '완성'된 것이 없다면 돈을 안 줘도 되는 것이 원칙이다.

통상적인 예를들어 건설공사계약은 건물을 다 지어주는게('목적물의 완성') 목적이라는 점에서 도급계약이고, 위임계약의 대표적인 예는 변호사에게 법률사무처리를 맡기는 것이다. 건설분야의 예로는 건축사에게 인허가나 감리 일을 맡기는 경우이다.

산업계에서 우리가 신경써야 할 계약 중 도급인지 위임인지 여부가 논란이 되는 가장 대표적인 계약이 바로 "연구개발위탁계약"이다. "소프트웨어개발계약"도 마찬가지다. 이는 위탁자가 수탁자에게 기술의 연구개발을 위탁하는 계약이다. 애초에 혼합적인 내용으로 계약을 구성하는 경우가 대부분이지만 그래도 굳이 구별을 하자면, 원칙적인 구별기준은 앞서 말한 바와 같이 "연구의 완성"이 보수와 대가관계가 있다면 도급계약으로 보고, 연구의 완성여부와 보수의 지급이 별개라면, 즉 연구성패와 관계없이 보수가 지급된다면 위임으로 본다.37

이러한 도급과 위임의 법적 성격의 구별실익은 연구비를 줄지 말지, 줘야 한다면 언제 줘야 하는지뿐만 아니라, 연구개발 성과품의 소유권 귀속 등에서 차이가 난다. 이 계약이 도급인지 위임인지 사람마다 판단하는 게 달라질 수 있고, 도급인지 위임인지에 따라서 특정 결과값이 달라질 수 있다는 개념은, 정확히 딱 떨어지는 것을 좋아하는 사람들에게는 생소할 것이다.

그래서 우리가 무엇을 해야 하는지 결론만 알고가자. 결과적으로 이러한 도급인지 위임인지 그 법적성질이 명확하지 않은 계약을 체결할 때에는 보수지급 시기, 방법, 연구단계별 성과품의 귀속(발명 완성 전·후, 특허 등 출원 전·후, 등록 전·후) 등의 당사자의 관계와 권리·의무의 귀속을 명확히 계약서에 명시하여야 추후 분쟁을 피할 수 있다. 즉 딱 떨어지지 않는 법적 성질에 따른 불확실성을, 계약서에 (계약의 법적성질에 따라) 달라질 수 있는 사항들을 명확하게 기재함으로써 해소하자는 것이다.

---

37 판례는 소프트웨어 개발·공급계약을 원칙적으로 도급계약으로 보면서도 앞서 본 건설공사에서의 예외에서처럼 일부 완성 후 계약이 해제된 경우 수급인의 당시까지 보수 청구를 인정한 바 있다.

"소프트웨어 개발·공급계약은 일종의 도급계약으로서 수급인은 원칙적으로 일을 완성하여야 보수를 청구할 수 있으나, 도급인 회사에 이미 공급되어 설치된 소프트웨어 완성도가 87.87%에 달하여 약간의 보완을 가하면 업무에 사용할 수 있으므로 이미 완성된 부분이 도급인 회사에게 이익이 되고, 한편 도급인 회사는 그 프로그램의 내용에 대하여 불만을 표시하며 수급인의 수정, 보완 제의를 거부하고 나아가 수급인은 계약의 당사자가 아니므로 상대하지 않겠다고 하면서 계약해제의 통보를 하였다면, 그 계약관계는 도급인의 해제통보로 중도에 해소되었고 수급인은 당시까지의 보수를 청구할 수 있다고 인정한 사례."
대법원 1996. 7. 30. 선고 95다7932 판결

그리고 꼭 하나의 계약이 매매, 도급, 위임 중 하나의 성격을 가지라는 법은 없다. 앞서 말했듯 절대 계약서 이름만 보고 계약의 성격을 단정해서는 안 된다. 하나의 계약에서 여러가지 계약의 성격을 뒤섞어 두는 경우도 허다하다. 물건을 사면서 매도인에게 물건 설치의 역무도 수행하도록 하는 경우가 대표적인 예이다. 이 경우 표면적인 계약서의 명칭은 매매계약서이지만 전부 아래에서 배울 매매계약의 법리를 적용하는 것이 아니라, 일을 수행하게 하는 내용의 규정들은 도급이나 위임의 법리에 따라 계약서의 문구를 해석해야 한다.

단, 이 예시(매매+도급)는 위에서 본 CISG가 적용되는 국제물품매매의 경우에는 해석이 조금 다를 수 있다. CISG는 "이 협약은 물품을 공급하는 당사자의 의무의 주된 부분이 노무 그 밖의 서비스의 공급에 있는 계약에는 적용되지 아니한다."(제3조 제2항)라고 규정하고 있다. 여기서 전체 계약에서 서비스의 공급의 비중이 '얼마나 커야' 주된 부분이라 할 수 있는지는 논의의 대상이지만 일반적으로 경제적 가치의 50% 이상을 의미한다고 본다.[38]

또 다른 혼합계약의 예로 건설프로젝트에서 시공사와 '건축사'가 나눠지는 경우, 건축사와 발주자 사이의 계약은 설계도면의 완성이라는 측면에서는 도급계약, 감리의 측면에서는 위임계약의 성격을 갖는다.

이렇게 계약의 성격과 구별방법을 알아보았으니 각 계약을 하나씩 살펴보자.

---

38 안강현(2020). "로스쿨 국제거래법". 박영사. p25

(2) 매매계약

먼저 매매계약을 보자.

매매는 당사자 일방(매도인)이 일정한 재산권(매매의 목적물)을 상대방(매수인)에게 이전하고, 매수인이 매도인에게 대금을 지급할 것을 약정함으로써 성립하는 계약이다.39 즉 매도인이 매수인에게 물건을 주고, 매수인으로부터 돈을 받는 계약이다. 기업에서는 온갖 기기, 장비들을 사거나 파는 계약서를 작성하고 있다.

매매를 하는 경우 실무적으로는 "RFQ"40 혹은 보통 보다 직관적인 명칭으로 "물품구매계약서"를 작성할 것이다. 아주 복잡한 기기의 경우 계약서 본체보다 훨씬 두꺼운 "Technical Specification"을 별도로 작성하여 계약서의 첨부로 넣거나 그것이 본체가 되고 곁다리로 지급조건 등을 살짝 더하는 경우도 있을 것이다. 어쨌든 가장 많이 이루어지는 계약인만큼 우리 법에서 어떤 내용을 규정하고 있는지, 그리고 계약서에서 어떤 것들을 주의깊게 봐야하는지를 알아보자.

계약자유의 원칙 때문에 계약과 관련된 법(대부분 '임의법규'다)들보다는 당사자간 합의가 더 중요하다지만, 우리가 알고 있는 법들이 실제로 어떤 모습으로 계약서에서 구현되는지 보아야 하고, 실제로도 중요한 내용들이 법에 규정되어있기 때문에 (법에 규정이 된 것은 역사적으로

---

39 **민법** 제563조(매매의 의의)
매매는 당사자 일방이 재산권을 상대방에게 이전할 것을 약정하고 상대방이 그 대금을 지급할 것을 약정함으로써 그 효력이 생긴다.

40 Request for Quotation. 입찰방식을 사용할 경우 구매자가 '이러이러한 물건을 사고싶다'는 내용을 적은 서류를 보내고, 판매자는 이를 받아서 입찰에 응한다. 구매자가 작성하는 이 서류를 RFQ라 부른다. 이 서류의 내용에 맞는 스펙의 제품으로 입찰이 진행되며 실제 계약시에는 RFQ가 계약내용으로 포섭된다. 그래서 단순 입찰관련 서류라고 생각하면 안 되고 추후의 매매계약에서의 중요한 사항까지 고려해서 검토가 필요하다.

그 부분에 관하여 문제가 많이 생겨왔기 때문이다!) 지겹더라도 다시 법을
보아야 한다.

먼저 매도인은 목적물을 인도할 의무뿐만 아니라 재산권 자체를 이
전해줄 의무도 진다. 즉 물건을 물리적으로 넘겨줘야 할 뿐만 아니라,
등기나 등록 등의 '공시방법'을 갖추어야 하는 것이라면 이에 협력해야
하며 권리의 증명에 필요한 서류도 교부해야 한다. 이러한 매도인의
의무는 매수인의 대금지급의무와 동시이행관계에 있는 것이 원칙이다.41
하지만 민법에서 열심히 배운 '동시이행관계'는 실무적으로 의미가 없을지도
모른다. 우리들이 사용하는 표준계약서에서는 대개 물건은 언제까지 납
품하는 것으로 특정 지급기일을 지정해두고, 대금지급은 '물품 검수완
료 후 얼마간의 기간 이내'에 지급하는 것으로 정해둘 테니 말이다. 이
렇게 물건을 줄 날과 돈을 줄 날을 정했으면 그 날짜만 맞춰주면 되는
것이지 물건과 돈을 동시에 맞바꾸는 것이 아니라는 것이다. 계약서에
그렇게 정했으니까. 그리고 이렇게 물건을 줄 날과 돈을 줄 날을 (대략
적으로라도) 정하지 않는 경우는 적어도 기업에서는 찾아보기 드물다.

(3) 매매계약 - 운송

매매계약에서 우리가 조금 많이 신경써야 할 것이 있다면 운송과 관
련된 사항들이다. 국내 계약이라면 그리 큰 문제가 되지 않지만 산업
계에서는 선박과 항공기를 이용해야하는 복잡한 국제적인 운송을 다
루어야 하는 경우가 많다. 상세한 내용은 구매팀 또는 운송팀, 그리고

---

41 **민법** 제568조(매매의 효력)
　① 매도인은 매수인에 대하여 매매의 목적이 된 권리를 이전하여야 하며 매수
인은 매도인에게 그 대금을 지급하여야 한다.
　② 전항의 쌍방의무는 특별한 약정이나 관습이 없으면 동시에 이행하여야 한다.

보험팀에서 잘 다룰 것이니 우리는 기본적인 용어만 알아두고 가자.

직장생활을 하다보면 FOB와 CIF라는 용어를 듣게 될 것이다. 우리는 그게 뭔지 정확히는 몰라도 '선적'과 관련된 용어라는 것만은 알고 있다. 그래서 일반 직장인들끼리의 실무에서는 "그거 FOB 됐냐?", "그거 FOB 언제냐?"와 같이 '선적된 상태' 또는 '선적되는 날짜'를 가리키는 의미로 사용되곤 한다. 하지만 이상하기 짝이 없는 용례이다. 이것들은 '구매조건'에 관한 용어이다.

이는 무역용어 해석 국제규칙인 INCOTERMS(International Commercial Terms. 참고로 이것의 부제는 "국내, 국제거래조건의 사용에 관한 ICC규칙"이다. 영어로는 다음과 같다. ICC rules for the use of domestic and international trade terms)에 나온다. 뭔 용어 해석가지고 국제규칙까지 있나 하겠지만 국제거래에서는 어쩔 수 없는 측면이 있다. 통관, 운송, 보험, 위험부담과 같은 중요한 주제들에 대해 국제무역 '관행'에 따른 거래조건들이 형성되어 왔는데, 이 관행이라는 것의 특성상 내용도 다르고 나라마다 지역마다 같은 용어를 다르게 사용하는 경우들이 허다하기 때문이다. 그래서 ICC(국제상업회의소 International Chamber of Commerce)에서 용어를 정리해 INCOTERMS를 공표하고 있다. 얼마 전까지는 INCOTERMS 2010이 많이 사용되었으나 2020년 버전이 공표되었다는 사실을 알아두자.

2020년 버전을 기준으로 11개의 무역조건이 있다. 이 11개나 되는 조건들을 구별하는 핵심은 '"언제, 어디까지" 매도인이 비용과 위험을 부담해야 하는가'이다. 국제거래에서는 운송 자체에 오랜 시간이 걸리고 그렇기에 기간 동안의 물건이 손상될 위험이 커지기 때문에 이렇게 세부적인 구분이 필요한 것이다.

이를 판단하기 위해 '인도' 시점이 중요하다. '인도'를 했다는 얘기는 이제 거기서부터 매도인은 손을 뗀다는 얘기이다. 그때부터는 매수인이 자신의 비용과 책임으로 물건을 운송하게된다. 예를들어 공장에서 바로 물건을 '인도'하는 것이 계약조건이라면 그 이후에 운송을 하면서 물건이 손상되더라도 매도인은 더이상 정상적인 물건을 새로 가져다 줄 책임이 없고 다 매수인이 책임지는 것이다. 물건이 인도되기 전에 물건이 훼손됐다면 매도인이 책임을 지고 그때까진 매수인은 상품대금을 주지 않아도 된다. 이렇게 물건이 손상, 훼손됐을 때 누가 책임지는가에 대한 것을 법률전문가들은 '위험이 이전(Transfer of Risk)' 됐다고 표현한다.

위의 경우와 반대로 계약조건을 물건이 사용될 현장까지 매도인이 다 알아서 통관, 운송까지 하고 매수인의 현장에서 인도하기로 계약을 할 수도 있다. 각자가 유리한 방식을 택하면 되지만 그래도 거래라는 것은 양자의 합의가 있어야 하는 것이므로 가장 공평하다고 보여지는, 목록에서도 중앙에 있는 FOB와 CIF가 가장 많이 사용된다.

INCOTERMS의 11개 무역조건은 크게 4가지 그룹으로 나뉜다. E, F, C, D 그룹이 있고 각 그룹들은 '그룹의 이름인 알파벳'으로 시작하는 조건들을 포함하고 있다. 예를 들어 우리가 자주 사용하는 FOB는 F그룹 소속이다. 이 순서대로 "매도인" 측 책임이 무거워진다고 생각하면 편하다.

• E는 '출발지'에서 인도하는 조건이다.

E 그룹은 EXW(EX WORKS. 공장인도) 하나만 포함한다. 매도인이 자신의 사업장 내인 공장에서 갓 나온 따끈따끈한 물건을 매수인에게 넘기면 끝이다. 운송부터 수출, 수입통관까지 모두 매수인이 한다. 이 뒤

조건부터는 '수출'통관은 모두 매도인이 한다.

- F 그룹은 (매도인이) 운임을 지급하지 않는 조건이다.

FCA(FREE CARRIER. 운송인 인도), FAS(FREE ALONGSIDE SHIP 선측인도), FOB(FREE ON BOARD. 본선인도)가 포함된다.

- C 그룹은 운임지급조건이다. 즉 여기서부터는 매도인이 운송계약을 체결한다.

CFR(COST AND FREIGHT. 운임포함인도), CIF(COST INSURANCE AND FREIGHT. 운임, 보험료 포함인도), CPT(CARRIAGE PAID TO. 운송비지급인도), CIP(CARRIAGE AND INSURANCE PAID TO. 운송비, 보험료 지급인도)가 있다.

- D 그룹은 '도착지' 인도조건이다.

DAP(DELIVERED AT PLACE. 도착지인도), DPU(DELIVERED AT PLACE UNLOADED. 도착지양하인도), DDP(DELIVERED DUTY PAID. 관세지급인도)가 있다. DDP는 매도인에게 가장 불리한 조건으로, 모든 조건 중 유일하게 "수입"통관까지 매도인이 해야 하는 조건이다.

이 11가지 조건 중 EXW, FCA, CPT, CIP, DAP, DPU, DDP의 7가지 조건은 모든 운송방식에 사용되고, 나머지 4가지 FAS, FOB, CFR, CIF 조건은 해상운송에 적용된다.

이 모든 조건을 다 살필 수는 없고 가장 자주 쓰이는 FOB와 CIF만 보고가도록 하자.

- FOB(FREE ON BOARD. 본선인도)

이 경우는 운송계약은 매수인이 진행한다. 매도인은 매수인이 계약하여 정한 운송 수단에 선적하면 인도가 이루어진 것이다. 말 그대로 물건을 갑판 위에 올려놔야(on board) 한다. 그래서 FOB를 실무자분들이 '선적'과 같은 의미로 사용하고는 하는 것이다. FOB 조건에서는 매도인이 물건을 매수인이 지정한 곳에 선적한 그 순간부터 매수인에게 위험과 비용이 이전된다. 매수인은 이후 운송 비용, 보험 등을 모두 부담한다. 그래서 'FOB 부산항'이라고 써놨으면 부산항에서 물건을 선적해야 한다는 얘기이다. FOB 조건은 해상운송에서만 사용 가능하다.

• CIF(COST INSURANCE AND FREIGHT. 운임, 보험료포함인도)

C부터는 '운임'을 매도인이 부담하는 것이라고 했다. C 그룹의 첫 번째인 CFR 조건은 운임만 매도인이 부담하는 것이지만, CIF 조건은 한 단계 더 나아가 운임과 보험료까지 매도인이 부담하는 조건이다. 이름 자체에서 드러나듯 이 경우는 보험이 필수적이다.

이 조건은 조금 어렵다. FOB는 선적시 '위험'과 '비용' 모두가 매수인에게 넘어갔다. 하지만 CIF 조건은 FOB와 마찬가지로 선적시 '위험'이 전가되지만, '비용'과 '보험'은 매수인이 지정한 목적지(목적항)에서 하역시, 즉 짐을 내렸을 때 넘어간다. 즉 목적지까지 운송도 보험도 다 매도인이 맡아서 하지만, 운송 도중 물건이 파손되면 매수인이 그 책임을 진다. 그래서 'CIF 부산항'이라고 써놨으면 부산항이 목적지라는 얘기다. 뒤에 붙는 항구가 FOB와 반대의 의미를 가지니 알아두자. 그런데 보험은 매도인이 들었고 비용도 낸다면서? '보험계약자'는 매도인이지만 물건 선적 이후의 '피보험자'가 매수인이 되는 것이다.[42] CIF

---

42 보통 보험은 구매팀이나 보험팀에서 처리할 테지만 상식차원에서 보험용어를

조건 역시 해상 운송에서만 가능한 조건이다.

무작정 자신이 매도인 측이라고 매도인에게 가장 유리한 EXW 조건을 적용하거나, 자신이 매수인 측이라고 매수인에게 가장 유리한 DDP 조건을 취하는 것은 상관례에 맞지 않는다. 11개의 조건 중 각 회사와 각 프로젝트의 상황에 맞는 조건을 잘 적용하는 것이 핵심이다. 예를 들어 계약서에 "운송조건은 CIF에 따른다"고 적어놓고, CIF가 적용되지 않는 항공운송을 하는 경우 분쟁의 소지가 클 것이다. 일반적으로 FOB와 CIF 조건을 가장 많이 사용하며, 위와 같은 여러 조건들을 선택할 수 있다는 사실 정도를 알아가자. 사실 INCOTERMS라는 단어만 기억해두고 생각날 때 찾아보면 그만이다.

(4) 매매계약 - 물품검사와 하자

물건을 목적으로 하는 계약에서 가장 중요한 것은 하자의 유무이다. 산업계에서는 단순한 물건의 매매보다는 복잡한 기술이 적용된 기기들의 매매를 하는 경우가 많다. 검사와 하자에 대한 내용이 굉장히 중요할 수밖에 없다.

일단 "하자"가 무엇인지를 알아야 한다.

알아두고 가자. 보험과 관련된 내용은 학교에서 거의 배우지 않을테니 말이다. 실무를 하게 되면 자연스레 보험을 다룰 일이 무척 많을 것이다.

보험계약에서는 보통 세 사람이 등장한다. 정확히 따지자면 보험 유형에 따라 등장인물들과 이름들이 다 다르지만 거기까진 알 필요 없다. 어쨌든 그 세 사람은 '보험계약자', '피보험자', '보험수익자'이다.

먼저 보험계약자는 말 그대로 보험사와 계약을 한 사람이다. 보통 이 사람들이 보험료를 납부한다. 그리고 피보험자는 그 보험이 보장하는 사고로 손해를 입은 사람이다. 보험수익자는 쉽다. 말 그대로 보험금을 받아갈 사람이다. 이렇게 '보험관계에서는 보험회사를 제외하고도 세 사람이 등장할 수 있고 이는 서로 구별되는 개념이다'라는 정도만 알아가도 여러분은 보험 왕이다.

하자는 그 물건이 일반적으로 갖추고 있어야 하는 성질이나 품질을 결하고 있는 것을 의미한다. '일반적으로 갖추고 있어야 하는 성질이나 품질'은 이런 것이다. '무릇 펌프라면' 유체를 이동시킬 수 있어야 한다.

그리고 '그 물건의 일반적인 성질'은 아니지만 당사자가 합의하거나 매도인이 매수인에게 어떠한 특수한 성질도 갖추고 있다고 '보증'한 경우에는 그러한 특수한 성질을 갖추지 못한 경우에도 하자에 해당한다.43 즉 '모든 펌프에 요구되는 것은 아니지만' 점도가 엄청나게 높은 끈적한 석유화합물을 이동시켜야 하는 용도로 펌프를 구매하고, 매도인이 그것이 가능함을 보증했는데 물밖에 못 쏘아보내는 펌프였다면 하자가 있는 것이다. 또 다른 예로 매수인이 해당 기기를 열악한 환경에서 운용할 예정이라 일반적인 스펙의 장치라면 필요가 없는 높은 IP 등급을 요구하였고 매도인도 그러한 등급의 물건을 주기로 서로 약속을 해둔 경우라면, 매도인이 건네준 물건이 해당 IP등급을 맞추지 못했다면 그것 역시 하자이다.

그리고 하자있는 물건을 넘겨준 당사자가 상대방에게 보수(고쳐주는 것, fix를 의미한다!)나 손해배상을 해줘야 하거나 해제를 당하는 등의 책임을 "담보책임"이라 부른다. 위에서 채무불이행 책임에 대해서 많이

---

43 "매도인이 매수인에게 공급한 부품이 통상의 품질이나 성능을 갖추고 있는 경우, 나아가 내한성이라는 특수한 품질이나 성능을 갖추고 있지 못하여 하자가 있다고 인정할 수 있기 위하여는, 매수인이 매도인에게 완제품이 사용될 환경을 설명하면서 그 환경에 충분히 견딜 수 있는 내한성 있는 부품의 공급을 요구한 데 대하여, 매도인이 부품이 그러한 품질과 성능을 갖춘 제품이라는 점을 명시적으로나 묵시적으로 보증하고 공급하였다는 사실이 인정되어야만 할 것이고, 특히 매매목적물의 하자로 인하여 확대손해 내지 2차 손해가 발생하였다는 이유로 매도인에게 그 확대손해에 대한 배상책임을 지우기 위하여는 채무의 내용으로 된 하자 없는 목적물을 인도하지 못한 의무위반사실 외에 그러한 의무위반에 대하여 매도인에게 귀책사유가 인정될 수 있어야만 한다."
대법원 1997. 5. 7. 선고 96다39455 판결

배웠는데 하자담보책임은 무엇이 다른가? 담보책임을 법률가들의 표현으로 정의하면 다음과 같다.

"'급부'를 주고받는 유상계약에서 채권자가 넘겨받은 권리나 물건에 흠이 있는 경우에 '급부의 등가성'이 깨어진다. 이러한 경우에 등가성을 회복할 수 있도록 채무자가 채권자에 대하여 부담하는 책임을 담보책임이라 한다."[44]

한마디로 그 취지가 일반적인 채무불이행 책임처럼 '약속을 안지켜 상대방에게 손해를 입혔기 때문'이 아니라, '돈' 주고 '물건' 받는 거래는 '쌤쌤'이 되어야 하는데 그게 안맞는 상황이기 때문에 담보책임으로 저울의 양팔을 맞춰준다는 얘기다.

이런 추상적인 취지보다 일반적인 계약불이행 책임과 하자담보책임을 따로 떼서 다루는 데에는 더 중요한 이유가 있다. 담보책임에는 매도인의 '고의, 과실'이 필요하지 않다는 것이다.[45] '사람'이 잘못한 것이 아니라 '물건'이 잘못된 것에 대한 배상이기 때문이다. 잘못만들어진 물건에 대해 매도인이 아무런 잘못이 없더라도 잘못만들어진 물건 자체가 문제이니 그것에 대해 보상해주는 것이 당연한 것이다.

이 말은 입장바꿔 생각해보면(여러분이 매도인 측이라면) 물건이 잘못됐다고 상대방이 하자담보책임에 기한 손해배상청구를 해왔는데 '나는 아무 잘못이 없어요'라고 주장하는 것은 의미없는 짓이라는 것이다. 그

---

44 지원림(2019). "민법원론". 홍문사. p481

45 주의할 것은 하자있는 물건을 제공한 "매도인"의 고의나 과실 여부에 따라 매도인이 담보책임을 지는지의 여부가 달라지지는 않지만, "매수인"이 그 하자에 대해 알고 있었다면('악의'라면) 매수인은 매도인에게 손해배상책임을 묻거나 해제를 할 수 없다. 결국 '네가 문제 있는 물건인 거 알고 샀으면서 왜 그러냐'라는 것이다.

외에 해당 하자가 있는 물건으로는 계약의 목적을 달성하지 못한다고 판단될 경우 계약 자체의 해제도 가능하다.

실무적으로는 하자가 발견됐을 때에 손해배상을 청구하거나 냅다 해제를 하기보다는 하자보완 또는 대금감액 청구를 한다. 말 그대로 하자있는 물건을 고쳐달라고 하거나, 정상적인 물건의 가액과 하자있는 물건의 가액과의 차액을 계약금액에서 '까'는 것이다. 우리가 교과서에서 배운 것과는 전혀 다르다! 교과서에서는 손해배상, 해제 판례들만 열심히 배우기 때문에 법을 배운 사람들은 문제가 발생하면 해제부터 들이밀 것이라는 무의식적 인식이 있었을 것이다. 우리는 기업의 관점에서, 사업적 마인드로 세상을 바라보아야 한다. 계약은 유지되는 것이 서로의 관계에 좋고, 사업이 제대로 진행되는 것이 최우선적인 목표가 되어야 하니 당연하다.

우리가 진행하는 프로젝트의 성격과 그 프로젝트에서 문제되는 물건이 차지하는 중요도를 고려하여 하자 발생시 어떤 식으로 처리할 것인지 위와 같은 점을 고려해서 계약서의 하자 관련 조항들을 규정해두도록 하자.

일반적으로는 위와 같은 이유로 '물건을 납품받고, 검사하고, 하자가 발견되면 고치거나 즉시 같은 수량의 하자없는 물품을 보내라'는 내용을 적어둔다. 물건이 있어야 일이 진행될테니까 말이다. 거기다가 하자없는 물품을 보내지 못할 경우에는 견적서에 적어둔 비율대로 대금을 '까'겠다는 내용정도를 더해둔다. 아예 전부가 못써먹을 정도가 아닌 이상 하자는 해제 사유로 쉽사리 고려되지 않는다.

조금 구체적으로 보도록 하자. 매수인 입장에서 해당 물건이 다른 공급업체에서 쉽게 구할 수 있는 물건이고, 납기도 여유가 있는 상황이라면 쉽게 계약해제를 할 수 있도록 구성하는 것이 좋을 것이다.

반대로 쉽게 구할 수 없는 복잡한 기술의 물건이거나 프로젝트의 진행 일정이 빡빡한 경우라면 신속한 무상의 하자 보완, Spare part의 충분한 공급, 대금을 감액할 경우 감액할 금액의 산정방식 등을 상세히 규정해두어 하자발생을 대비해야 한다. 이러한 규정들은 매도인으로 하여금 하자가 없는 물건을 공급해야만 하는 유인을 제공한다는 측면에서도 권장할만하다.

이러한 하자담보책임에 관한 규정을 계약서에 넣지 않았다면 민법과 상법에 따르게 된다. 사실 국내 계약에서 하자에 관해 상세히 규정하는 경우는 그리 많지 않은 것으로 보인다. 현실적으로도 실무자들끼리의 협상으로 '언제까지 빨리 고쳐놔라' 또는 '말로 할 때 하자 없는 물건을 가져다놔라'라는 결론을 내는 것이 하자발생에 대한 99%의 분쟁해결방식이다.

하자는 발견하는 것이 가장 중요하다. 검사를 해야 한다. 학교에서는 전혀 배우지 않는 부분이다. 하지만 기업 실무에서는 무척 중요한 부분이고 실제로도 매우 중요한 과정이니 어떤 검사가 이루어지는지 잠시 보고 가도록 하자.

물건 납품에 장거리 운송이 포함되는 경우라면 선적 전에 공장에서 막 만들어진 따끈따끈한 기기에 대해 성능검사(Performance Test)를 겸해서 1차적으로 검사를 한다. 즉 실제 상황에서는 아니지만 공장 내의 테스트베드에서 이 기기가 정상적으로 돌아가는지에 대해 검사를 하는 것이다. 엔지니어들이 제일 신경쓰는 검사도 이것이다. 이 검사가 이루어지고 성능검사를 통과해야만 선적이 이루어진다. 이러한 검사가 이루어지고 있다는 사실을 모르는 법률전문가들이 무척 많다. 복잡한 기기의 경우 이렇게 Shipping이 이루어지기 전의 시점에, 실제 '성능'을 테스트하는 과정이 있다는 것을 알고가자. 그래서 성능검사를 진행하는 복잡한 기기의 경우 계약서에 '납품받고 검사'한다는 내용만을 적어두면 안 된다.

우리가 익숙한 것은 "물건을 납품받고 나서" 현장에서 이루어지는 검사이다. 이 검사는 주로 운송장에 적힌대로의 물건이, 수량에 맞게 도착했는지, 외관이 정상적인지에 대해 검사한다. 여기서 우리가 상법에서 가장 중요하게 배운 조문이 등장한다.

상법 제69조(매수인의 목적물의 검사와 하자통지의무)46
① 상인간의 매매에 있어서 매수인이 목적물을 수령한 때에는 지체없이 이를 검사하여야 하며 하자 또는 수량의 부족을 발견한 경우에는 즉시 매도인에게 그 통지를 발송하지 아니하면 이로 인한 계약해제, 대금감액 또는 손해배상을 청구하지 못한다. 매매의 목적물에 즉시 발견할 수 없는 하자가 있는 경우에 매수인이 6월내에 이를 발견한 때에도 같다.
② 전항의 규정은 매도인이 악의인 경우에는 적용하지 아니한다.

---

46 CISG에도 같은 취지의 규정이 있다. 하지만 부적합 통지를 해야 하는 기간이 물품의 현실적 교부시로부터 2년으로 규정되어 훨씬 여유롭다. 거기다가 '보증 기간'을 길게 잡아놨다면 2년의 제한을 받지 않는다. 이 기회에 관련 규정들을 한번 쭉 보고가자.
제38조
  (1) 매수인은 그 상황에서 실행가능한 단기간 내에 물품을 검사하거나 검사하게 하여야 한다.
  (2) 계약에 물품의 운송이 포함되는 경우에는, 검사는 물품이 목적지에 도착한 후까지 연기될 수 있다.
  (3) 매수인이 검사할 합리적인 기회를 가지지 못한 채 운송중에 물품의 목적지를 변경하거나 물품을 전송(轉送)하고, 매도인이 계약 체결시에 그 변경 또는 전송의 가능성을 알았거나 알 수 있었던 경우에는, 검사는 물품이 새로운 목적지에 도착한 후까지 연기될 수 있다.
제39조
  (1) 매수인이 물품의 부적합을 발견하였거나 발견할 수 있었던 때로부터 합리적인 기간 내에 매도인에게 그 부적합한 성질을 특정하여 통지하지 아니한 경

즉 여러분이 매수인이라면 물건을 받자마자('지체없이') 검사하고, 하자
가 있으면 바로 통지를 보내는 것이 무척이나 중요하다는 얘기다. 물건
에 문제가 있을지 없을지 애매한 경우라도 반드시 6개월 내에는 검사와
통지를 해야한다. 여기서 검사는 소위 말하는 '도장' 받는 것으로 끝나
는 형식적인 서류 검사가 아니라, 물건이 빠진 것이 없고 제대로 기능
하는가에 대한 실질적인 검사이다.

한마디로 '프로'들끼리 물건 받았으면 신속히 정리하고 내일을 향해
나아가라는 취지다. 시간이 지나면 하자 조사 자체가 힘들게 되기 마
련이다. 그리고 오랜 기간 동안 이를 검사하지 않고 방치하는 것을 허
락한다면, 이를 이용해 매수인이 물건을 받고 계속 들고있다가 물건
값이 오르면 팔고, 내리면 하자있다고 매도인에게 돌려주는 '투기'가
가능해진다!

취지는 어찌됐건 현실적으로 긴 시간동안 진행되는 프로젝트의 경우는 물
건을 납품받은 뒤에도 현장 '창고'에 수개월간 쌓아두는 것이 일반적이라는 것을
생각하면 매우 중요한 규정이다. 일반적으로 큰 규모의 프로젝트를 진행

우에는, 매수인은 물품의 부적합을 주장할 권리를 상실한다.
(2) 매수인은 물품이 매수인에게 현실로 교부된 날부터 늦어도 2년 내에 매도인에게
제1항의 통지를 하지 아니한 경우에는, 물품의 부적합을 주장할 권리를 상실한다.
다만, 이 기간제한이 계약상의 보증기간과 양립하지 아니하는 경우에는
그러하지 아니하다.
제40조
물품의 부적합이 매도인이 알았거나 모를 수 없었던 사실에 관한 것이고, 매
도인이 매수인에게 이를 밝히지 아니한 경우에는, 매도인은 제38조와 제39조
를 원용할 수 없다.
제44조
제39조 제1항과 제43조 제1항에도 불구하고, 매수인은 정하여진 통지를 하지
못한 데에 합리적인 이유가 있는 경우에는 제50조에 따라 대금을 감액하거나 이
익의 상실을 제외한 손해배상을 청구할 수 있다.

하는 엔지니어들은 위와 같은 '창고 보관 기간'을 생각해서 그 동안 녹이 슬지 않도록 계약시 충전재를 포함한 Packing을 최대한 긴 기간 버틸 수 있도록 규정하는 데에 굉장히 신경을 쓴다. 하지만 Packing만 길게한다고 능사가 아니다. 길게 보관할 수 있어봤자 물건이 하자가 있으면 말짱 꽝이다. 이 6개월 검사 및 통지 규정을 항상 염두에 두고 있다가 현장에서 창고보관을 하더라도 적어도 수개월 내에 검사가 이루어질 수 있도록 챙겨야 한다.

6개월이 지난 후 하자를 발견했다면 매수인이 '까보기 전에는' 알 수 없었던 하자라도 매도인은 담보책임을 지지 않는다는 것이 판례47다. 사실상 까보기 전에는 알 수 없는 하자에 대해서도 6개월 내에 통지해야 하자에 대한 책임을 물을 수 있다고 하는 것은 상식에 어긋난다. 그래서 매우 중요한 판례이다. 각주를 참고하자.

하지만 다행히 판례는 앞서 본 바와 같이 부대체물의 공급 계약의 경우 "도급"의 성격을 강하게 갖기 때문에 "매매"에 적용되는 상법 제69조 제1항이 적용될 수 없다고 한다.48 사실상 산업계에서 거래되는 상

47 상법 제69조는 상거래의 신속한 처리와 매도인의 보호를 위한 규정인 점에 비추어 볼 때, 상인간의 매매에 있어서 매수인은 목적물을 수령한 때부터 지체 없이 이를 검사하여 하자 또는 수량의 부족을 발견한 경우에는 즉시 매도인에게 그 통지를 발송하여야만 그 하자로 인한 계약해제, 대금감액 또는 손해배상을 청구할 수 있고, 설령 매매의 목적에 상인에게 통상 요구되는 객관적인 주의의무를 다하여도 즉시 발견할 수 없는 하자가 있는 경우에도 매수인은 6월 내에 그 하자를 발견하여 지체 없이 이를 통지하지 아니하면 매수인은 과실의 유무를 불문하고 매도인에게 하자담보책임을 물을 수 없다고 해석함이 상당하다. 대법원 1999. 1. 29. 선고 98다1584 판결
48 가. 당사자의 일방이 상대방의 주문에 따라 자기소유의 재료를 사용하여 만든 물건을 공급할 것을 약정하고 이에 대하여 상대방이 대가를 지급하기로 약정하는 이른바 제작물공급계약은 그 제작의 측면에서는 도급의 성질이 있고 공급의 측면에서는 매매의 성질이 있어 이러한 계약은 대체로 매매와 도급의 성질을 함께 가지고 있는 것으로서 그 적용법률은 계약에 의하여 제작공급하여야 할 물건이

당수의 복잡한 기기들의 경우 이러한 부대체물의 공급계약에 해당하므로 반드시 주의해야 한다.

　이제 앞서 계약의 성질을 파악하는 것이 중요하다고 한 이유를 알았을 것이다. 계약서에는 분명히 "매매계약서"라고 적혀있지만 사실은 매매에 관한 법규정이 적용되지 않을 가능성이 있다.

　다만 이 여러모로 중요한 규정은 임의규정으로, 당사자가 달리 정할 수 있다는 것이 판례49이다. 여러분이 매수인 입장이고, 해당 물건이 현장에서의 장기 보관이 예상되는 경우라면 검사 및 통지를 더 늦게 할 수 있도록 규정해야할 것이다.

　그리고 실제로 그렇게 많이 규정을 한다. 예를 들어 쉽게 알 수 없는 하자의 경우 '발견한 시점부터 6개월 내에 통지'를 하면 담보책임을 물을 수 있도록 규정하는 것이다. 보다 일반적으로는 '계약체결 후 N년간 담보책임을 지도록 규정하고, 이 기간에 맞춰 하자보증보험 증권을 발행'하는 경우가 많다. 상법 제69조의 규정이 존재한다는 사실을 알고있어야 여러분들이 계약서에 이러한 문구를 넣어 방어를 할 수 있는

대체물인 경우에는 매매로 보아서 매매에 관한 규정이 적용된다고 할 것이나 물건이 특정의 주문자의 수요를 만족시키기 위한 불대체물인 경우에는 당해 물건의 공급과 함께 그 제작이 계약의 주목적이 되어 도급의 성질을 강하게 띠고 있다 할 것이므로 이 경우에는 매매에 관한 규정이 당연히 적용된다고 할 수 없다.
나. 상법 제69조 제1항의 매수인의 목적물의 검사와 하자통지의무에 관한 규정의 취지는 상인간의 매매에 있어 그 계약의 효력을 민법 규정과 같이 오랫동안 불안정한 상태로 방치하는 것은 매도인에 대하여는 인도 당시의 목적물에 대한 하자의 조사를 어렵게 하고 전매의 기회를 잃게 될 뿐만 아니라, 매수인에 대하여는 그 기간중 유리한 시기를 선택하여 매도인의 위험으로 투기를 할 수 있는 기회를 주게 되는 폐단 등이 있어 이를 막기 위하여 하자를 용이하게 발견할 수 있는 전문적 지식을 가진 매수인에게 신속한 검사와 통지의 의무를 부과함으로써 상거래를 신속하게 결말짓도록 한 것이다.
대법원 1987. 7. 21. 선고 86다카2446 판결
49 대법원 2008. 5. 15. 선고 20083671 판결

것이다. 이제 법 교과서에서 배운 내용이 실제 계약에서 어떤 의미가 있는지에 대해 공부해야 하는 이유를, 그리고 공부하는 보람을 조금씩 느껴가고 있길 바란다.

또 한 가지 유념해야 할 사실이 있다. 복잡한 기기의 경우 1) 공장에서의 성능검사, 2) 현장에서 납품받고 나서의 수량, 외관 검사가 이루어진다고 했다. 하지만 두 개가 더 남았다. 3) 실제 현장에 '설치'까지 되고 난 뒤에 현장상황에서 정상작동을 하는지에 대한 검사, 그리고 4) 전체 플랜트(예를 들어서 발전소에 들어가는 펌프를 생각해보자. 그 펌프 하나만 잘 돌아가는 것은 전혀 의미가 없다. 전체 시스템과 맞물려서 펌프가 잘 작동하는가가 최종적으로 우리가 추구하는 목적이다. 그리고 이것에 대한 전체검사를 의미한다)가 정상적으로 돌아가는지에 대한 전체 시운전을 겸한 검사가 이루어져야 한다.

따라서 1) 공장에서의 성능검사의 경우 통과하지 못할 경우에는 성능을 제대로 갖춘 기기를 만들어 올때까지 shipping이 이루어져서는 안 된다는 내용이 필요하고, 2) 납품받고나서의 수량, 외관 검사는 물건의 수량 부족, 멸실시의 대처에 대한 내용이, 3), 4)와 관련해서는 주로 물건이 오작동하거나, 시운전 도중 고장이 났을 경우 이에 대한 보수(일반적으로 전문기술자를 불러 수리하도록 정한다. 참고로 복잡한 기기들의 경우 검사, 시운전뿐 아니라 설치부터도 전문기술자의 도움이 필요하므로 이에 대한 절차 및 금액이 계약서 다른 곳에 언급되어 있어야 한다. 이런 분들을 불렀을 때 주어져야 하는 대금에 대해서는 '일당(per diem rate)'으로 정해두는 것이 보통이다. 물론 하자에 대한 수리에 대해서는 하자보증기간동안에는 무상의 수리가 이루어질 수 있도록 조율해야 할 것이다)와 충분한 Spare Part의 공급에 대한 내용을 중점적으로 계약서에 포함시켜야 할 것이다. 당연히 이런 내용들은 큰 프로젝트에 설치되는 복잡한 기기들에 대한 것이고 작고 단순한 물품들에서는 여러분들이 아는 검사만 이루어지니 강약 조절을 잘 해야 할 것이다.

(5) 도급 계약

그 다음으로 도급 계약을 보자.

도급 계약은 당사자 일방(수급인)이 일정한 일을 완성할 것과, 상대방 (도급인)이 그 일의 결과에 대하여 보수를 지급할 것을 약정하는 계약이다.[50]

이는 실무적으로 "용역" 계약이라는 이름으로 많이 이루어진다. 특히 건설업의 경우 시공업체한테 일을 맡기거나, 토목설계분야에서 구조설계 같은 특화된 기술이 필요한 업무에 대해 일을 맡기거나 하는 계약들이 많다. 이렇게 다른 사람 또는 회사한테 어떤 일을 맡기는 계약이 도급이다.

도급 계약에서 제일 중요한 것은 "일을 완성"하는 것이 계약의 목적이라는 것이다. "일을 완성"했다고 하려면 어떤 상태를 말하는 것일까?

공사나 제작물공급이 ① 계약에서 당초에 정해진 "최후의 공정"까지 일응 종료되고, ② 그 주요부분이 약정대로 시공되어 사회통념상 일이 완성되었고, 사회통념상 일반적으로 요구되는 성능을 갖추고 있어야 한다.

"일의 완성" 여부가 중요한 것은 '미완성'의 경우와 '일이 완성됐지만 하자가 있는 경우'에는 큰 차이가 있기 때문이다.

---

50 민법 제664조(도급의 의의)
　　도급은 당사자 일방이 어느 일을 완성할 것을 약정하고 상대방이 그 일의 결과에 대하여 보수를 지급할 것을 약정함으로써 그 효력이 생긴다.

먼저 공사대금청구다. 미완성의 경우 공사대금청구 자체가 불가능하다. 왜? 도급은 일의 완성을 목적으로 하니까 대금도 일이 완성돼야 청구할 수 있는 것이다.51 반면 완성됐지만 하자가 있는 경우에는 대금을 청구할 수 있고, 단지 하자에 대한 담보책임의 문제가 남을 뿐이다.

다음으로 앞에서 열심히 공부한 지체상금의 문제이다. 미완성의 경우에는 '발주처'(도급인)는 지체상금을 청구할 수 있다. 기간 내에 일을 다 못했으니까 말이다. 일반적으로 1일당 총 공사대금의 1/1,000 즉 0.1%를 지체상금으로 정해둔다. 0.1%면 별거 아닌 것처럼 보이지만 공사 규모가 큰 경우 지체상금으로만 '하루에' '억' 단위가 나갈 수 있다. 그래서 건설사들은 공기준수에 목숨을 걸 수밖에 없는 것이다. 반면 완성됐지만 하자가 있는 것에 불과한 경우에는 지체상금 지급청구가 불가능하다. 일을 다 한 것이기 때문이다.

앞서 매매계약에서 담보책임의 문제를 보았다. 도급의 경우 다른 규정들이 존재한다.

> **민법** 제667조(수급인의 담보책임)
> ① 완성된 목적물 또는 완성전의 성취된 부분에 하자가 있는 때에는 도급인은 수급인에 대하여 상당한 기간을 정하여 그 **하자의 보수를 청구**할 수 있다. 그러나 하자가 중요하지 아니한 경우에 그 보수에 과다한 비용을 요할 때에는 그러하지 아니하다.
> ② 도급인은 하자의 보수에 갈음하여 또는 보수와 함께 손해배상을 청구할 수 있다.
> ③ 전항의 경우에는 제536조의 규정을 준용한다.

---

51 방금 기성을 생각하고 '일 다 안 해도 돈 주잖아?'라고 생각한 당신. 기간이 긴 프로젝트에서 대금지급 방식으로 사용되는 기성은 사실 전체의 일을 잘게 쪼갠 뒤 '일을 한 만큼' 받는 것이다! 그게 기성의 본질이다.

수급인이 일을 완성했는데 목적물에 하자가 존재할 경우 도급인은 수급인에게 그 하자를 보수할(고칠) 것을 청구할 수 있다는 내용이다. 그리고 도급인은 하자의 보수를 청구하는 대신에 전부 손해배상(돈)으로 해결하라고 할 수도 있고, 하자의 보수와 함께 손해배상을 청구할 수도 있다. 매매에서의 담보책임과 마찬가지로 그 하자에 대하여 수급인에게 어떠한 과실이 있을 것을 요건으로 하지 않는다.

그리고 목적물의 하자가 너무 심해 계약의 목적을 달성할 수 없는 지경이라면 도급인은 계약을 해제할 수 있다. 하지만 건물에 대해서는 그렇게 해제해버릴 수 없다(민법 제668조).

그러나 도급인이 시킨 대로 했더니 생긴 하자에 대해서까지 수급인에게 뱉어내라고 하는 것은 억울하다. 그래서 우리 민법은 면책조항을 두고 있다.

> **민법** 제669조(동전-하자가 도급인의 제공한 재료 또는 지시에 기인한 경우의 면책)
> 전2조의 규정은 **목적물의 하자가 도급인이 제공한 재료의 성질 또는 도급인의 지시에 기인한 때**에는 적용하지 아니한다. 그러나 수급인이 그 재료 또는 지시의 **부적당함을 알고 도급인에게 고지하지 아니한 때에는 그러하지 아니**하다.

물론 이러한 담보책임 규정 역시 당사자의 합의로 배제할 수 있다. 가끔 수급인이 협상력이 더 센 경우가 종종 있고 이러한 '갑' 수급인은 하자가 있어도 일단 완성물을 넘기고 나서는 담보책임을 지지 않는다는 규정을 계약서에 집어넣는 것을 무척 선호한다. 그래서 민법은 수급인이 계약서에 담보책임을 지지 않는다고 정해뒀더라도 "알고 고지하지 아니한 사실"에 대해서는 그 책임을 면하지 못한다(제672조)고 규정한다.

그리고 이 민법 규정은 법에 규정된 담보책임이 '없음'을 약정한 경우를 규율하고 있으나 판례는 이를 확장하여 법에 규정된 담보책임의 기간 단축하는 등 법에 규정된 담보책임을 어느 정도 '제한'하도록 약정한 경우에도 적용한다.52

그리고 위에서 본 하자로 인한 손해배상은 기본적으로 하자를 '보수' 하는 대신 '돈으로 떼우는' 손해배상를 의미한다. 그러면 그것을 넘어 하자로 인해 발생한 다른 손해는 못받는가? 아니다. 그런 손해는 일반적인 '채무불이행 책임'으로 손해배상청구를 할 수 있다. 다만, 이 경우는 '담보책임'으로서의 손해배상이 아니므로 수급인의 귀책사유가 있어야 한다.53

---

52 [1] 민법 제672조가 수급인이 담보책임이 없음을 약정한 경우에도 알고 고지하지 아니한 사실에 대하여는 그 책임을 면하지 못한다고 규정한 취지는 그와 같은 경우에도 담보책임을 면하게 하는 것은 신의성실의 원칙에 위배된다는 데 있으므로, 담보책임을 면제하는 약정을 한 경우뿐만 아니라 담보책임기간을 단축하는 등 법에 규정된 담보책임을 제한하는 약정을 한 경우에도, 수급인이 알고 고지하지 아니한 사실에 대하여 그 책임을 제한하는 것이 신의성실의 원칙에 위배된다면 그 규정의 취지를 유추하여 그 사실에 대하여는 담보책임이 제한되지 않는다고 보아야 한다.
[2] 수급인이 도급받은 아파트 신축공사 중 지붕 배수로 상부 부분을 시공함에 있어 설계도에 PC판으로 시공하도록 되어 있는데도 합판으로 시공하였기 때문에 도급계약시 약정한 2년의 하자담보책임기간이 경과한 후에 합판이 부식되어 기와가 함몰되는 손해가 발생한 경우, 그와 같은 시공상의 하자는 외부에서 쉽게 발견할 수 없는 것이고, 하자로 인한 손해가 약정담보책임기간이 경과한 후에 발생하였다는 점을 감안하면, 도급인과 수급인 사이에 하자담보책임기간을 준공검사일부터 2년 간으로 약정하였다 하더라도 수급인이 그와 같은 시공상의 하자를 알고 도급인에게 고지하지 않은 이상, 약정담보책임기간이 경과하였다는 이유만으로 수급인의 담보책임이 면제된다고 보는 것은 신의성실의 원칙에 위배된다고 볼 여지가 있고, 이 경우 민법 제672조를 유추적용하여 수급인은 그 하자로 인한 손해에 대하여 담보책임을 면하지 못한다고 봄이 옳다고 한 사례. 대법원 1999. 9. 21. 선고 99다19032 판결

액젓저장탱크에 균열이 생겨 액젓이 다 상한 경우에 관한 유명한 판
례가 바로 이것에 대한 내용이다.54 이때 액젓탱크 자체의 보수비용은
위에서 본 하자담보책임에 의한 손해배상으로 구할 수 있다. 그리고
상한 액젓은 탱크의 하자로 인한 것이긴 하지만 '탱크 자체'의 하자에
대한 손해는 아니고 그로부터 확대되어 발생된 손해이다(수급인은 '탱크'
를 만들었지 '액젓'을 만든 것이 아니니까). 그래서 이 부분은 위에서 본 (수
급인의 과실여부를 따지지 않는) 하자담보책임에 기한 손해배상이 아닌 수급인의
귀책사유를 요하는 일반 채무불이행책임을 물어야 하며(담보책임과 채
무불이행책임은 둘 다 병렬적으로 물을 수 있다), 그렇기에 수급인의 귀책사
유가 없다면 도급인은 이에대한 손해배상책임을 수급인에게 물을 수
없다는 것이 요지이다.

　도급과 관련된 중요한 규정을 하나 더 보고가자. 도급에서 수급인은
그 일에 대한 전문가이다. 그래서 수급인에게 일을 맡기는 것이며, 수
급인은 도급인과 '독립적인 지위'에서 일의 완성의무를 지게 된다. 그

---

53 원단의 가공에 관한 도급계약에 의하여 납품된 물건에 하자가 발생함으로 말
미암아 도급인이 외국에 수출하여 지급받기로 한 물품대금을 지급받지 못한
데 대한 손해배상은, 민법 제667조 제2항 소정의 하자담보책임을 넘어서 수급인이
도급계약의 내용에 따른 의무를 제대로 이행하지 못함으로 인하여 도급인의 신체·재산
에 발생한 이른바 '하자확대손해'에 대한 배상으로서, 수급인에게 귀책사유가 없었다는
점을 스스로 입증하지 못하는 한 도급인에게 그 손해를 배상할 의무가 있는바 (대법원
2004. 8. 20. 선고 2001다70337 판결, 2005. 11. 10. 선고 2004다37676 판결
등 참조), 기록에 의하면 피고는 원고가 인도 회사들에 피고로부터 가공·납품
받은 원단을 수출하기로 한 사정을 잘 알고 있었음이 인정되고, 피고의 염색
과정에서 발생한 하자로 말미암아 원고가 인도 회사들과 사이에 체결한 계약
을 이행하지 못함으로써 손해를 입게 된 데 대하여 수급인으로서 귀책사유가
없었다고 볼 만한 증거도 없으므로, 피고는 원고에게 원고가 지급받지 못한
수출대금 상당의 손해를 배상할 책임을 면할 수 없다.
대법원 2007. 8. 23. 선고 2007다26455, 26462 판결
54 대법원 2004. 8. 20. 2001다70337 판결

렇기 때문에 '도급인'은 수급인이 그 일을 하다가 제3자에게 손해를 가했더라
도 손해배상책임이 없다(민법 제757조 전문).

이것이 '사용자책임'55과의 차이이다. 사용자책임은 우리가 이미 다
알고있는 법리이다. 회사의 직원이 일 하다가 다른 사람에게 손해를
입히면 그 사람은 직원뿐만 아니라 회사에게도 책임을 물을 수 있다.
이게 민법 제756조에 규정된 사용자책임이다. 너무 당연하다. 그럼 회
사와 직원의 관계와 도급인과 수급인의 관계를 비슷하게 보아 이러한
법리를 적용할 수 있지 않을까? 그게 아니라는 것이다. 우리 민법은 도
급의 경우 수급인은 독립적인 전문가의 지위에 있다고 봐서 수급인이
잘못하더라도 도급인이 책임을 지지 않도록 규정하였다.

하지만 우리의 현실은 수급인이 독립적인 지위에 있다고 보기 어려운 경우가
허다하다. 수급인은 도급인, 즉 '발주처'에게 절대적인 '을'의 위치에 있
다. 도급인이 전문가인 수급인에게 일을 맡겨놓고 수급인의 업무에 사
사건건 간섭하여, 결국 수급인은 도급인이 '시키는 대로' 하나부터 열
까지 업무를 처리하는 모습을 흔히 볼 수 있다. 이렇게 도급인이 수급인
에 대하여 지휘·감독을 하는 경우를 '노무도급'이라고 한다. 이 경우라면
예외적으로 도급인은 수급인이 제3자에게 손해를 입혔을 때 민법 제
756조의 사용자책임을 진다.56 이 때 도급이나 지시에 있어서 도급인

---

55 **민법** 제756조(사용자의 배상책임)
　① 타인을 사용하여 어느 사무에 종사하게 한 자는 피용자가 그 사무집행에 관하
　여 제삼자에게 가한 손해를 배상할 책임이 있다. 그러나 사용자가 피용자의
　선임 및 그 사무감독에 상당한 주의를 한 때 또는 상당한 주의를 하여도 손해가
　있을 경우에는 그러하지 아니하다.
　② 사용자에 갈음하여 그 사무를 감독하는 자도 전항의 책임이 있다.
　③ 전2항의 경우에 사용자 또는 감독자는 피용자에 대하여 구상권을 행사할
　수 있다.
56 가. 도급계약에 있어서 도급인은 도급 또는 지시에 관하여 중대한 과실이 없는 한 그

에게 중대한 과실이 있어야 한다(제757조 후문). 여기서의 '지휘·감독'
이 어느 정도인지에 대한 판단기준은 각주의 판례를 참조하도록 하자.

참고로 이러한 도급인과 수급인 사이의 (원칙적인) 독립적인 관계 때
문에 우리가 그토록 두려워하는 "중대재해처벌법"에도 일반적인 사업
주의 안전확보의무뿐 아니라 '도급, 용역, 위탁'시 안전확보의무가 별
도로 규정된 것이다.[57] '위험'을 외주주지 말라는 취지이다. 다만 위에
서 본 것은 '민사'적인 손해배상의 문제이고 "중대재해처벌법"의 논의
는 형사처벌의 문제이다. 흐름과 맞지 않지만 매우 중요하므로 각주의
조문 정도라도 읽어보고 넘어가도록 하자.

수급인이 그 일에 관하여 제3자에게 가한 손해를 배상할 책임은 없는 것이고 다만 도
급인이 수급인의 일의 진행 및 방법에 관하여 구체적인 지휘감독권을 유보하고
공사의 시행에 관하여 구체적으로 지휘감독을 한 경우에는 도급인과 수급인의 관
계는 실질적으로 사용자와 피용자의 관계와 다를 바 없으므로, 수급인이나 수급인
의 피용자의 불법행위로 인하여 제3자에게 가한 손해에 대하여 도급인은 민법
제756조 소정의 사용자 책임을 면할 수 없는 것으로서 위 지휘감독이란 실질적인 사
용자관계가 인정될 정도로 구체적으로 공사의 운영 및 시행을 직접 지시, 지도하고 감
시, 독려하는 등 공사시행방법과 공사진행에 관한 것이어야 할 것이다.
나. 하도급자가 하수급자의 실질적인 사용자로서 하수급자의 과실로 인한 손해
에 대하여 사용자책임이 있다고 하려면 하도급자가 하수급자의 공사에 구체적
인 지휘감독을 한 내용이 확정된 후에 이를 판단하여야 할 것이므로 하도급자
가 공사에 관하여 구체적으로 지휘감독한 내용을 석명하여 이를 판단하여야
할 것임에도 불구하고 이에 이르지 아니하고 막연히 "구체적으로 지휘감독하
였다"는 증언만으로 하도급자가 구체적으로 지휘감독하였다고 설시하여 하도
급자에게 사용자책임을 인정한 것은 심리미진이나 이유불비, 도급인의 사용자
책임에 대한 법리를 오해한 잘못을 범하였다고 하겠다.
대법원 1991. 3. 8. 선고 90다18432 판결

57 **중대재해 처벌 등에 관한 법률** 제5조(도급, 용역, 위탁 등 관계에서의 안전 및 보
건 확보의무)
사업주 또는 경영책임자등은 사업주나 법인 또는 기관이 제3자에게 도급, 용
역, 위탁 등을 행한 경우에는 제3자의 종사자에게 중대산업재해가 발생하지
아니하도록 제4조의 조치를 하여야 한다. 다만, 사업주나 법인 또는 기관이 그
시설, 장비, 장소 등에 대하여 실질적으로 지배·운영·관리하는 책임이 있는
경우에 한정한다.

어쨌든 이러한 법리들이 존재하므로 여러분이 '도급인'측 회사 소속인 경우, 일단 '도급' 계약을 체결하였다면 수급인측 회사 직원들에게 업무에 대하여 지휘·감독을 최대한 피해야 한다.

이정도로 도급계약의 일반적인 모습을 보았다. 그런데 건설업계에서의 도급계약은 별도로 "건설산업기본법"을 참조해야 한다. 건설공사의 도급계약을 규율하는 가장 유명한 조문을 보고가자. 여러분들이 도급인의 위치에 있다면 반드시 신경써야 할 내용들을 굉장히 디테일하게 규정하였으니 설명보다는 조문을 통으로 보는 것이 유익할 것이다.

건설산업기본법 제22조(건설공사에 관한 도급계약의 원칙)
① 건설공사에 관한 도급계약(하도급계약을 포함한다. 이하 같다)의 당사자는 대등한 입장에서 합의에 따라 공정하게 계약을 체결하고 신의를 지켜 성실하게 계약을 이행하여야 한다.
② 건설공사에 관한 도급계약의 당사자는 계약을 체결할 때 **도급금액, 공사기간**, 그 밖에 **대통령령**으로 정하는 사항을 **계약서에 분명하게 적어야 하고**, 서명 또는 기명날인한 계약서를 서로 주고받아 보관하여야 한다.
③ 국토교통부장관은 계약당사자가 대등한 입장에서 공정하게 계약을 체결하도록 하기 위하여 건설공사의 도급 및 건설사업관리위탁에 관한 **표준계약서**(하도급의 경우는 「하도급거래 공정화에 관한 법률」에 따라 **공정거래위원회가 권장**하는 **건설공사표준하도급계약서**를 포함한다. 이하 "표준계약서"라 한다)의 작성 및 사용을 **권장**하여야 한다.
⑤ 건설공사 도급계약의 내용이 **당사자 일방에게 현저하게 불공정**한 경우로서 다음 각 호의 어느 하나에 해당하는 경우에는 그 부분에 한정하여 **무효**로 한다.
  1. 계약체결 이후 설계변경, **경제상황의 변동**에 따라 발생하는 계약금액의 변경을 상당한 이유 없이 인정하지 아니하거나 그 부담을 상

> 대방에게 떠넘기는 경우
> 2. 계약체결 이후 공사내용의 변경에 따른 **계약기간의 변경**을 상당한 이유 없이 인정하지 아니하거나 그 부담을 상대방에게 떠넘기는 경우
> 3. 도급계약의 형태, 건설공사의 내용 등 관련된 모든 사정에 비추어 **계약체결 당시 예상하기 어려운 내용**에 대하여 상대방에게 책임을 떠넘기는 경우
> 4. 계약내용에 대하여 구체적인 정함이 없거나 당사자 간 이견이 있을 경우 **계약내용을 일방의 의사에 따라 정함**으로써 상대방의 정당한 이익을 침해한 경우
> 5. 계약불이행에 따른 당사자의 **손해배상책임을 과도하게 경감하거나 가중**하여 정함으로써 상대방의 정당한 이익을 침해한 경우
> 6. 「민법」 등 관계 법령에서 인정하고 있는 상대방의 권리를 상당한 이유 없이 배제하거나 제한하는 경우

그리고 위 제2항에 있는 "도급계약서에 분명하게 적어야 하는 대통령령으로 정하는 사항"은 동법 시행령 제25조 제1항에 규정되어 있다.

> **건설산업기본법 시행령** 제25조 제1항
> ① 법 제22조제2항에 따라 **공사의 도급계약에 분명하게 적어야 할 사항**은 다음 각 호와 같다.
> 1. 공사**내용**
> 2. 도급금액과 도급금액 중 **임금**에 해당하는 금액
> 3. 공사**착수**의 시기와 공사**완성**의 시기
> 4. 도급금액의 **선급금이나 기성금의 지급**에 관하여 약정을 한 경우에는 각각 그 지급의 **시기 · 방법 및 금액**
> 5. 공사의 중지, 계약의 해제나 천재 · 지변의 경우 발생하는 **손해의 부담**에 관한 사항

6. 설계변경·물가변동 등에 기인한 **도급금액 또는 공사내용의 변경**에 관한 사항

7. 법 제34조제2항의 규정에 의한 **하도급대금지급보증서의 교부**에 관한 사항(하도급계약의 경우에 한한다)

8. 법 제35조제1항의 규정에 의한 **하도급대금의 직접지급**사유와 그 절차

8의2. 법 제40조제1항에 따른 **건설기술인의 배치**에 관한 계획

9. 「산업안전보건법」 제72조에 따른 **산업안전보건관리비의 지급**에 관한 사항

10. 법 제87조제1항의 규정에 의하여 **건설근로자퇴직공제**에 가입하여야 하는 건설공사인 경우에는 건설근로자퇴직공제가입에 소요되는 금액과 부담방법에 관한 사항

11. 「산업재해보상보험법」에 의한 산업재해보상보험료, 「고용보험법」에 의한 고용보험료 기타 당해 공사와 관련하여 법령에 의하여 부담하는 **각종 부담금의 금액과 부담방법**에 관한 사항

12. 당해 공사에서 발생된 **폐기물**의 처리방법과 재활용에 관한 사항

13. 인도를 위한 **검사 및 그 시기**

14. 공사완성후의 **도급금액의 지급시기**

15. 계약이행지체의 경우 위약금·지연이자의 지급 등 **손해배상**에 관한 사항

16. **하자담보책임**기간 및 담보방법

17. 분쟁발생시 **분쟁**의 해결방법에 관한 사항

18. 「건설근로자의 고용개선 등에 관한 법률」 제7조의2에 따른 고용 관련 편의시설의 설치 등에 관한 사항

대부분이 우리가 앞에서 모든 계약에 중요하다고 배운 내용들이고, 건설공사에 특이적인 몇몇 내용이 추가되어있는 형태이다. 계약서를 작성하면서 위와 같은 사항들은 빠짐없이 들어가있는지 체크해보도록 하자.

또 도급계약시 주의해야 할 점은 일괄하도급금지와 위장도급의 문제이다.

먼저 일괄하도급금지를 보자. 말그대로 수주한 사업을 그대로 하도급줘서 중간에 돈만 떼먹는 방식으로 일하지 말라는 취지이다. 그리고 같은 취지에서 직접시공의 원칙도 규정하고 있다.

건설산업기본법 제29조(건설공사의 하도급 제한)

① 건설사업자는 도급받은 **건설공사의 전부 또는 대통령령으로 정하는 주요 부분의 대부분**을 다른 건설사업자에게 **하도급할 수 없다.** 다만, 건설사업자가 도급받은 공사를 대통령령으로 정하는 바에 따라 계획, 관리 및 조정하는 경우로서 대통령령으로 정하는 바에 따라 **2인 이상에게 분할하여 하도급하는 경우에는 예외**로 한다.

② 수급인은 그가 도급받은 **전문공사를 하도급할 수 없다.** 다만, 다음 각 호의 요건을 모두 충족한 경우에는 건설공사의 일부를 하도급할 수 있다.

1. 발주자의 서면 승낙을 받을 것
2. 공사의 품질이나 시공상의 능률을 높이기 위하여 필요한 경우로서 대통령령으로 정하는 요건에 해당할 것(종합공사를 시공하는 업종을 등록한 건설사업자가 전문공사를 도급받은 경우에 한정한다)

제1항의 "대통령령으로 정하는 주요 부분의 대부분을 다른 건설사업자에게 하도급하는 경우"는 부대공사를 제외한 주된 공사 전부를 하도급하는 경우를 의미한다(동법 시행령 제31조 제1항). 그리고 전부 또는 주요 부분의 대부분을 하도급할 수 있는 예외인, 2인 이상에게 분할하여 하도급하는 경우는 시행령 제31조 제3항에 나와있고 다음과 같다.

1) 도급받은 공사를 전문공사를 시공하는 업종별로 분할하여 각각 해당 전문공사를 시공할 수 있는 자격을 보유한 건설사업자에게 하도급하는 경우(즉 전기공사같은 전문적인 부분만 떼서 그 분야 전문업

체한테 맡기는 것은 괜찮다는 취지이다)

2) 도서지역 또는 산간벽지에서 시행되는 공사를 해당 도서지역 또는 산간벽지가 속하는 특별시·광역시·특별자치시·도 또는 특별자치도(이하 "시·도"라 한다)에 있는 중소건설사업자 또는 법 제48조에 따라 등록한 협력업자에게 하도급하는 경우(지방에서의 공사의 경우 일부를 '그 동네' 업체한테 맡기는 것은 괜찮다는 취지이다)

제2항은 '전문공사'[58]를 하도급할 수 없다는 원칙을 규정하고 있다. 취지는 제1항과 비슷하다. 하지만 제1항은 '싸그리' 넘기지 말라는 것이고, 제2항은 종합공사처럼 범위가 넓은 공사가 아니라 '전문공사'를 하도급 받았으면 되도록 직접하고 하도급을 하지 말라는 것으로 그 모양새가 조금 다르다. 어쨌든 제2항의 경우에도 예외가 있고 '발주자의 서면승낙'과, '공사의 품질이나 시공상 능률을 높이기 위해서'라는 요건을 갖추면 가능하도록 법에 규정되어 있다. 대충봐도 제1항의 예외보다는 훨씬 충족하기가 쉬워보인다.

사실 '종합공사'와 '전문공사'의 스케일 차이가 있긴 하지만 법 상에 전문공사로 규정된 것도 실무적으로 들어가면 그 업무 내용의 범위가 좁다고 할 수 없다. 그렇기에 한 회사가 다 맡아서 하기 버거운 경우가 많고 결과적으로 일을 쪼개서 하도급을 주는 경우가 많다. 이 경우 발주자의 서면승낙서를 꼭 받아두어야 한다.

---

58 '전문공사'가 무엇을 의미하는지 잘 모르시는 분들을 위해 추가한다. 건설공사의 업종분류는 건설산업기본법 시행령 [별표 1]에 규정되어 있다. 건설업종은 크게 종합공사, 전문공사로 나뉜다. 종합공사에는 '토목공사업, 건축공사업, 토목건축공사업, 산업환경설비공사업, 조경공사업'이 있다. 전문공사에는 '지반조성·포장공사업, 실내건축공사업, 금속창호·지붕건축물조립공사업, 도장·습식·방수·석공사업, 조경식재·시설물공사업 등'이 있다.

아울러 하도급을 주는 경우라면 "하도급거래 공정화에 관한 법률(약칭: 하도급법)"의 규정들을 준수해야 한다. 같은 이유에서 주로 하도급을 받아서 사업을 수행하는 회사의 근무자들도 잘 알아두어서 부당하게 자신들의 권리가 침해되지 않도록 유의하도록 하자. 하나같이 주요한 조문들이지만 지면의 한계로 여기서 다 소개할 수는 없고 일독을 권한다. 한마디로 하도급 계약의 경우 챙겨야할 것들이 굉장히 많으니 바싹 긴장을 해야 한다.

참고를 위해 국토교통부 엔지니어링 업종 표준하도급계약서의 "갑지"를 첨부한다.

엔지니어링활동업종 표준하도급계약서(전문)

1. **용역계약명** :

   ○ 원도급 용역계약서명 및 발주자(원도급인)명 :

2. **용역수행 범위** : 별도 첨부문서에 따름

3. **용역기간** :   년   월   일부터

   　　　　　　　　　 년   월   일까지

4. **납품일자 및 장소** :   년   월   일(   )

5. **계약금액** : 일금   원정 (₩   )

   ○공급가액　 : 일금   원정 (₩   )

   ○부가가치세 : 일금   원정 (₩   )

   ※ 변경 전 계약금액 : 일금 원정 (₩   )

6. 대금의 지급

가. 선급금

  (1) 계약체결후 (   )일 이내에 일금 원정 (₩)

  (2) 발주자로부터 지급받은 날 또는 계약일로부터 15일 이내 그 내용과 비율에
      따름

나. 기성부분금 :

  (1) 월 (   )회

  (2) 목적물 수령일로부터 (   )일 이내

  (3) 지급방법 : 현금   %, 어음   %

다. 설계변경, 경제상황변동 등에 따른 대금조정 및 지급

  (1) 발주자로부터 조정받은 날로부터 30일 이내 그 내용과 비율에 따라 조정

  (2) 발주자로부터 지급받은 날로부터 15일 이내 지급

라. 지연이자율

  - 지연이자요율(대금 지급·반환 지연) : 연 (   )%

  - 지연이자요율(손해배상지연) : 연 (   )%

※ 하도급법령상 지급기일이 지난 경우에는 공정위 고시 지연이자율이 우선 적용

7 계약보증금 : 원정 (₩   )

8. 하자보수보증금률 :   %

9. 하자담보책임기간 :

10. 지체상금률 :   %

11. 하도급대금 연동제 적용 여부

◇ 연동제 적용대상 없음 (   )

◇ 적용함 : (   )【하도급대금 연동 계약서】

◇ 일부 적용함 : (   )【하도급대금 연동 계약서】

　　　　　　　　　 및【하도급대금 미연동 계약서】

◇ 전부 적용하지 않음 : (   )【하도급대금 미연동 계약서】

※ 계약체결 당시 위 사항을 확정하기 곤란한 경우,「하도급거래 공정화에 관한 법률」
   등 관련법령을 위반하지 않은 범위내에서 추후 확정할 수 있음

※ 기본계약을 기초로 개별계약을 통해 발주가 이루어지는 하도급거래의 경우에 계약
   금액·지급기일·지급방법, 납기일에 대해서는 개별계약을 통해 정할 수 있음

　당사자는 상기의 엔지니어링활동 위탁업무에 대하여 원사업자와 수급사업자는
이 기본계약서에 의하여 계약을 체결하고 신의에 따라 성실히 계약상의 의무를
이행할 것을 확약하며, 이 계약의 증거로서 계약서를 작성하여 당사자가 기명날인한
후 각각 1통씩 보관한다.

201 년   월   일

　　　　　* 원사업자　　　　　　　　　　　* 수급사업자

주소 :　　　　　　　　　　　　　　주소 :
상호 :　　　　　　　　　　　　　　상호 :
등록번호(신고번호) :　　　　　　　등록번호(신고번호) :
전화 및 팩스 :　　　　　　　　　　전화 및 팩스 :
성명 :　　　　　　　(인)　　　　　성명 :　　　　　　　(인)

하도급법의 주요 내용은 다음과 같다.

하도급을 주는 '원사업자'는 앞서 본 서면발급 및 서류 보존의무(제3조)가 있고, 하도급을 받는 '수급사업자'의 이익을 부당하게 침해하거나 제한하는 부당한 특약을 해서는 안 되고(제3조의4), 부당하게 낮은 수준의 하도급대금을 강요해서는 안 되며(제4조), 제조등의 위탁을 하는 경우 물품, 장비 등을 강매하도록 해서는 안 되고(제5조), 발주자로부터 선급금을 받은 경우 선급금을 받은 날로부터 15일 이내에 선급금을 수급사업자에게 지급하여야 한다(제6조). 그리고 수급사업자가 딱히 잘못한 것이 없는데도 부당하게 위탁을 취소하거나 물건 납품을 받지 않는 등의 부당한 위탁취소를 하여서는 안 되고(제8조), 마찬가지로 수급사업자에게 책임을 돌릴 사유가 없는데 목적물을 납품받고 부당하게 다시 수급사업자에게 반품을 해서는 안 되며(제10조), 정당한 사유없이 하도급대금을 감액해서는 안 된다(제11조). 또한 정당한 사유없이 수급사업자가 제조, 수리, 시공 등을 함에 있어 필요한 물품 등을 원사업자 자신에게서 사도록 하거나 자신의 장비를 사용하게 하도록 해서는 안 되고(제12조), 정당한 사유없이 자기나 다른 회사나 사람을 위해 경제적 이익을 제공하도록 해서는 안 되며(제12조의2), 하도급 대금은 목적물등의 수령일로부터 60일 이내의 가능한 짧은 기한 내에 하도급대금을 지급하여야 하고(제13조), 수급사업자의 기술자료를 원사업자나 제3자에게 제공하도록 요구해서는 안 된다(제12조의3 제1항).

마지막의 기술자료 제공 요구 금지는 굉장히 중요한 조문이다. 우리 산업계는 제조업이 근간이다. 따라서 기술로 먹고사는 회사들이 대부분이므로 이 부분은 각별히 신경쓰도록 하자.

그러나 기술자료라고 해서 무조건적으로 요구를 할 수 없는 것은 아니다. 수급사업자의 기술을 이용하려고 수급사업자와 계약을 하는 것인데 아무 기술자료를 요구할 수 없다는 것은 말이 안 된다. 당연히 '정당한 사유'가 있다면 기술자료를 요구할 수 있고 이 경우 '기술자료 제공 요구목적, 기술자료와 관련된 권리귀속 관계, 대가 및 대가의 지급방법, 요구·제공일 및 제공방법, 그 외의 기술자료 제공 요구가 정당함을 입증할 수 있는 사항'을 '미리' 협의한 뒤, 이를 기재한 서면을 수급사업자에게 주어야 한다(동조 제2항). 그리고 원사업자는 해당 기술자료를 제공받는 날까지 '기술자료의 명칭 및 범위, 사용기간, 이를 제공받아 보유할 임직원의 명단, 비밀유지의무, 목적 외 사용금지, 비밀을 누설하거나 목적 외의 사용을 한 경우의 배상, 기술자료의 반환 및 폐기 방법 및 일자'가 포함된 비밀유지계약을 수급사업자와 체결하여야 한다(동조 제3항). 그리고 당연히 이렇게 제공받은 수급사업자의 기술자료를 부당하게 원사업자 자신 또는 제3자를 위해 사용하거나 제3자에게 제공할 수 없다(동조 제4항).

지면의 한계상 이정도만 적었지만 기타 하도급과 관련하여서 지켜야할 사항들이 굉장히 많으니 하도급이 잦은 업계에 취업하는 경우 하도급법을 반드시 일독하여 불이익을 받는 일이 없도록 하자.

그리고 이 비밀유지계약은 공정거래위원회 표준약관이 있으니 이를 활용하면 된다. 사려 깊게 뒤에 첨부를 해두었다. 하도급계약에 있어서 절대로 빼먹으면 안 되는 사항 중 하나이므로 꼭 챙겨보도록 하자.

표준비밀유지계약서(본문)

수급사업자의 기술자료 제공과 관련하여 원사업자와 수급사업자는 다음과 같이 비밀유지계약을 체결한다.

제1조(계약의 목적) 이 계약은 수급사업자가 원사업자에게 수급사업자의 기술자료를 제공하는 경우 해당 기술자료를 비밀로 유지하고 보호하기 위하여 필요한 제반 사항을 규정함을 목적으로 한다.

제2조(기술자료의 정의) ① 이 계약에서 '기술자료'라 함은 수급사업자에 의해 비밀로 관리되고 있는 것으로서 다음 각 목의 어느 하나에 해당하는 정보·자료를 말한다.

　가. 제조·수리·시공 또는 용역수행 방법에 관한 정보·자료

　나. 특허권, 실용신안권, 디자인권, 저작권 등의 지식재산권과 관련된 기술정보·자료로서 수급사업자의 기술개발(R&D)·생산·영업활동에 기술적으로 유용하고 독립된 경제적 가치가 있는 것

　다. 시공프로세스 매뉴얼, 장비 제원, 설계도면, 연구자료, 연구개발보고서 등 가목 또는 나목에 포함되지 않는 기타 사업자의 정보·자료로서 수급사업자의 기술개발(R&D)·생산·영업활동에 기술적으로 유용하고 독립된 경제적 가치가 있는 것

② 수급사업자가 기술자료를 제공함에 있어, 비밀임을 알리는 문구(비밀 또는 대외비 등의 국문 또는 영문 표시 등을 의미)가 표시되어 있지 아니하더라도 비밀로 관리되고 있는지 여부에는 영향을 미치지 아니한다.

③ 원사업자는 수급사업자의 기술자료가 비밀로 관리되고 있는지 여부(기술자료에서 제외되는지 여부)에 대해 의문이 있는 때에는 수급사업자에게 그에 대한 확인을 요청할 수 있다. 이 경우 수급사업자는 확인 요청을 받은 날로부터 15일 이내에 원사업자에게 해당 기술자료가 비밀로 관리되고 있는지 여부를 서면으로 발송하여야 한다.

제3조(기술자료의 목적외 사용금지) ① 원사업자는 수급사업자의 기술자료를 「표준비밀유지계약서(별첨) 1-2.」에서 정한 목적으로만 사용하여야 한다.

② 원사업자가 「표준비밀유지계약서(별첨) 1-2.」에서 정한 목적 수행을 위하여 수급사업자의 기술자료를 제3자에게 제공하고자 할 때에는 사전에 수급사업자로부터 서면에 의한 동의를 얻어야 하며, 그 제3자와의 사이에 해당 기술자료가 비밀로 유지되어야 함을 목적으로 하는 별도의 비밀유지계약을 체결한 이후에 그 제3자에게 해당 기술자료를 제공하여야 한다.

③ 원사업자는 「표준비밀유지계약서(별첨) 2.」에 기재되어 있는 임직원들에 한하여 수급사업자의 기술자료를 보유할 수 있도록 필요한 합리적인 조치를 취하여야 하며, 해당 임직원 각자에게 수급사업자의 기술자료에 대한 비밀유지의무를 주지시켜야 한다. 이때 수급사업자는 원사업자에게 해당 임직원으로부터 비밀유지서약서를 제출받는 등의 방법으로 해당 기술자료의 비밀성을 유지하기 위하여 필요한 합리적인 조치를 취해줄 것을 요구할 수 있다.

제4조(기술자료의 비밀유지 의무) ① 수급사업자가 사전에 서면(전자문서 포함)으로 동의하지 아니하는 경우, 원사업자는 제공받은 기술자료를 타인에게 누설하거나 공개하여서는 아니된다.

② 원사업자는 수급사업자의 기술자료가 외부로 유출되는 것을 방지하기 위하여 물리적 설비 설치 및 내부비밀관리지침 마련, 정보보안교육실시 등 기술자료를 보호하고 관리하는 데에 필요한 합리적인 조치를 취하여야 한다.

제5조(기술자료의 반환 또는 폐기방법) 「표준비밀유지계약서(별첨) 1-4.」에서 정한 기술자료의 반환일까지 원사업자는 수급사업자의 기술자료 원본을 즉시 수급사업자에게 반환하여야 하며, 일체의 복사본 등을 보유하여서는 아니된다. 단, 수급사업자의 선택에 의해 이를 반환하는 대신 폐기하는 경우에는 「표준비밀유지계약서(별첨) 1-4.」에서 정한 시점까지 이를 폐기하고 원사업자는 그 폐기를 증명하는 서류를 수급사업자에게 제공하여야 한다.

제6조(권리의 부존재 등) ① 이 계약은 수급사업자의 기술자료를 제공받는 원사업자에게 기술자료에 관한 어떠한 권리나 사용권을 부여하는 것으로 해석되지 않는다. 단, 원사업자가 「표준비밀유지계약서(별첨) 1-2」에서 정한 목적에 따라 사용하는 경우에 대해서는 그러하지 아니하다.

② 이 계약은 원사업자와 수급사업자 간에 향후 어떠한 확정적인 계약의 체결, 제조물의 판매나 구입, 실시권의 허락 등을 암시하거나 이를 강제하지 않는다.

③ 수급사업자는 기술자료를 제공할 적법한 자격이 있음을 원사업자에 대하여 보증한다.

제7조(비밀유지의무 위반시 배상) 원사업자가 이 계약을 위반한 경우, 이로 인하여 발생한 수급사업자의 손해를 배상하여야 한다. 다만, 원사업자가 고의 또는 과실이 없음을 입증한 경우에는 그러하지 아니하다.

제8조(권리의무의 양도 및 계약의 변경) ① 수급사업자가 사전에 서면(전자문서 포함)으로 동의하지 아니하는 경우, 원사업자는 이 계약상의 권리의무를 제3자에게 양도하거나 이전할 수 없다.

② 이 계약의 수정이나 변경은 양 당사자의 정당한 대표자가 기명날인 또는 서명한 서면(전자문서 포함) 합의로만 이루어질 수 있다.

③ 「표준비밀유지계약서(별첨) 2」에 기재되어 있는 임직원들의 퇴직, 전직, 조직/업무변경 등으로 인하여 명단이 변경되어야 할 때에는 원사업자는 수급사업자의 사전 동의를 받은 후, 해당 명단을 서면으로 수급사업자에게 통지하는 것으로 이 계약의 변경을 갈음할 수 있다.

제9조(일부무효의 특칙) 이 계약의 내용 중 일부가 무효인 경우에도 이 계약의 나머지 규정의 유효성에 영향을 미치지 않는다. 다만, 유효인 부분만으로 계약의 목적을 달성할 수 없는 경우에는 전부를 무효로 한다.

　이 계약의 체결사실 및 계약내용을 증명하기 위하여 이 계약서를 2통 작성하여 계약 당사자가 각각 서명 또는 기명날인한 후 각자 1통씩 보관한다.

년   월   일

　　　　　　　　* 원사업자　　　　　　　　　　　* 수급사업자

　상호 또는 명칭 :　　　　　　　　　　상호 또는 명칭 :
　전화번호 :　　　　　　　　　　　　　전화번호 :
　주 소 :　　　　　　　　　　　　　　주 소 :
　대표자 성명 :　　　(인)　　　　　　　대표자 성명 :　　　(인)
　사업자(법인)번호 :　　　　　　　　　사업자(법인)번호 :

　　　　　　　　　　　　　　　　　　첨부: 1. 표준비밀유지계약서 (별첨)

【첨부 1】

표준비밀유지계약서(별첨)

1-1. 수급사업자로부터 제공받는 기술자료의 명칭 및 범위

* 요구하는 기술자료의 명칭과 범위 등 구체적 내역을 명시하여 기재

1-2. <1-1. 기술자료>를 제공받는 목적

* 원사업자가 기술자료를 요구하는 정당한 사유 기재

1-3. <1-1. 기술자료>의 사용기간:

1-4. <1-1. 기술자료>의 반환일 또는 폐기일:

2. 기술자료를 보유할 임직원의 명단

No.	보유자	이메일
1		

* 위 임직원의 명단은 본 계약의 체결 및 이행을 위해서만 사용될 수 있는 것으로서

　이를 무단으로 전송·배포할 수 없으며, 일부의 내용이라도 공개·복사해서는 안 됨

** 본 건 기술자료를 1-3.의 사용기간 중 보유할 임직원 명단을 기재

또한 2023년 10월 4일부터 "하도급대금 연동제"라는 굉장히 중요한
제도가 신설됐다. 동일한 내용이 "대·중소기업 상생협력 촉진에 관한
법률(약칭 : 상생협력법)"에도 포함되었다. 이쪽에서는 "납품대금 연동제"
라고 부른다. 각각 적용 대상이 다소 다르지만 주요 내용은 대동소이
하다. 이에 따라 "도급" 계약을 체결하는 경우 신경을 써야할 것이 하
나 더 늘었다. 제도가 새롭게 시행될 때에는 모두의 관심이 쏠릴 수
밖에 없기 때문에 항상 주의를 깊게 기울여야 한다. 어쩌면 면접 주제
로도 나올 수 있다는 생각이 퍼뜩 들기에 여기서 간단히 소개를 하고
가자. 아래 내용은 중소벤처기업부의 설명을 참조하였다.[59]

납품대금 연동은 "주요 원재료"의 가격이 일정 기준(위탁기업과 수탁기업이
10% 이내의 범위에서 협의하여 정한 비율) "이상" 변동하는 경우 그 변동분에 연동
하여 납품대금을 조정하는 것을 말한다.

여기서 "주요 원재료"란 수탁·위탁거래에서 물품등의 제조에 사용
되는 원재료로서 그 비용이 납품대금의 10% 이상인 원재료를 말하고, 원
료와 재료를 포괄하며, 천연재료, 화합물, 가공물, 중간재 등을 포함하
되 이에 한정하지 않는다. 따라서 인건비, 노무비는 제외된다는 사실에
유념하자.

"위탁기업"은 제조, 공사, 가공, 수리, 판매, 용역을 업(業)으로 하는
기업으로서 물품등의 제조를 다른 수탁기업에 위탁하는 기업을 말한다.

그리고 "업(業)으로 한다는 것"의 의미는 영리 또는 비영리 여부를 불
문하고 경제 행위를 계속하여 반복적으로 행하는 것을 의미하며 이는
어떤 경제적 이익의 공급에 대하여 그것에 대응하는 경제적 이익의 반
대급부를 받는 행위를 말한다.

---

59 https://www.smes.go.kr/pis/front/guide/concept.do

이 부분이 중요하다. 납품대금연동제는 주로 여러분이 "위탁기업"일
때 각별히 더 신경을 써야 하는 내용인데 "여러분의 기업이 수탁기업
에 위탁한 일"을 여러분의 기업이 "업으로"하지 않는다면 해당되지 않
는다. 즉 제조업체가 건설사에 건설공사를 맡기는 경우에는 해당하지
않는다는 것이다.

"수탁기업"은 위탁기업으로부터 물품등의 제조를 위탁받아 전문적
으로 물품등의 제조를 하는 중소기업을 말한다.60 "약자"인 수탁기업
을 보호하기 위한 제도이기 때문이다.

그리고 물품등의 제조를 다른 중소기업에게 "위탁"한다고 함은 물
품등의 규격, 성능 등 상세 사양을 정하여 제조를 위탁하는 것으로, 직
접적인 계약행위가 없다 하더라도 위탁의 내용을 실질적으로 지배 혹
은 관리하여 위탁거래관계가 있을 경우 위탁으로 본다. 다만, 단순 구매
및 판매위탁은 위탁에서 제외한다.

더 중요한 것은 예외사유이다.

① 위탁기업이 「중소기업기본법」 제2조 제2항에 따른 소기업에 해당
   하는 경우
② 수탁·위탁거래의기간이 90일 이내의 범위에서 대통령령으로 정하
   는 기간 이내인 경우
③ 납품대금이 1억원 이하의 범위에서 대통령령으로 정하는 금액 이
   하인 경우61

---

60 이 부분이 하도급법과 상생협력법이 살짝 차이가 나는 부분이지만 개념 설명
   파트이니 너무 디테일한 설명은 제외했다.
61 두 번째와 세 번째 예외사유의 대통령령으로 정하는 내용은 2023년 12월 현
   재 "90일", "1억원"이다.

④ 위탁기업과 수탁기업이 납품대금 연동을 하지 아니하기로 합의한
경우
* 이 경우 위탁기업과 수탁기업은 납품대금 연동을 하지 아니하기
로 합의한 취지와 사유를 약정서에 분명하게 적어야 함.

즉 일을 맡기는 위탁기업도 작은 기업이라 수탁기업을 특별히 보호
할 필요가 없거나, 소액, 단기의 계약이거나, 양 사가 연동하지 않기로
합의한 경우 약정서에 이 사유를 적어 적용을 배제할 수 있다. 이 예외
를 보면, 특히 네 번째 예외에 눈길이 갈 수밖에 없다. "갑"이 윽박질러
'연동하지마!'라고 하면 어쩔 수 없는 것 아닌가. 그럼에도 불구하고 이
러한 예외가 들어간 것은 "10% 원재료" 판단을 위해서는 필연적으로
수탁업체가 원가구조를 공개할 수밖에 없기 때문에 이것을 꺼려하는
수탁업체의 사정을 봐주기 위함이라고 한다.
그리고 당연히 예상되는 "갑"의 윽박지름을 방지하기 위해 위탁기
업의 탈법행위 금지조항이 있다(거래상 지위를 남용하거나 거짓 또는 그 밖의
부정한 방법으로 납품대금 연동에 관한 의무를 피하려는 행위의 금지. 5천만원
이하의 과태료).
그래서 결론적으로 요건에 모두 해당하게 되면 계약서에 납품대금 연
동에 관한 내용(가격 기준지표, 조정요건 등 포함)을 기재하여야 하고, 조정요건
이 충족되면 조정된 납품대금을 지급해야 한다는 것이 골자이다. 실무
적으로는 "연동계약서"를 계약서에 첨부로 넣는 형식으로 이루어질 것
으로 예상되며 네 번째 예외인 '미연동합의'의 경우 "미연동계약서"를
첨부하면 될 것이다. 각 "표준 연동계약서"와 "표준 미연동계약서"를
참고로 첨부한다.

표준 연동계약서

「하도급거래 공정화에 관한 법률」 또는 「대·중소기업 상생협력 촉진에 관한 법률」에 따른 하도급대금 또는 납품대금(이하 "하도급대금등"이라 한다) 연동과 관련하여 원사업자 또는 위탁기업(이하 "원사업자등"이라 한다)과 수급사업자 또는 수탁기업(이하 "수급사업자등"이라 한다)은 아래 하도급계약 또는 수탁·위탁거래약정(이하 "하도급계약등"이라 한다)에 부수하여 다음과 같이 연동계약을 체결한다.

◇ 하도급계약등 명칭 :

◇ 하도급계약등의 체결 일자 :

제1조(목적) 이 계약은 위의 하도급계약등과 관련된 하도급대금등 연동에 관하여 필요한 제반 사항을 규정함을 목적으로 한다.

제2조(정의) ① 이 계약에서 사용하는 용어의 뜻은 다음과 같다.

1. "원재료"란 하도급거래에서 목적물등의 제조, 수리, 시공 또는 용역수행에 사용되는 원재료 또는 수탁위탁거래에서 물품등의 제조, 공사, 가공, 수리, 용역 또는 기술개발에 사용되는 원재료로서 천연재료, 화합물, 가공물, 중간재 등을 포함하되 이에 한정하지 아니한다.

2. "주요 원재료"란 그 비용이 하도급대금등의 100분의 10 이상인 원재료를 말한다.

3. "원재료 가격의 기준지표"란 주요 원재료 가격의 상승 또는 하락 정도를 측정하는 기준이 되는 지표를 말한다.

4. "조정요건"이란 주요 원재료의 가격이 기준시점 대비 비교시점에 변동한 비율로서 주요 원재료의 가격이 그 변동비율 이상 변동한 경우 하도급대금등을 조정하기로 한 기준이 되는 것을 말한다.

5. "조정 주기"란 조정요건 충족 여부를 따져 하도급대금등 연동 여부를 판단하는 주기를 말한다.

6. "조정일"이란 조정 주기에 따라 하도급대금등의 조정 여부를 판단하는 날

을 말한다.

7. "조정대금 반영일"이란 목적물등 또는 물품등(이하 "목적물등"이라 한다)에 대하여 조정된 하도급대금등을 적용하는 기준이 되는 날을 말한다.

8. "하도급대금등 연동 산식"이란 주요 원재료의 가격이 조정요건을 충족하는 경우 주요 원재료 가격 변동을 반영하여 하도급대금등을 조정하기 위한 산식을 말한다.

9. "반영 비율"이란 주요 원재료 가격 변동분이 하도급대금등의 조정에 반영되는 비율을 말한다.

② 제1항에서 정한 용어 외의 용어의 뜻은 「하도급거래 공정화에 관한 법률」 또는 「대·중소기업 상생협력 촉진에 관한 법률」에 따른다.

제3조(하도급대금등 연동 대상 주요 원재료) 이 계약에 따라 하도급대금등 연동 대상 주요 원재료는 제2조제1항제2호에 따른 주요 원재료(이하 "연동 대상 주요 원재료"라 한다)로 한다.

제4조(하도급대금등 연동 대상 주요 원재료 가격의 기준지표) 연동 대상 주요 원재료 가격의 기준지표는 공신력 있는 기관이 주기적으로 고시하는 지표 또는 이에 준하는 지표로 한다. 다만, 이와 같은 지표를 사용하는 것이 적절하지 않거나 이에 해당하는 지표가 없는 경우에는 다음 각 호의 어느 하나에 따라 정할 수 있다.

1. 원재료의 판매자가 수급사업자등에게 판매한 연동 대상 주요 원재료의 가격으로서 원사업자등이 확인할 수 있는 가격

2. 원사업자등이 연동 대상 주요 원재료의 판매자와 직접 협상한 가격 또는 원사업자등이 수급사업자등에 판매한 가격

3. 그 밖에 관련 자료를 바탕으로 원사업자등과 수급사업자등이 합의하여 정한 가격

제5조(「하도급대금등 연동표」의 작성) ① 원사업자등은 수급사업자등과 합의하여 【첨부 1】「하도급대금등 연동표」(이하 "「하도급대금등 연동표」"라 한다)의 각 기재사항을 적는다.

② 원사업자등 또는 수급사업자등은 「하도급대금등 연동표」의 각 기재사항과 관련하여 내용을 증빙할 수 있는 자료를 제공할 것을 상대방에게 요청할 수 있으며,

이때 요청하는 자료는 「하도급대금등 연동표」 작성을 위해 필요한 최소한의 자료에 한한다.

③ 제2항의 요청을 받은 상대방은 해당 자료를 성실하게 제공하여야 하며, 자료를 제공받은 당사자는 해당 자료를 이 계약의 목적 외로 사용하지 아니한다.

제6조(하도급대금등 연동 절차) ① 원사업자등과 수급사업자등은 「하도급대금등 연동표」에 따라 조정일마다 연동 대상 주요 원재료 가격의 기준시점 대비 비교시점의 변동률을 확인하고, 그 변동률이 조정요건을 충족하는 경우 하도급대금등 연동 산식에 따라 조정될 하도급대금등을 산출한다.

② 원사업자등은 제1항에 따라 산출된 금액을 기준으로 하도급대금등을 조정한다.

③ 원사업자등과 수급사업자등은 제2항에 따라 하도급대금등이 조정된 경우, 조정대금 반영일, 비교시점의 연동 대상 주요 원재료 기준가격 및 조정된 하도급대금등을 【첨부 2】「하도급대금등 변동표」(이하 "「하도급대금등 변동표」"라 한다)에 기재하고 서명(「전자서명법」 제2조 제2호에 따른 전자서명을 포함한다) 또는 기명날인한다.

④ 원사업자등은 조정대금 반영일 이후에 납품되는 목적물등에 대하여 제2항에 따라 조정된 금액을 기준으로 하도급대금등을 지급한다.

⑤ 제1항부터 제4항까지는 수급사업자등의 책임 있는 사유로 이행이 지연되어 조정대금 반영일 이후에 이행된 부분에 대해서는 적용하지 아니한다.

제7조(해석 등) ① 이 계약은 「하도급거래 공정화에 관한 법률」 제16조(설계변경 등에 따른 하도급대금의 조정), 제16조의2(공급원가 등의 변동에 따른 하도급대금의 조정), 「대·중소기업 상생협력 촉진에 관한 법률」 제22조의2(공급원가 변동에 따른 납품대금의 조정), 제25조(준수사항)제1항제4호의 적용을 배제하는 것으로 해석되지 않는다.

② 「하도급대금등 연동표」는 이 계약의 부속합의서로서 이 계약과 동일한 효력이 있다.

③ 주요 원재료에 해당하지 않은 원재료 중 당사자가 합의하여 하도급대금등 연동제를 적용하기로 한 원재료에 대해 제4조부터 제6조까지, 제7조 제1항 및 제2항을 준용한다.

제8조(금지행위) 원사업자등은 하도급대금등 연동과 관련하여 하도급거래에 관한 거래상 지위 또는 수탁·위탁거래에 관한 거래상 지위를 남용하거나 거짓 또는 그 밖의 부정한 방법을 사용하지 아니한다.

   이 계약의 체결사실 및 계약내용을 증명하기 위하여 이 계약서를 2부 작성하여 양 당사자가 각각 서명 또는 기명날인한 후 각자 1부씩 보관한다.

년   월   일

* 원사업자등	* 수급사업자등
상호 또는 명칭 :	상호 또는 명칭 :
전화번호 :	전화번호 :
주 소 :	주 소 :
대표자 성명 : (인)	대표자 성명 : (인)
사업자(법인)번호 :	사업자(법인)번호 :

【첨부 1】

하도급대금등 연동표

◇ 원사업자등과 수급사업자등은 하도급거래 또는 수탁·위탁거래에 관한 하도급대금등 연동을 위해 다음과 같이 정한다.

구분	기재사항
1. 하도급대금등 연동 대상 목적물등의 명칭	
2. 하도급대금등 연동 대상 주요 원재료	
3. 원재료 가격의 기준 지표	
4. 원재료 가격의 변동률 산정을 위한 기준시점 및 비교시점	기준시점: 비교시점:
5. 조정요건	
6. 조정주기	
7. 조정일	
8. 조정대금 반영일	
9. 하도급대금등 연동 산식	
9.1. 반영비율	
10. 기타 사항	

※ 하도급대금등 연동 대상 원재료별로 각각 작성하는 것을 원칙으로 하되, 동일한 목적물등에 사용되는 연동 대상 원재료로서 3.~10.까지 중 공통되는 사항이 있는 경우 하나의 연동표로 작성할 수 있음

【첨부 2】

하도급대금등 변동표

◇ 연동 대상 목적물등의 명칭 :

조정일	대상원재료	원재료 가격		하도급 단가/대금		조정 대금 반영일	원사업자 등 확인	수급 사업자등 확인
		기준시점	비교시점	조정전 금액	조정후 금액			
							서명 · 기명날인	서명 · 기명날인
							서명 · 기명날인	서명 · 기명날인
							서명 · 기명날인	서명 · 기명날인
							서명 · 기명날인	서명 · 기명날인
							서명 · 기명날인	서명 · 기명날인
							서명 · 기명날인	서명 · 기명날인

표준 미연동계약서

「하도급거래 공정화에 관한 법률」 또는 「대‧중소기업 상생협력 촉진에 관한 법률」에 따른 하도급대금 또는 납품대금(이하 "하도급대금등"이라 한다) 연동과 관련하여 원사업자 또는 위탁기업(이하 "원사업자등"이라 한다)과 수급사업자 또는 수탁기업(이하 "수급사업자등"이라 한다)은 아래 하도급계약 또는 수탁‧위탁거래약정(이하 "하도급계약등"이라 한다)에 부수하여 다음과 같이 미연동계약을 체결한다.

◇ 하도급계약등 명칭 :

◇ 하도급계약등 체결일자 :

◇ 미연동 대상 목적물등 또는 물품등의 명칭 :

◇ 미연동 대상 주요 원재료 명칭 :

◇ 협의 개요 :

　　(협의한 일시/방법)

　　(원사업자등 측 협의책임자 성명/직위)

　　(수급사업자등 측 협의책임자 성명/직위)

제1조(하도급대금등 미연동 합의) 원사업자등과 수급사업자등은 위 하도급계약등의 주요 원재료에 대해 아래의 사유로 하도급대금등 연동을 하지 아니하기로 합의(이하 "미연동 합의"라 한다)한다.

미연동 사유	
원사업자등	
수급사업자등	

제2조(해석) 이 계약은 「하도급거래 공정화에 관한 법률」 제16조(설계변경 등에 따른 하도급대금의 조정), 제16조의2(공급원가 등의 변동에 따른 하도급대금의 조정), 「대‧중소기업 상생협력 촉진에 관한 법률」 제22조의2(공급원가 변동에 따른 납품대금의 조정), 제25조(준수사항)제1항제4호의 적용을 배제하는 것으로 해석되지 않는다.

제3조(금지행위) ① 원사업자등은 미연동 합의와 관련하여 하도급거래에 관한 거래
상 지위 또는 수탁위탁거래에 관한 거래상 지위를 남용하거나 거짓 또는 그 밖의
부정한 방법을 사용하지 아니한다.

　② 원사업자등이 제1항을 위반한 경우 수급사업자등은 주요 원재료에 대해 하도
　급대금등 연동계약의 체결을 요구할 수 있으며, 원사업자등은 이에 응하여 연동
　관련 의무를 준수해야 한다.

　이 계약의 체결사실 및 계약내용을 증명하기 위하여 이 계약서를 2부 작성하여 양
당사자가 각각 서명 또는 기명날인한 후 각자 1부씩 보관한다.

년　　　월　　　일

*　원사업자등	*　수급사업자등
상호 또는 명칭 :	상호 또는 명칭 :
전화번호 :	전화번호 :
주 소 :	주 소 :
대표자 성명 :　　　　(인)	대표자 성명 :　　　　(인)
사업자(법인)번호 :	사업자(법인)번호 :

위장도급의 문제는 결이 조금 다르다. 산업현장에서는 인건비 절감 및 노동 관련 분쟁을 피할 목적으로 인력업체들과 "도급" 계약을 체결하여 근로자를 파견받아 그들에게 직접 일을 시키는 일이 허다하다. '사람'에게 일을 시킬 때 가장 대표적으로 이용되는 계약은 "고용" 계약이지만, 개별 근로자가 아니라 인력'업체'와 "도급" 계약을 맺는 것이다. 어딜가나 사람을 다루는 일이 가장 힘든 법이다. 그래서 사람을 직접고용 하면 생길 수 있는 리스크를 피하기 위해 앞서 본 양 당사자가 독립적인 사업주체로 취급되는 "도급" 계약을 인력'업체'와 체결하는 것이다.

도급 계약의 취지에 맞게 '일의 완성'만을 맡긴다면 아무 문제가 없다. 하지만 도급 계약을 체결해놓고 그 협력업체의 근로자들에게 직접 업무상의 지휘, 명령을 하게 된다면 얘기가 달라진다. 외관상으로는 도급이지만 실질적으로 하청업체가 '독립성'이 없이 도급인에게 종속된다면, 조금 더 구체적으로 도급인이 직접 수급인의 근로자들에게 업무에 대한 지휘 및 감독, 근태관리, 평가 등을 행하게 된다면 이것은 더이상 도급이라 볼 수 없다. 실체가 근로자 파견이 되는 것이다. 이를 '위장도급'이라하며 우리 법은 이를 엄격히 금지하고 있다.

따라서 실무자로서는 도급을 준다고 안일하게 생각해서는 안 되고 반드시 파견법의 내용을 준수해야 하며, 회사가 이러한 계약을 체결해서 여러분이 이렇게 파견된 근로자들과 함께 근무를 할 경우 그들에게 직접적인 업무지시를 해서는 절대 안 된다. 이는 "파견근로자 보호 등에 관한 법률(약칭: 파견법)"에 규정되어 있다.

먼저 근로자파견이란 파견사업주가 근로자를 고용한 후 그 고용관계를 유지하면서 근로자파견계약의 내용에 따라 사용사업주의 지휘·

명령을 받아 사용사업주를 위한 근로에 종사하게 하는 것을 말한다(파견법 제2조 제1호).

그리고 파견법은 근로자파견을 할 수 있는 업무를 굉장히 한정적으로 제한하고 있다(파견법 제5조 제1항62). 이러한 근로자파견대상업무는 파견법 시행령 [별표 1]에 규정되어 있다.63 각주를 참조하자. 공통점을

---

62 제5조(근로자파견 대상 업무 등)
① 근로자파견사업은 제조업의 직접생산공정업무를 제외하고 전문지식·기술·경험 또는 업무의 성질 등을 고려하여 적합하다고 판단되는 업무로서 대통령령으로 정하는 업무를 대상으로 한다.

63 현행법상 근로자파견대상업무(즉 이 업무들은 '파견'이 가능하다)는 다음과 같다. 너무 많아서 책 분량을 위해 줄바꿈을 하지 않고 나열했다. 가독성이 심각하게 떨어지는 점 양해를 구한다.

　1) 컴퓨터관련 전문가의 업무, 2) 행정, 경영 및 재정 전문가의 업무(행정 전문가의 업무는 제외), 3) 특허 전문가의 업무, 4) 기록 보관원, 사서 및 관련 전문가의 업무(사서의 업무는 제외), 5) 번역가 및 통역가의 업무, 6) 창작 및 공연예술가의 업무, 7) 영화, 연극 및 방송관련 전문가의 업무, 8) 컴퓨터관련 준전문가의 업무, 9) 기타 전기공학 기술공의 업무, 10) 통신 기술공의 업무, 11) 제도 기술 종사자, 캐드 포함의 업무, 12) 광학 및 전자장비 기술 종사자의 업무(보조업무에 한정. 임상병리사, 방사선사, 기타 의료장비 기사의 업무는 제외), 13) 정규교육이외 교육 준전문가의 업무, 14) 기타 교육 준전문가의 업무, 15) 예술, 연예 및 경기 준전문가의 업무, 16) 관리 준전문가의 업무, 17) 사무 지원 종사자의 업무, 18) 도서, 우편 및 관련 사무 종사자의 업무, 19) 수금 및 관련 사무 종사자의 업무, 20) 전화교환 및 번호안내 사무 종사자의 업무(전화교환 및 번호안내 사무 종사자의 업무가 해당 사업의 핵심 업무인 경우는 제외), 21) 고객 관련 사무 종사자의 업무, 22) 개인보호 및 관련 종사자의 업무, 23) 음식 조리 종사자의 업무(관광숙박업에서의 조리사 업무는 제외), 24) 여행안내 종사자의 업무, 25) 주유원의 업무, 26) 기타 소매업체 판매원의 업무

주의할 점은 여기에 쓰여진 업무에 '해당하는 것처럼' 보인다고 해서 무조건 파견대상업무에 해당할 수 없다는 것이다. 이 업무는 직업 관련 내용이 엄청나게 세분화돼있는 한국표준직업분류(통계청고시 제2000-2호)에 따른 것이고 위 파견법 시행령 [별표1]에는 각 대상업무별 직업분류코드가 지정이 돼있다. 얼추 위에 쓰여진 대상업무에 해당하는 것으로 보여도 정확한 표준직업분류 코드에 해당하지 않으면 파견대상업무가 아니다. 그래서 '글만 보고 판단하면 피를 볼 수 있으니 반드시 근로자파견을 하거나 받을 때에는 해당 시행령 [별표 1]

추려보자면 상당히 전문적인 업무들로 일반 사무직원들이 전문성을 갖고 수행하기 힘든 업무들로만 구성되어 있다.

　하지만 파견대상업무에 해당하지 않는다고 해서 무조건적으로 파견을 할 수 없도록 하면 불합리하다. 파견대상업무가 아닌 업무라도 "출산·질병·부상 등으로 결원이 생긴 경우 또는 일시적·간헐적으로 인력을 확보하여야 할 필요가 있는 경우에는 근로자파견사업을 할 수 있다."(제5조 제2항)

　그런데 이렇게 파견을 할 수 있는 경우들을 규정했지만, 그럼에도 불구하고 파견을 할 수 없도록 정해놓은 업종들이 있다. 파견법은 파견근로자를 보호하기 위해 만들어졌는데, 업계특성상 이러한 파견근로자들이 자주 사용되며, 애초에 파견근로자들이 제대로 보호받지 못하여 이 법이 만들어진 계기가 된 주된 업종들을 열거해놓고 아예 파견을 못하도록 막아둔 것이다. 그 업종들은 각주에서 확인하자.64 주로

과 한국표준직업분류를 함께 보도록 하자.

64 **파견법 제5조 제3항**
제1항 및 제2항에도 불구하고 다음 각 호의 어느 하나에 해당하는 업무에 대하여는 근로자파견사업을 하여서는 아니 된다.
1. 건설공사현장에서 이루어지는 업무
2. 「항만운송사업법」 제3조제1호, 「한국철도공사법」 제9조제1항제1호, 「농수산물 유통 및 가격안정에 관한 법률」 제40조, 「물류정책기본법」 제2조제1항제1호의 하역(荷役)업무로서 「직업안정법」 제33조에 따라 근로자공급사업 허가를 받은 지역의 업무
3. 「선원법」 제2조제1호의 선원의 업무
4. 「산업안전보건법」 제58조에 따른 유해하거나 위험한 업무
5. 그 밖에 근로자 보호 등의 이유로 근로자파견사업의 대상으로는 적절하지 못하다고 인정하여 대통령령으로 정하는 업무
파견법 시행령 제2조 제2항
법 제5조제3항제5호에서 "대통령령으로 정하는 업무"란 다음 각 호의 어느 하나에 해당하는 업무를 말한다.
1. 「진폐의 예방과 진폐근로자의 보호 등에 관한 법률」 제2조제3호에 따른 분

안전과 직결되는 산업들로, 대표적인 것이 건설공사현장 업무이다. 무슨 취지인지 느낌이 올 것이다. 안전 리스크를 떠넘기는 현실을 타파하고자 함이다.

위에서 본 것을 정리하면 파견을 할 수 있는 경우는 파견법 제5조 제1항, 제2항의 경우이다. 제1항의 경우, 즉 근로자파견대상업무에 해당하여 파견을 하는 경우 그 기간은 기본 1년, 1회 연장 1년으로 총 2년이 최대(1+1)고 이를 초과하여서는 안 된다(제6조 제1항). 그리고 제2항의 경우 즉, 일시적·간헐적으로 인력을 확보하여야 할 필요가 있는 경우에는 다음과 같이 기간이 나누어진다(동조 제4항).

1) 출산·질병·부상 등 그 사유가 객관적으로 명백한 경우: 해당 사유가 없어지는 데 필요한 기간

2) 일시적·간헐적으로 인력을 확보할 필요가 있는 경우: 3개월 이내의 기간. 다만, 해당 사유가 없어지지 아니하고 파견사업주, 사용사업주, 파견근로자 간의 합의가 있는 경우에는 3개월의 범위에서 한 차례만 그 기간을 연장할 수 있다(즉 3+3).

그리고 파견을 할 경우 파견사업주와 사용사업주는 파견근로자라는 이유로 사용사업주의 사업 내의 같은 종류의 업무 또는 유사한 업무를

진작업을 하는 업무
2. 「산업안전보건법」 제137조에 따른 건강관리카드의 발급대상 업무
3. 「의료법」 제2조에 따른 의료인의 업무 및 같은 법 제80조의2에 따른 간호조무사의 업무
4. 「의료기사 등에 관한 법률」 제3조에 따른 의료기사의 업무
5. 「여객자동차 운수사업법」 제2조제3호에 따른 여객자동차운송사업에서의 운전업무
6. 「화물자동차 운수사업법」 제2조제3호에 따른 화물자동차 운송사업에서의 운전업무

수행하는 근로자에 비하여 파견근로자에게 차별적 처우를 하여서는 안되며(제21조 제1항), 파견근로자는 차별적 처우를 받은 경우 노동위원회에 그 시정을 신청할 수 있다(동조 제2항).

이렇게 법에서 파견을 할 수 있도록 정한 경우이거나 또는 그 기간에 따른 파견이 아닌 경우에는 사용사업주, 즉 파견업체를 '쓰려는' 사업주는 해당 파견근로자를 직접 고용해야 한다(제6조의 2 제1항). 업체와 도급계약을 체결하지 말고 개별 근로자와 제대로 고용계약을 체결하라는 말이다. 이를 "사용사업주의 고용의무"라고 한다.

당연히 사용사업주 입장에서는 근로자를 직접 고용하기 싫을 것이다. 애초에 이런 고용계약을 체결함에 따른 노동법적 리스크를 지기 싫어서 파견을 받은 것이니 말이다. 그렇기에 법에 따라서 억지로 고용을 한다면 그 대가를 '후려칠' 가능성이 크다. 따라서 법은 파견근로자를 직접고용할 때의 근로조건들을 규정해놓았다(제6조의2 제3항).

1) 사용사업주의 근로자 중 해당 파견근로자와 같은 종류의 업무 또는 유사한 업무를 수행하는 근로자가 있는 경우: 해당 근로자에게 적용되는 취업규칙 등에서 정하는 근로조건에 따를 것

2) 사용사업주의 근로자 중 해당 파견근로자와 같은 종류의 업무 또는 유사한 업무를 수행하는 근로자가 없는 경우: 해당 파견근로자의 기존 근로조건의 수준보다 낮아져서는 아니 될 것

실질적으로 사업 사정상 필요로 도급 계약을 맺을 수밖에 없는 경우가 많은데, 그럴 때면 실무자들은 항상 이러한 리스크들이 있음을 인지하고 있어야 할 것이다. 이제 위임계약으로 넘어가자.

(6) 위임 계약

위임 계약은 다른 이에게 사무의 처리를 맡기는 것이다. 도급과 마찬가지로 노무를 공급하는 계약의 일종이지만 일정한 사무를 처리하는 활동 자체를 목적하므로, '일의 완성'이라는 결과를 목적으로 하는 도급과는 차이가 있다. 때문에 수임인은 일의 수행에서 조금 더 자유로운 모습을 보인다. 즉 재량권이 더 많다는 이야기이다. 대표적인 위임계약이 변호사나 공인중개사와의 계약이라는 점을 떠올려보자.

다른 계약과 달리 이러한 위임 계약은 결과가 좋든 나쁘든, 심지어 결과가 있든 없든 그들이 들인 노력과 시간에 대한 비용을 쳐줘야 한다는 것이 핵심이다. 변호사가 소송에서 졌다고 돈을 안줄 수는 없다. 의사가 병을 못 고쳤다고 돈을 안줄 수는 없다. 그리고 위임을 받은 사람이 선량한 관리자의 주의를 다하여 일을 했다면 '완성'된 것이 없더라도 채무불이행 책임을 지지 않는다. 이것이 위임의 가장 중요한 특징이다.

사업과 관련된 우리들에게 조금 더 익숙한 모습으로는 임원계약, 지입계약,65 공사감리계약,66 상가활성화를 위한 상가개발비약정67 등이 위임 계약에 속한다. 우리가 사업수행 중에 '업무위탁'이라는 이름으로 행해지는 많은 계약들이 위임 계약의 성질을 가지고 있다.

주의할 점은 주로 R&D 업무분야가 많은 산업계에 근무하시는 분들이 가장 흔하게 접할 계약 중 하나로 "연구개발위탁계약"이 있는데 이 경우는 일률적으로 도급 또는 위임계약이라 단정하기 힘들다는 것. 이에 관해서 연구개발위탁계약서 작성시 주의해야 할 점은 전술한 바 있다.

---

65 대법원 2000. 10. 13. 선고 2000다20069 판결
66 대법원 2001. 5. 29. 선고 2000다40001 판결
67 대법원 2013. 10. 24. 선고 2010다22415 판결

재미있는 것은 위임 계약은 역사적으로 강한 신뢰를 기초로 하는 관계에서 유래된 계약이므로 민법상 위임 계약은 무상이 원칙이라는 것이다. 물론 우리가 사는 세상에서는 어림도 없는 얘기다. 당연히 약정으로 돈(보수)을 받고 할 수 있고, 실제로 돈을 안받는 경우는 없다(민법 제686조 제1항, 제2항 참조). 다 벌어 먹고살자고 하는 거 아니겠나.

아무튼 이러한 신뢰관계를 기초로 한다는 위임 계약의 역사적 의의 때문에 위임 계약관계는 다른 계약들에 비해 조금 독특한 측면들이 있다. 수임인은 '선량한 관리자의 주의로써' 위임사무를 처리하여야 하고(민법 제681조. 즉 '열심히 잘'해야 된다는 얘기다), 위임인의 승낙이 없으면 원칙적으로 다른 사람에게 또 그 사무를 맡길 수 없다(제682조. '당신을' 믿고 일을 맡긴 것이니 다른 사람한테 또 넘기지 말라는 얘기다. 이렇게 위임받은 사무를 또 다른 사람에게 재차 위임하는 것을 '복임'이라 한다). 그리고 언제든지 각 당사자가 위임계약을 해지할 수 있다(제689조). 위임은 신뢰가 중요하니 신뢰가 깨질 경우 바로 계약도 나가리(?) 시킬 수 있도록 배려를 해둔 것이다.

이것들이 위임계약에서 가장 중요한 것들이다. 민법에는 이러한 '신뢰'관계를 기반으로 한 위임과 관련된 조문들이 규정되어 있으므로, 보수를 주고 일을 맡기(거나 보수를 받고 일을 처리하)는 우리 입장에서는 현실과 맞지 않는 규정이라 할 수 있다. 역시 우리는 신뢰보다는 돈 아니겠나? 따라서 위임의 성질을 가지는 (혹은 가지는 것으로 의심되는) 계약을 체결할 경우에는 계약서에 '복임'을 할 수 있는지와 할 수 있다면 그 방법, 그리고 해지를 어떤 경우 할 수 있는지 그 사유를 제한하는 규정을 필수적으로 두어야 한다.

일반적으로는 다른 이에게 복임을 하는 경우에는 위임인(일을 맡긴 사람)의 '동의'를 받아야 하도록 규정하고, 앞의 계약 일반론에서 본 일반적인 해지 사유와 절차가 적용되도록 규정하는 것이 보통이다.

위에서 본 바와 같이 위임계약은 원칙적으로 자유롭게 해지할 수 있고, 이렇게 자유롭게 해지를 했다고 상대방에게 손해를 배상할 필요도 없다. 하지만 돈을 주고받는 실제 세계의 유상 위임계약의 경우 '계약기간 동안 수임인의 지위를 보장하는 규정(수임인 지위보장 규정)'을 두는 것이 상식적이다. 계약서에 이러한 수임인 지위보장 규정이 있는 유상 위임계약을 정당한 이유없이 해지한다면 손해배상책임을 인정하는 것이 판례의 태도68이니 유의하도록 하자.

(7) 소프트웨어 관련계약

위에서는 제조, 건설 등 전통적인 분야에서 주로 체결하는 매매, 도급, 위임 계약에 대한 내용을 살펴보았다. 좀 더 21세기적인 내용으로 와보자. 소프트웨어 분야와 관련하여 가장 많이 체결하는 계약은 유지보수계약이다.

기업들이 사용하는 유지보수 계약서에서 규정하고 있는 내용은 말그대로 기술적으로 소프트웨어를 사용할 수 있도록 하는 기술적 환경을 유지해주고, 문제가 생겼을 경우 보수를 해주는 내용만 포함되어 있는 것이 전부인 경우가 대부분이다(자세한 내용은 회사별로, 사용하는 프로그램

---

68 위임계약은 원래 해지의 자유가 인정되어 쌍방 누구나 정당한 이유 없이도 언제든지 위임계약을 해지할 수 있고, 다만 불리한 시기에 부득이한 사유 없이 해지한 경우에 한하여 상대방에게 그로 인한 손해배상책임을 질 뿐이나, 수임인이 재임중에 기본급, 주택수당 및 자녀학비 등을 지급받고 퇴임시에는 퇴직금까지 지급받기로 하는 유상위임인 데다가, 수임인의 지위를 보장하기 위하여 계약기간 중 처음 2년간은 위임인이 해지권을 행사하지 않기로 하는 특약까지 되어 있어 위임인의 이익과 함께 수임인의 이익도 목적으로 하고 있는 위임의 경우에는 위임인의 해지 자유가 제한되어 위임인으로서는 해지 자체는 정당한 이유 유무에 관계없이 할 수 있다 하더라도 정당한 이유 없이 해지한 경우에는 상대방인 수임인에게 그로 인한 손해를 배상할 책임이 있다.
대법원 2000. 4. 25. 선고 98다47108 판결.

별로 다를 수 있다). 즉, 이미 소프트웨어 이용 자체에는 문제가 없음을 전제로 유지와 보수에 대한 내용이 작성되어 있을 것이다.

하지만 소프트웨어의 이용, 즉 라이센스까지 고려해야 한다. 산업현장에서는 아무 생각없이 '프로그램'과 관련된 계약은 모조리 '유지보수' 계약의 이름으로 체결하는 경우가 대부분이기 때문에 '라이센스' 계약을 체결해야 할 경우까지 팀 하드에 굴러다니던 '유지보수' 계약서 양식을 사용해 계약을 체결해버려, 사고가 터졌을 경우 '라이센스' 이용을 하지 못하는 경우가 왕왕 있다. 소프트웨어 라이센스 판매 구조를 살펴보면 우리가 계약에서 뭘 신경써야 하는지가 명확해진다.

기업에서 사용하는 대부분의 고급 프로그램들은 해외 기업이 라이센스를 가지고 있고, 그 라이센스를 국내에서 이용할 수 있도록 하는 권리를 국내 총판업체가 '따온다'. 그리고 우리 기업들은 이 국내 '총판업체'와의 라이센스 이용 계약을 체결하여 해당 프로그램을 사용한다. 이것이 우리가 체결하는 소프트웨어 라이센스 계약의 일반적인 모습이다.

이런 라이센스 이용계약에는,

1) 해당 총판업체가 국내에서 해당 소프트웨어의 라이센스 이용권을 판매할 수 있는 정당한 권리자임을 보증하는 내용,
2) 이 계약을 통해 라이센스를 구매한 업체가 계약기간동안 라이센스 이용을 할 수 있게된다는 내용이 필수적으로 들어가야 한다.

문제는 현업부서에서 소프트웨어와 관련하여 일반적으로 사용하는 '유지보수' 계약서에서는 이러한 내용, 즉 해당 총판업체가 정당하게 국내에서 라이센스를 이용하게 할 권리가 있는지에 대한 내용이 없기 때문에 생긴다. '유지보수'는 소프트웨어 자체는 당연히 사용할 권한이

있음을 전제로 하기 때문이다.

어떤 문제가 생기는가? 국내에서 라이센스를 이용케할 권리도 없는 '사짜' 업체가 '먹튀'를 했을 경우, '유지보수' 계약의 내용만으로는 손해배상 은커녕 계약 내용의 이행을 강제할 수단조차 없는 불상사가 생기는 것이다. 계약상대방이 정당한 권한이 없어서 소프트웨어 이용을 전혀 못하고 있어도 '계약서에 의하면 내가 정당한 라이센스 권리자일 필요가 없다. 나는 유지보수만 해주면 되는 것 아닌가'라고 우기면 그것을 막을 방법이 없다는 것이다. 실제로 왕왕 벌어지는 일로 매우 주의해야 한다. 소프트웨어 분야에서는 소프트웨어를 불법 도용한(즉 정당한 권리가 없는) 판매업자와 계약을 체결하게 되는 일들이 생각보다 흔하다.

그래서 소프트웨어 분야의 계약서를 검토할 때에는 반드시 해당 계약서의 검토를 요청한 현업부서와의 커뮤니케이션을 통해 사전에 해당 소프트웨어 관련 내용을 파악하여,

1) 우리 사업이 현재 해당 소프트웨어 이용권이 아예 없어서 라이센스 이용계약부터 체결하고, 유지보수 계약을 함께 체결해야 하는 상황인지,
2) 영구이용권 등을 이미 구매해둔 상태로 소프트웨어 자체는 회사에 구비가 되어 있고 유지보수 계약만 체결하면 되는 상황인지를 파악하고 계약서를 검토해야 한다.

전자의 경우 단순한 유지보수 계약서 양식을 사용해서 계약을 체결해서는 안 된다.

그래서 계약서의 어디를 보아야 하는가?

이런 유형의 유지보수 표준계약서들은 (보통 계약서의 첨부 서류로 많

이 들어가곤 하는) '업무의 내역(Scope of Work)' 파트에 '유지보수'를 적어둔다. 그리고 일반적으로 계약서 맨 앞 제2조 정도에 위치한 '정의(Definition)' 규정에 '유지보수'에 어떤 작업들이 포함되는지를 나열해둔다(물론 계약서 형식에 따라 천차만별이며 '업무의 내역' 파트에 일괄적으로 모두 정해두는 경우도 상당히 많다).

따라서 라이센스 이용까지 계약에 포함시켜야 하는 상황이라면

1) '정의' 규정에 '라이센스 이용'에 대한 내용을 적어두고,
2) '업무의 내역'을 '라이센스 이용 및 유지보수'로 적어 두 가지 모두가 계약의 목적이라는 사실을 명확히 해두어야 한다.
3) 거기에 더해 계약서 중간에 '을은 계약기간 동안, 해당 프로그램의 국내 라이센스 이용에 대한 정당한 권리자임을 보증한다'는 규정을 추가하면 좋을 것이다.

문제는 이런 계약서의 '업무의 내역', '정의' 규정들은 기술적 내용들로 가득하기 때문에 법무팀 직원들은 제대로 체크를 안하고 넘어가는 경우가 많다는 것. 법무팀 직원인 여러분들이 이 계약서를 작성한 목적이라 할 수 있는 현재 사업의 필요가 해당 소프트웨어의 라이센스까지 필요한 경우인지, 유지보수만 필요로 하는 것인지를 어떻게 알겠는가? 우리는 그저 유지보수 계약서가 법무검토가 필요하다고 올라왔으면 '유지보수 계약서'로써 완성도가 있는지만 확인할 뿐이다. 그래서 이런 내용들은 엔지니어 분들과의 커뮤니케이션을 통해 미리 챙겨야 한다. 엔지니어 분들께서 처음부터 올바른 계약서를 사용해주시거나 스스로 계약서를 수정해주신다면 더할나위 없이 좋겠지만, 현실적으로 어려울 것이다.

03

컴플라이언스

컴플라이언스

컴플라이언스는 기업이 사업활동을 함에 있어 각종 법규, 사회적 규준을 준수하기 위한 활동을 일컫는다. 너무 뻔해보인다. '그냥 법무조직에서 하는 일이 다 컴플라이언스 아닌가?' 하는 의문이 들 수 있다. 하지만 컴플라이언스는 생각보다 법무조직이 평소에 하는 계약과 법률자문, 소송대응과는 조금 동떨어진 별개의 업무영역이다. 개별 의문이나 사건을 넘어선 선제적인 '시스템'과 '기준'을 통한 관리의 영역이 생겨났다고 보면 될 것이다.

조금 된 이야기지만 2011년 개정 상법에 다음과 같은 조문이 추가되었다.

제542조의13(준법통제기준 및 준법지원인)
① 자산 규모 등을 고려하여 대통령령으로 정하는 상장회사(최근 사업연도 말 현재의 자산총액이 5천억원 이상인 회사. 시행령 제39조)는 법령을 준수하고 회사경영을 적정하게 하기 위하여 임직원이 그 직무를 수행할 때 따라야 할 **준법통제에 관한 기준 및 절차(이하 "준법통제기준"이라 한다)를 마련하여야** 한다.

---

② 제1항의 상장회사는 준법통제기준의 준수에 관한 업무를 담당하는 사람(이하 **"준법지원인"이라 한다)을 1명 이상 두어야** 한다.

③ 준법지원인은 준법통제기준의 준수여부를 점검하여 그 결과를 **이사회에 보고**하여야 한다.

④ 제1항의 상장회사는 준법지원인을 임면하려면 **이사회 결의**를 거쳐야 한다.

⑤ 준법지원인은 다음 각 호의 사람 중에서 임명하여야 한다.

1. 변호사 자격을 가진 사람
2. 「고등교육법」 제2조에 따른 학교에서 법률학을 가르치는 조교수 이상의 직에 5년 이상 근무한 사람
3. 그 밖에 법률적 지식과 경험이 풍부한 사람으로서 대통령령으로 정하는 사람

⑥ 준법지원인의 임기는 3년으로 하고, 준법지원인은 상근으로 한다.

⑦ 준법지원인은 선량한 관리자의 주의로 그 직무를 수행하여야 한다.

⑧ 준법지원인은 재임 중뿐만 아니라 퇴임 후에도 직무상 알게 된 회사의 영업상 비밀을 누설하여서는 아니 된다.

⑨ 제1항의 상장회사는 준법지원인이 그 직무를 독립적으로 수행할 수 있도록 하여야 하고, 제1항의 상장회사의 임직원은 준법지원인이 그 직무를 수행할 때 자료나 정보의 제출을 요구하는 경우 이에 성실하게 응하여야 한다.

⑩ 제1항의 상장회사는 준법지원인이었던 사람에 대하여 그 직무수행과 관련된 사유로 부당한 인사상의 불이익을 주어서는 아니 된다.

⑪ 준법지원인에 관하여 다른 법률에 특별한 규정이 있는 경우를 제외하고는 이 법에서 정하는 바에 따른다. 다만, 다른 법률의 규정이 준법지원인의 임기를 제6항보다 단기로 정하고 있는 경우에는 제6항을 다른 법률에 우선하여 적용한다.

⑫ 그 밖의 준법통제기준 및 준법지원인에 관하여 필요한 사항은 대통령령으로 정한다.

　이는 회사들이 법을 준수하며 사업을 하여야 한다는 입법자의 의지를 표명한 것이다. 사실 너무 추상적이고 선언적인 규정이라 입법 이후 별 효과가 없었지만 서서히 변화의 바람이 불고있다. 굵직굵직한 사회적 문제를 겪으면서 기업의 사회적 책임에 대한 논의가 강화되었다. 미국 법무부의 연방기소원칙이나, 미국 연방양형위원회의 연방양형기준 등을 참고하여 글로벌 스탠다드에 맞는 컴플라이언스가 필요하다는 논의가 시작되었다.

　그리하여 점차 이사의 감시의무 위반과 관련하여 이러한 준법통제기준을 갖추는 것뿐만 아니라 경영진이 의지를 가지고 실효적으로 작동하게 하였는지를 법원에서 판단요소로 고려하기 시작하기에 이르렀다. 이에 따라 현재 대기업들은 각 회사의 상황에 맞는 실효적인 컴플라이언스 관리 체제를 갖추기 위해 노력하고 있다. 사실 준법이라는 것은 법무조직이 있는 회사라면 이미 알게 모르게 수행하고 있는 업무이지만 그것을 시스템화하여 관리를 하는 것은 차원이 다른 이야기다.

　일단 기본적으로 갖추어야 하는 준법통제기준이 무엇인지를 보자. 도대체 어떻게 만들라는 것인지 법만 보면 전혀 알 수가 없다. 시행령에 상세 사항이 나와있다.

상법 시행령 제40조(준법통제기준 등)
① 법 제542조의13제1항에 따른 준법통제기준(이하 "준법통제기준"이라 한다)에는 다음 각 호의 사항이 포함되어야 한다.
　1. 준법통제기준의 **제정 및 변경의 절차**에 관한 사항
　2. 법 제542조의13제2항에 따른 **준법지원인**(이하 "준법지원인"이라 한다)의 임면절차에 관한 사항
　3. 준법지원인의 독립적 직무수행의 보장에 관한 사항

---

4. 임직원이 업무수행과정에서 **준수해야 할 법규 및 법적 절차**에 관한 사항

5. 임직원에 대한 준법통제기준 **교육**에 관한 사항

6. 임직원의 준법통제기준 **준수 여부를 확인할 수 있는 절차 및 방법**에 관한 사항

7. 준법통제기준을 **위반**하여 업무를 집행한 **임직원의 처리**에 관한 사항

8. 준법통제에 필요한 **정보**가 준법지원인에게 **전달**될 수 있도록 하는 방법에 관한 사항

9. 준법통제기준의 **유효성 평가**에 관한 사항

② 준법통제기준을 정하거나 변경하는 경우에는 **이사회의 결의**를 거쳐야 한다.

아하. 사실 이런 엇비슷한 내용을 담은 문서가 회사 곳곳에 상당히 많을 것이니 회사생활을 해본 분이라면 대충 감이 올 것이다. 그런데도 모르겠으면? 다행히 법무부와 한국상장회사협의회에서 "상장회사 표준준법통제기준"을 마련해두었다. 검색엔진에서 이를 검색하면 쉽게 찾아볼 수 있다. 5개의 장, 24개의 조문으로 구성된 짧은 기준이니 쉽게 참고하실 수 있을 것이다.

준법통제기준을 갖추고 준법지원인을 선임하는 것 이상의 회사의 준법통제 관련 업무는 회사 상황마다 극명하게 달라 일반적으로 말할 수는 없다. 어떤 회사는 아예 제대로 IT시스템까지 갖추어 자동적으로 맞춤형 컴플라이언스 점검이 가능케 한 경우도 있고, 매년 몇 가지 점검 테마를 정한 뒤 그것에 대해 집중점검을 하기도 한다. 아예 문제가 생기기 전까지 신경을 못쓰는 경우가 태반이지만. 그렇기 때문에 여러분들에게 무한한 기회가 열려있는 셈이기도 하다.

여러분이 지원할 회사가 준법통제에 관하여 어떠한 단계에 속해 있든 중요한 것은, 컴플라이언스 업무의 첫째는 그 회사의 사업과 관련하여 어떠한 법적 리스크가 존재하는지를 파악하는 것이다. 이것이 알파이자 오메가이다. 문제가 생기는 것은 필연적이다. 하지만 예상했다면 그것은 관리할 수 있는 리스크가 된다.

이를 예상하려면 가장 중요한 것은 여러분이 지원할 회사의 사업이 어떤 분야에서 누구와 함께, 어떤 과정을 거쳐서 일어나는지 등을 파악하는 것이다. 회사에서 무슨 일들이 벌어지는가를 속속들이 알지못하면 어떤 관련 규제가 있는지, 어떠한 리스크가 생길지 예상하는 것은 요원한 일이다. 계속해서 강조하게 될 수밖에 없다. 사내법무의 영역에서도 첫째는 사업에 대한 지식이다.

조금 더 자세하게 들어가보면 전체적인 컴플라이언스 업무 흐름은 다음과 같다.

1) 먼저 회사에서 어떤 일들이 일어나는지를 파악한 뒤,
2) 발생가능성, 발생빈도 등을 고려하여 관련 리스크와 법적 규제들을 추리고,
3) 이와 같은 리스크들을 피하기 위해서는 어떻게 구체적으로 행동해야 하는지 실무자들을 위한 행동 가이드 등을 작성하고,
4) 추후 이 가이드대로 잘 행동했는지 평가하고 피드백을 하고,
5) 이사회 등에 결과를 보고하여 회사 전체 차원에서의 규율준수 현황을 공유한다.

컴플라이언스 시스템이라는 것은 바로 이러한 '예상'부터 '사후 보고'까지의 체계의 흐름을 갖추는 것을 말한다. 특히 법원에서 이사의

책임 등에 대해 판단할 때 이러한 컴플라이언스 시스템이 구축되어있고 이 시스템이 실효적으로 작동하는지를 보는 것이 요즘의 규제 트렌드이니 이사회의 보고를 염두에 두고 이러한 일련의 업무들을 진행하면 될 것이다.

취업준비생 여러분들의 단계에서는 1)과 2)를 사전적 지식을 바탕으로 가볍게 연구해보는 것이 취업에 있어서 굉장한 도움이 될 것이다. 내가 지원하려는 회사가 어떤 사업을 하고 이를 달성하기 위해서 어떤 일들을 하는지(꼭 현장직원이 하는 일뿐만이 아니라 관련된 계약, 인허가 등의 측면을 고려하시기 바란다) 파악하자. 그리고 그 일들을 하는 과정에서 어떠한 법률 규정이 적용되는지, 또는 어떤 리스크 상황이 발생할 수 있는지를 떠올려보자.

스스로 조사를 해보고 생각을 해보는 것이 가장 좋지만 어려울 수 있다. 뉴스를 검색해보는 것도 좋은 방법이다. 물론 관련 업계 종사자 지인이 있다면 밥 한번 얻어먹으면서(설마 취업준비생에게 밥을 얻어먹으려하는 파렴치한 법무종사자는 없을 것이라 믿는다) 물어보는 것이 가장 좋다. 이 경우 물어볼 것이 너무 많거나 너무 떠오르지 않아 명확한 질문을 추리기 애매하다면 다음 한마디로 대체하면 된다. '요즘 뭐 때문에 고민이 많으신가요?'

여러분이 새롭게 법무취업을 하는 입장인 경우, 여러분이 관심을 가질만한, 거꾸로 말하면 기업이 신규대졸직원을 채용할 자리는 이 컴플라이언스 분야에 관한 경우일 가능성이 상당히 높으니 이 챕터를 읽으면서 많은 시간을 투자해서 많은 고민과 자료조사를 해보시면 좋을 것이다.

이렇게 열심히 우리 회사의 컴플라이언스를 위해 체계를 갖추어보았다. 그런데 그냥 우리끼리만 '우와 잘했다'하며 샴페인을 터뜨리고 있기에는 조금 아쉽다. 남들에게 인정받고 싶다. '우리 회사 이만큼 철저한 준법경영을 하고 있어요' 인정을 받으면 좋을 것이다. 이와 관련하여 아주 중요한 최근 뉴스가 있다.

공정거래위원회에서는 공정거래자율준수프로그램(Compliance Program, 일명 'CP')을 도입하여 우수하게 운영한 기업에게 과징금 감경 등 혜택을 부여하는 제도의 법적 근거가 2024년 6월 21일부터 시행된다. 이는 공정거래 관련 법규를 준수하기 위해 기업 자체적으로 제정하여 운영하는 교육, 감독 등 기업 내부의 준법시스템을 말한다.[69]

정부에서 만든 모든 제도가 그렇듯이 등급평가도 받아야 하고(굉장히 깐깐하다고 알려져 있다), 여러모로 시간과 비용이 들 수밖에 없다. 상당히 부담스럽다. 하지만 공정위에서 신경을 써서 만든 제도이니만큼 산업계에 큰 변화가 찾아올 수 있다. 그 내용 자체는 주된 관심포인트가 공정거래 관련 법규일 뿐 위에서 본 컴플라이언스 전반과 동일하니 우리는 여기에서 'CP'라는 용어 정도만 알아두고 가는 것으로 하자.

그리고 비슷하게 국제표준기구인 ISO에서 만든 컴플라이언스 경영시스템인 "ISO 37301" 인증도 있다. 회사경영전반에 발생할 수 있는 컴플라이언스 정책 및 리스크 대응 체계가 글로벌 수준에 부합하고 효과적으로 운영되는지 평가하여 수여하는 국제인증이다. ISO의 경우 오히려 국제경쟁력 강화를 위해 스스로 인증을 받는 기업들이 많다.

ISO 37301은 기본적으로 PDCA 모델이라 불리는 1) Plan, 2) Do,

---

69 2024. 1. 15. 공정위 보도자료 "(2024년 정책돋보기)'공정거래 자율준수(CP)' 활성화 한다."

3) Check, 4) Act의 사이클로 이루어진 모델을 기반으로 한다.

즉 1) 규범 준수 정책의 역할, 책임, 의무 등을 먼저 정하고, 2) 이를 통해 운영을 통제하고 지원하며, 3) 감사 및 모니터링을 실시하여 정한 규준을 잘 준수하고 있나 체크하고, 4) 미준수된 사항들을 지속적으로 개선하고 관리하는 것이다. 아울러 이와 유사하지만 뇌물 등 부패 관련 리스크에 특화된 부패방지경영시스템인 ISO 37001도 존재한다는 사실, 이를 ISO 37301과 함께 인증받는 경우도 많다는 사실을 알아두자.

그리고 이를 위한 인증 심사에는 규범준수를 위한 현조직의 상황, 리더십(높은 분들이 진짜 컴플라이언스에 대한 의지가 있나를 체크하겠다는 얘기이다), 적절한 지원, 운영, 성과평과와 개선 등에 대해 평가한다. 상세한 내용은 ISO 인증센터(http://www.iso-center.co.kr)에서 찾아보실 수 있고 컴플라이언스에 대한 국제표준도 있다는 점 정도만 머리에 넣고 넘어가도록 하자.

04

주주총회 / 이사회

주주총회/이사회

주주총회와 이사회도 크게보면 컴플라이언스에 속한다고 볼 수 있다. 하지만 업무적으로는 확연히 분리가 되는 측면이 있으니 목차를 나누어 별도로 확인해보자.

이 부분은 회사마다 사정이 매우매우 다를 수 있다. 실제 수행해야 할 업무의 양에 있어서 특히 더욱 그렇다. 주주총회의 경우 상장회사인 경우가 다르고, 비상장회사인 경우에도 또 1인 주주인 경우가 다르다. 방금 적은 이 순서대로 주주총회/이사회 담당 법무직원이 해야 할 업무의 양이 많다. 그것도 엇비슷하게 차이나는 것이 아니라 "상장회사 >>>>> 비상장회사 >>>>> 비상장회사 중 1인 주주" 정도의 엄청난 차이가 난다. 정말이다! 상장회사의 경우 챙겨야 할 것들이 너무나도 많기 때문에 아예 법무실 내에 이사회와 주주총회를 전담하는 팀을 따로 두는 경우가 많다.

사실 그렇기 때문에 대기업 계열사 중 비상장회사이면서 1인 주주인 회사에 들어가는 것이 일하는 사람 입장에서는 가장 바람직하다. 꼭 필자가 그런 곳에 다니고 있기 때문에 추천하는 것은 아니고 사실이 그렇다. 주변 사내변호사들과 대화를 나눌때 주총/이사회 이야기가 나오면 나는 "우리는 비상장이고 1인 주주라서 그런 거 없어"라고 하고, 모두가 찬탄을 하며 부러운 눈길을 보낸다. 이러한 측면이 있으니 취준생 여러분들께서는 주의하시길 바란다. 아직 직장경험이 없다면 여러분들이 이름을 아는 기업들은 거의 대부분 상장회사 밖에 없을텐데, 오로지 기업의 '네임밸류'만 보고 입사를 꿈꾼다면 이러한 함정을 피해가기 힘들 것이다. 뭐 그래도 일이 많으니까 사람을 뽑는 것이니 취업준비생 입장에서는 오히려 고마운 일일 수도 있겠다.

본론으로 들어가서, 이 분야는 회사별로 너무 많은 것들이 차이가 나고, 특히 상장사의 경우 주주총회 실무만 책 한 권을 투입해야 하는 분량이 나오기 때문에 공통적으로 적용되는 법조문을 중심으로 하여, 그것이 현실에서 어떤 식으로 구현되는지를 살짝 덧붙여 보는 정도로만 정리해보도록 하자.

미리 덧붙여보자면, 상장사의 주주총회 업무 부서에서 채용공고가 나서 이 자리에 지원을 하고자 하는 경우에는 면접장에서 아는 척을 하기 위해서 조금 더 상세한 자료가 필요할 수 있다. '한국상장회사협의회' 홈페이지(www.klca.or.kr)에 들어가서 교육자료를 다운받아 보는 것을 추천드린다. 여기에서 많은 참조자료를 찾을 수 있다는 사실을 알고 있다는 것만 어필해도 굉장히 많은 도움이 될 것이다.

가. 이사회

이사회는 언제하는가? 기본적으로 이사회는 회사의 경영과 관련된 주요 내용을 보고하는 자리이다.

여기서 우리가 반드시 염두에 두어야 하는 사항이 있다. 이사님들께

보고하는 자리이다보니 (이사님들을 제외한) 모두가 이를 무서워한다. 그렇기에 어떤 것을 보고할 것인지, 보고하지 않을 것인지 자체가 굉장히 큰 의사결정이 필요한 사안들이다. 상법, 정관 그리고 각 회사의 이사회규정에 따라 이사회 개최여부 혹은 이사회 안건부의 여부를 결정한다고 정해두는 것이 보통이긴 하지만 법적으로 명백한 자기거래 승인 등을 제외하면 언제나 골치아픈 과정이다. 그래서 회사전반에서 어떠한 일들이 벌어지고 있는지 평소에 커뮤니케이션을 해두면서 이사회 부의사항에 해당할 것으로 보이는 일이 발생하면 미리미리 관련 담당자에게 언질을 두어야 한다.

연초 혹은 전년도 말에 연간 이사회 일정을 잡아둔다. 별건 아니지만 이사님들의 일정을 모조리 파악해서 조율해야 하는 꽤나 부담스러운 작업이다.

이사회 일정이 다가오면 각 주요부서들에 '이사회를 언제 개최할 것이니 언제까지 이사회 부의 안건들, 혹은 부의 안건 작성에 필요한 자료들을 보내라'는 공지를 해야 한다.

이제 조문을 보도록 하자.

제390조(이사회의 소집)
① 이사회는 **각 이사가 소집**한다. 그러나 이사회의 결의로 소집할 이사를 정한 때에는 그러하지 아니하다.
② 제1항 단서의 규정에 의하여 소집권자로 지정되지 않은 다른 이사는 소집권자인 이사에게 이사회 소집을 요구할 수 있다. 소집권자인 이사가 정당한 이유없이 이사회 소집을 거절하는 경우에는 다른 이사가 이사회를 소집할 수 있다.
③ 이사회를 소집함에는 회일을 정하고 그 **1주간전에 각 이사 및 감사**

에 대하여 통지를 발송하여야 한다. 그러나 그 기간은 정관으로 단축할 수 있다.

④ 이사회는 이사 및 감사 **전원의 동의**가 있는 때에는 제3항의 절차없이 언제든지 회의할 수 있다.

제1항을 보자. 각 이사가 소집한다. 보통 명목상으로는 대표이사가 소집한다. 명목상이라는 말은 당연히 이사회 담당자가 될 여러분들이 관련 업무를 하는 것이지 대표이사님께서 직접 소집을 하진 않는다는 얘기이다.

주주총회든 이사회든 절차의 하이라이트는 '통지'이다. 1주간 전 통지를 '발송'해야 한다. 발신주의가 적용된다. 부의안건에 대해 불만이 있는 이사가 '난 통지 못받았는데?'하는 것을 방지하기 위해 굳이 발신주의로 정한 것이다.

이사회의 경우 엄격한 통지요건이 적용되지 않아 구두로, 전화, 카톡 등 다양한 방식으로 원하는대로 통지를 하면 된다. 메일을 보내고 전화를 넣어드리면 될 것이다.

얼마나 엄격하지가 않은가? 제4항을 보자. 전원 동의가 있다면 이마저도 필요없다. 사실상 이사회는 정기의 경우가 많지만 급박하게 열리는 경우도 왕왕 있다. 이런 경우 1주간 전 통지 절차 때문에 전전긍긍할 필요가 없는 것이다. 모두에게 연락이 잘 되었다면 그리 절차적 측면을 신경쓰지 않아도 된다. 사실 이사회라는 것은 회사의 중요한 경영적 판단이 이루어지는 자리로 굉장히 내밀한(?!) 절차이기 때문에 어찌보면 당연한 것이다.

> **제391조**(이사회의 결의방법)
> ① 이사회의 결의는 **이사과반수의 출석과 출석이사의 과반수**로 하여야 한다. 그러나 정관으로 그 비율을 높게 정할 수 있다.
> ② 정관에서 달리 정하는 경우를 제외하고 이사회는 이사의 전부 또는 일부가 직접 회의에 출석하지 아니하고 **모든 이사가 음성을 동시에 송수신하는 원격통신수단에 의하여 결의에 참가**하는 것을 허용할 수 있다. 이 경우 당해 이사는 이사회에 직접 출석한 것으로 본다.
> ③ 제368조제3항 및 제371조제2항의 규정은 제1항의 경우에 이를 준용한다.

이사회는 과반수 출석과 출석과반수 찬성으로 결의한다.

그리고 이사회는 회사의 중요한 경영적 판단을 내리는 자리이고 그 하나하나의 이사가 중요한 역할과 무거운 책임을 가진다. 따라서 원칙적으로 대리 출석이나 자신의 의결권을 위임하는 것은 안 된다. 물리적인 참석이 어렵다면 화상회의(제391조 제2항)의 방법을 통해 진행해야 하는 것이다. 예전에는 주로 컨퍼런스 콜을 사용했지만 코로나 시기를 지나면서 화상회의가 보편화되었다.

제3항은 특별이해관계인은 의결권을 행사하지 못한다는 내용과, 특별이해관계인이거나 감사나 감사위원회 선임에 있어 발행주식총수의 3/100 초과의 사유로 의결권이 없는 경우에는 '출석' 의결권수에 산입하지 않는다는 주총규정을 준용하고 있다.

실무적으로 주주총회와 이사회가 같은 날 열리는 경우가 많은데, 특히 해당 주주총회에서 신규 이사가 선임될 경우 골치아픈 문제가 생긴다. 방금 갓 선임된 따끈따끈한(?) 이사님도 그날의 이사회에서 의결권

을 행사하실 수 있는가? 결론적으로 가능하다. "상법상 이사는 주주총
회에서 선임하도록 되어 있고(상법 제382조 제1항), 이사의 지위는 별도
의 임용·계약 체결여부와 관계없이 주주총회 선임결의가 있고, 선임된
자의 취임승낙 의사표시(총회에서 취임인사를 하거나 이사회에 참석하는 등
묵시적 동의도 포함)가 있으면 곧바로 취득70"하기 때문이다.

여기까지가 개략적인 절차다. 그럼 내용을 보자. 무엇을 보고해야 하는
가? 먼저 개략적으로 정리하면 다음의 네 가지이다.

(1) 주주총회에 관한 사항

총회의 소집, 전자투표의 시행여부, 주총 부의안건의 일체, 결산서
류, 영업보고서, 임원보수

(2) 경영에 관한 사항

경영방침, 사업추진, 지점 및 사업장의 설치·이전·폐지, 대표이사·
위원회 위원·비등기임원·준법지원인·고문의 선해임, 합병 등

(3) 재무에 관한 사항

투자, 계약체결, 자산취득·처분, 결손처분, 신주발행, 사채발행 및
발행의 위임, 준비금의 자본전입, 주식관련사채의 발행, 자금도입, 보
증, 저당권 및 질권의 설정, 자기주식의 취득과 소각

(4) 이사등에 관한 사항

이해상충거래의 승인, 타임원의 겸직승인 등

---

70 대법원 2017. 3. 23. 선고 2016다251215 판결

(5) 기타사항

소송제기, 주식매수선택권 부여 취소, 총회에서 위임받은 사항, 이해관계자와의 거래 승인 등

이 중 설명이 필요한 부분들만 훑어보도록 하자.

가장 큰 보고는 경영실적에 대한 보고이다. 재무제표, 영업보고서에 대한 승인 등을 포함하는 내용으로 이루어진다. 이사회의 하이라이트이지만 사실 내용적으로 법무부서에서 가장 신경쓸 일이 없는 부분이다. 이 부분은 안건작성도, 보고발표도 주로 재무부서나 기획부서에서 담당할 것이다.

그리고 우리가 상법시간에 열심히 배운 자기거래 승인[71]의 건이 있다. 어떠한 거래가 자기거래에 속하는가에 대한 굉장히 복잡한 내용을 상법교과서에서 배웠을 것이다. 실제로는 그렇게 골치아픈 판단을 직접할 일은 거의 없고, 각 회사별로 자주하는 자기거래 리스트들이 있어 그 관련 거래들만 잘 추적하면 될 것이다. 계열사 간의 거래가 많은 회사의 경우 반드시 신경써야 한다. 그리고 이와 유사한 것으로 '신용

---

[71] **상법** 제398조(이사 등과 회사 간의 거래)
다음 각 호의 어느 하나에 해당하는 자가 자기 또는 제3자의 계산으로 회사와 거래를 하기 위하여는 미리 이사회에서 해당 거래에 관한 중요사실을 밝히고 이사회의 승인을 받아야 한다. 이 경우 이사회의 승인은 이사 3분의 2 이상의 수로써 하여야 하고, 그 거래의 내용과 절차는 공정하여야 한다.
1. 이사 또는 제542조의8제2항제6호에 따른 주요주주
2. 제1호의 자의 배우자 및 직계존비속
3. 제1호의 자의 배우자의 직계존비속
4. 제1호부터 제3호까지의 자가 단독 또는 공동으로 의결권 있는 발행주식 총수의 100분의 50 이상을 가진 회사 및 그 자회사
5. 제1호부터 제3호까지의 자가 제4호의 회사와 합하여 의결권 있는 발행주식 총수의 100분의 50 이상을 가진 회사

공여 금지'(상법 제542조의9)가 있고 이는 승인여부와 관계없이 무효이므로 주의를 기울여야 할 것이다.[72]

　기타 사항으로 상법에서 특히 주식회사 관련 규정에서 어렵게 배운 것들이 여기에 많이 포함된다. 주주총회의 소집, 대표이사 선임, 중요한 자산 처분 및 양도, 대규모 재산의 차입, 신주 발행, 사채, 영업양수, 회사의 분할, 합병, 지점의 설치, 정관변경, 이사의 인사 등의 사항들이 있다.

　상법뿐만이 아니다. 대기업 근무자라면 공정거래법을 신경쓸 필요가 있을 것이다. 대규모 내부거래[73]에 관한 보고가 빠질 수 없다.

---

72 "상법 제542조의9 제1항의 입법 목적과 내용, 위반행위에 대해 형사처벌이 이루어지는 점 등을 살펴보면, 위 조항은 강행규정에 해당하므로 위 조항에 위반하여 이루어진 신용공여는 허용될 수 없는 것으로서 사법상 무효이고, 누구나 그 무효를 주장할 수 있다. 그리고 위 조항의 문언상 상법 제542조의9 제1항을 위반하여 이루어진 신용공여는, 상법 제398조가 규율하는 이사의 자기거래와 달리, 이사회의 승인 유무와 관계없이 금지되는 것이므로, 이사회의 사전 승인이나 사후 추인이 있어도 유효로 될 수 없다.
다만 상법 제542조의9는 제1항에서 신용공여를 원칙적으로 금지하면서도 제2항에서는 일부 신용공여를 허용하고 있는데, 회사의 외부에 있는 제3자로서는 구체적 사안에서 어떠한 신용공여가 금지대상인지 여부를 알거나 판단하기 어려운 경우가 생길 수 있다. 상장회사와의 상거래가 빈번한 거래현실을 감안하면 제3자로 하여금 상장회사와 거래를 할 때마다 일일이 상법 제542조의9 위반 여부를 조사·확인할 의무를 부담시키는 것은 상거래의 신속성이나 거래의 안전을 해친다. 따라서 상법 제542조의9 제1항을 위반한 신용공여라고 하더라도 제3자가 그에 대해 알지 못하였고 알지 못한 데에 중대한 과실이 없는 경우에는 그 제3자에 대하여는 무효를 주장할 수 없다고 보아야 한다."
대법원 2021. 4. 29. 선고 2017다261943 판결

73 **공정거래법** 제26조(대규모내부거래의 이사회 의결 및 공시)
① 제31조제1항 전단에 따라 지정된 공시대상기업집단(이하 "공시대상기업집단"이라 한다)에 속하는 국내 회사는 특수관계인(국외 계열회사는 제외한다. 이하 이 조에서 같다)을 상대방으로 하거나 특수관계인을 위하여 대통령령으로 정하는 규모 이상의 다음 각 호의 어느 하나에 해당하는 거래행위(이하 "대규모내부거래"라 한다)를 하려는 경우에는 미리 이사회의 의결을 거친 후 공시하여야 하며, 제2항에 따른 주요 내용을 변경하려는 경우에도 미리 이사회의 의결을 거친 후 공시하여야 한다.

그리고 외감법상 자산총액 1천억원 이상인 회사의 내부회계관리제
도 운영 실태 및 운영실태 평가결과 보고[74]도 포함된다.

---

1. 가지급금 또는 대여금 등의 자금을 제공 또는 거래하는 행위
2. 주식 또는 회사채 등의 유가증권을 제공 또는 거래하는 행위
3. 부동산 또는 무체재산권(無體財産權) 등의 자산을 제공 또는 거래하는 행위
4. 주주의 구성 등을 고려하여 대통령령으로 정하는 계열회사를 상대방으로
   하거나 그 계열회사를 위하여 상품 또는 용역을 제공 또는 거래하는 행위
② 공시대상기업집단에 속하는 국내 회사는 제1항에 따라 공시를 할 때 거래
의 목적·상대방·규모 및 조건 등 대통령령으로 정하는 주요 내용을 포함하여
야 한다.
③ 제1항에 따른 공시는 「자본시장과 금융투자업에 관한 법률」 제161조에 따
라 보고서를 제출받는 기관을 통하여 할 수 있다. 이 경우 공시의 방법, 절차
및 그 밖에 필요한 사항은 해당 기관과의 협의를 거쳐 공정거래위원회가 정한다.
④ 공시대상기업집단에 속하는 국내 회사 중 금융업 또는 보험업을 영위하는
회사가 약관에 따라 정형화된 거래로서 대통령령으로 정하는 기준에 해당하는
거래행위를 하는 경우에는 제1항에도 불구하고 이사회의 의결을 거치지 아니
할 수 있다. 이 경우 그 거래내용은 공시하여야 한다.
⑤ 제1항의 경우에 상장법인이 「상법」 제393조의2에 따라 설치한 위원회(같
은 법 제382조제3항에 따른 사외이사가 세 명 이상 포함되고, 사외이사의 수
가 위원총수의 3분의 2 이상인 경우로 한정한다)에서 의결한 경우에는 이사회
의 의결을 거친 것으로 본다.

74 외감법 제8조(내부회계관리제도의 운영 등)
① 회사는 신뢰할 수 있는 회계정보의 작성과 공시(公示)를 위하여 다음 각
호의 사항이 포함된 내부회계관리규정과 이를 관리·운영하는 조직(이하 "내부
회계관리제도"라 한다)을 갖추어야 한다. 다만, 주권상장법인이 아닌 회사로서
직전 사업연도 말의 자산총액이 1천억원 미만인 회사와 대통령령으로 정하는
회사는 그러하지 아니하다.
1. 회계정보(회계정보의 기초가 되는 거래에 관한 정보를 포함한다. 이하 이
   조에서 같다)의 식별·측정·분류·기록 및 보고 방법에 관한 사항
2. 회계정보의 오류를 통제하고 이를 수정하는 방법에 관한 사항
3. 회계정보에 대한 정기적인 점검 및 조정 등 내부검증에 관한 사항
4. 회계정보를 기록·보관하는 장부(자기테이프·디스켓, 그 밖의 정보보존장치
   를 포함한다)의 관리 방법과 위조·변조·훼손 및 파기를 방지하기 위한 통
   제 절차에 관한 사항
5. 회계정보의 작성 및 공시와 관련된 임직원의 업무 분장과 책임에 관한 사항
6. 그 밖에 신뢰할 수 있는 회계정보의 작성과 공시를 위하여 필요한 사항으
   로서 대통령령으로 정하는 사항

이런 것들을 일반적으로 이사회에서 결의해야 할 중요한 경영적 판단의 대상이라 여기므로 회사에 이런 일들이 있는지를 잘 챙겨야 하는 것도 이사회 담당자의 업무이다.

이런 일들이 있음에도 불구하고 앞서 말했듯이 모두가 이사회에 보고하는 것을 무서워하기 때문에 숨기거나, 혹은 이런 일들이 이사회부의 사항이라는 점을 몰라서 취합을 못하는 경우가 왕왕 생긴다. 평소에 담당 부서들과의 긴밀한 소통 및 교육을 통해 관련 내용이 빠짐없이 포함되도록 힘써야 하는 것도 이사회 담당인원의 일이다.

---

② 회사는 내부회계관리제도에 의하지 아니하고 회계정보를 작성하거나 내부회계관리제도에 따라 작성된 회계정보를 위조·변조·훼손 및 파기해서는 아니 된다.

③ 회사의 대표자는 내부회계관리제도의 관리·운영을 책임지며, 이를 담당하는 상근이사(담당하는 이사가 없는 경우에는 해당 이사의 업무를 집행하는 자를 말한다) 1명을 내부회계관리자(이하 "내부회계관리자"라 한다)로 지정하여야 한다.

④ 회사의 대표자는 사업연도마다 주주총회, 이사회 및 감사(감사위원회가 설치된 경우에는 감사위원회를 말한다. 이하 이 조에서 같다)에게 해당 회사의 내부회계관리제도의 운영실태를 보고하여야 한다. 다만, 회사의 대표자가 필요하다고 판단하는 경우 이사회 및 감사에 대한 보고는 내부회계관리자가 하도록 할 수 있다.

⑤ 회사의 감사는 내부회계관리제도의 운영실태를 평가하여 이사회에 사업연도마다 보고하고 그 평가보고서를 해당 회사의 본점에 5년간 비치하여야 한다. 이 경우 내부회계관리제도의 관리·운영에 대하여 시정 의견이 있으면 그 의견을 포함하여 보고하여야 한다.

⑥ 감사인은 회계감사를 실시할 때 해당 회사가 이 조에서 정한 사항을 준수했는지 여부 및 제4항에 따른 내부회계관리제도의 운영실태에 관한 보고내용을 검토하여야 한다. 다만, 주권상장법인(직전 사업연도 말의 자산총액이 1천억원 미만인 주권상장법인은 제외한다)의 감사인은 이 조에서 정한 사항을 준수했는지 여부 및 제4항에 따른 내부회계관리제도의 운영실태에 관한 보고내용을 감사하여야 한다.

⑦ 제6항에 따라 검토 또는 감사를 한 감사인은 그 검토결과 또는 감사결과에 대한 종합의견을 감사보고서에 표명하여야 한다.

⑧ 제1항부터 제7항까지에서 규정한 사항 외에 내부회계관리제도의 운영 등에 필요한 사항은 대통령령으로 정한다.

> **제391조의3**(이사회의 의사록)
> ① 이사회의 의사에 관하여는 의사록을 작성하여야 한다.
> ② 의사록에는 의사의 안건, 경과요령, 그 결과, 반대하는 자와 그 반대이유를 기재하고 **출석한 이사 및 감사가 기명날인 또는 서명**하여야 한다.
> ③ 주주는 영업시간내에 이사회의사록의 열람 또는 등사를 청구할 수 있다.
> ④ 회사는 제3항의 청구에 대하여 이유를 붙여 이를 거절할 수 있다. 이 경우 주주는 법원의 허가를 얻어 이사회의사록을 열람 또는 등사할 수 있다.

이사회가 잘 끝났으면 의사록을 작성해야 한다. 이사회에서 이사님들의 말씀을 기록, 각 사의 양식에 맞추어 이사회 의사록을 작성하는 것도 중요한 업무이다. 나중에 문제가 생겼을 경우 이사님들의 책임이 이사회 의사록의 기록에 좌우되기 때문에 굉장히 기록에 민감하신 분들이 많다.

회의 명칭('20××년 제×차 이사회 의사록'), 일시와 장소('20××년 ×월 ×일 오전 ××시'), 이사, 감사의 출석상황, 의사 경과요령과 결과를 적고 출석한 이사 및 감사가 기명날인 또는 서명을 하면 된다. 오가는 모든 말을 세세히 기록할 필요는 없고 안건과 결과 위주로 간략하게 작성하면 된다.

나. 주주총회

주주총회는 주주들로만 구성되는 필요적 상설기관으로서 법률 또는 정관에 정하여진 사항을 결의하는 주식회사의 최고 의사결정기관이다.

법적으로 연1회 정기주총을 해야 하고, 일반적으로 연초에 정기주총이 이루어진다. 상법상 주주로서 권리를 행사할 날을 기준일로부터 3개월 이내로 정하고 있고(상법 제354조 제3항) 일반적으로 기준일을 12월 31일로 정하고 있기 때문이다. 연말에 배당받을 주주를 확정하고, 3월 주총에서 배당금을 결정하고, 4월에 배당금을 지급하는 것이 일반적인 상장회사의 모습이다. 물론 회사별로 다르게 정할 수도 있지만 일반적인 모습을 말한 것이다. 일반적인 주주총회 스케줄은 다음과 같다.

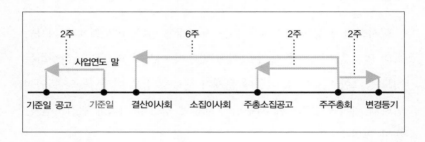

결산이라는 것이 회사생활을 해보지 않으신 분들에겐 다소 생소할 수 있다. 회사는 결산기를 단위로 회사의 재산상태와 손익을 인식 및 평가하고, 이익 또는 손실을 처리하기 위한 의사결정을 해야 하는데 이것을 결산이라고 부른다. 그리고 이때 주식회사의 경우 결산을 위해 작성하고 주주총회에서 승인받아 확정되는 회계서류를 재무제표라고 하고 대차대조표, 손익계산서, 자본변동표, 현금흐름표, 이익잉여금 처분계산서 등이 포함된다.

그래서 결산이사회가 이루어지는데 이사는 매결산기에 재무제표를 작성하여 영업보고서와 함께 이사회의 승인을 얻어야 하기 때문이다(외감법상 지배회사의 이사는 연결재무제표도 승인을 받아야 한다).

　그리고 위의 그림에는 생략되었지만 정해진 기간 내에 작성된 재무제표를 감사인에게 제출하고, 총회 1주 전까지 감사보고서를 수령해야 한다.

　또한 역시 그림에선 생략했지만 직전년도의 주주총회일 기준, 6주전까지 서면 또는 전자문서로 주주제안에 대해 접수를 받는다. 보통 1월 말에서 2월 초에 이루어진다.

　어쨌든 이사회에서 주총소집결의를 하고(상법 제362조), 주주에게 주총 소집 통지를 한다(상법 제363조). 의결권대리행사에 대한 위임장을 잊지말아야 한다. 그리고 주총이 이루어지면 의사록을 날인하고, 등기나 공증이 필요한 내용이 있다면 챙겨야 할 것이다. 변경등기가 필요한 사항은 목적, 상호, 발행예적주식총수, 액면금액, 본점소재지, 이사 또는 감사의 선임, 자본금 변경 등의 사항이 있다.

　이와 관련해서는 보통 회사와 거래하는 법무사님들이 있을 것이고 (아직 체계가 안갖춰진 회사라면 주변 법무사님들을 검색해서 찾아가면 되니 어렵게 생각할 것 없다) 주총이 끝나고 변경등기 등 필요사항에 대해 의사소통하면서 변경등기시 필요서류(의사록, 주주명부, 인감증명서, 위임장은 항상 필요하다)를 잘 챙기면 될 것이다.

　역시 간략히 조문을 보고가도록 하자.

제365조(총회의 소집)
① 정기총회는 매년 1회 일정한 시기에 이를 소집하여야 한다.
② 연 2회 이상의 결산기를 정한 회사는 매기에 총회를 소집하여야 한다.
③ 임시총회는 필요있는 경우에 수시 이를 소집한다.

일반적으로는 정기총회는 전통적으로 3월 정도에 이루어지지만 회사마다 달리 정할 수 있다. 그리고 정기총회가 아니더라도 뒤에서 볼 주주총회 결의에 의하여야 할 문제들이 발생하는 경우 임시총회가 이루어진다. 이러한 임시총회가 회사에 따라서 꽤나 잦을 수 있다. 주주총회 담당자로서는 안타까운 일이지만.

제362조(소집의 결정)
총회의 소집은 본법에 다른 규정이 있는 경우 외에는 **이사회가 이를 결정**한다.

일차적으로 이사회에서 소집결의를 한다. 그래서 주총결의가 급박하게 필요한 사항이 생겼을 경우 제일 먼저 해야 할 것은 이사회 일정을 잡는 것이다.

이사회만 소집의 결정을 하는 것이 아니다. 3/100 이상의 주주에게는 임시주총소집을 청구할 권리가 있다.[75]

---

75 **상법** 제366조(소수주주에 의한 소집청구)
① 발행주식총수의 100분의 3 이상에 해당하는 주식을 가진 주주는 회의의 목적사항과 소집의 이유를 적은 서면 또는 전자문서를 이사회에 제출하여 임시총회의 소집을 청구할 수 있다.
② 제1항의 청구가 있은 후 지체 없이 총회소집의 절차를 밟지 아니한 때에는 청구한 주주는 법원의 허가를 받아 총회를 소집할 수 있다. 이 경우 주주총회의 의장은 법원이 이해관계인의 청구나 직권으로 선임할 수 있다.
③ 제1항 및 제2항의 규정에 의한 총회는 회사의 업무와 재산상태를 조사하게 하기 위하여 검사인을 선임할 수 있다.

제363조(소집의 통지)

① 주주총회를 소집할 때에는 **주주총회일의 2주 전**에 각 주주에게 **서면**으로 통지를 **발송**하거나 각 주주의 동의를 받아 전자문서로 통지를 발송하여야 한다. 다만, 그 통지가 주주명부상 주주의 주소에 계속 3년간 도달하지 아니한 경우에는 회사는 해당 주주에게 총회의 소집을 통지하지 아니할 수 있다.

② 제1항의 통지서에는 **회의의 목적사항**을 적어야 한다.

③ 제1항에도 불구하고 **자본금 총액이 10억원 미만인 회사**가 주주총회를 소집하는 경우에는 **주주총회일의 10일 전**에 각 주주에게 서면으로 통지를 발송하거나 각 주주의 동의를 받아 전자문서로 통지를 발송할 수 있다.

④ 자본금 총액이 10억원 미만인 회사는 **주주 전원의 동의가 있을 경우에는 소집절차 없이 주주총회를 개최**할 수 있고, **서면에 의한 결의**로써 주주총회의 결의를 갈음할 수 있다. 결의의 목적사항에 대하여 주주 전원이 서면으로 동의를 한 때에는 서면에 의한 결의가 있는 것으로 본다.

⑤ 제4항의 서면에 의한 결의는 주주총회의 결의와 같은 효력이 있다.

⑥ 서면에 의한 결의에 대하여는 주주총회에 관한 규정을 준용한다.

⑦ 제1항부터 제4항까지의 규정은 의결권 없는 주주에게는 적용하지 아니한다. 다만, 제1항의 통지서에 적은 회의의 목적사항에 제360조의5, 제360조의22, 제374조의2, 제522조의3 또는 제530조의11에 따라 반대주주의 주식매수청구권이 인정되는 사항이 포함된 경우에는 그러하지 아니하다.

주주총회 역시 그 절차의 하이라이트는 통지이다. 모든 주주가 경영진과 같은 생각을 가지면 좋으련만 그렇지 않은 경우도 많기 때문에, 반대파들에게 통지를 생략해버리고 졸속으로 총회를 가지는 경우가 역사적으로 (매우) 많았기 때문이다.

이사회와 마찬가지로 발신주의가 적용된다. 그리고 서면이 원칙이다. 요즘은 전자문서로 이루어지는 경우가 대부분이지만 21세기 초가지만하더라도 주주에게 서면통지가 날아왔다.

딱 봐도 이사회보다 통지 절차가 훨씬 깐깐하게 규정되어 있다. 이 깐깐한 절차를 세부적으로 누구에게, 어떤 내용을 담아서, 언제 보낼 것인지를 챙기는 것이 주주총회 담당자의 업무이다. 소집통지 대상은 기준일을 기준으로 주주명부상 의결권 있는 주주이다. 기준일은 정관에 정하는 경우가 일반적이다. 누가 주주인가를 파악하는 것도 굉장한 노가다(?)성 업무가 될 수 있는데 이와 관련하여 발행회사를 대신하여 주주명부와 명의개서 등 주식사무를 대행하는 '명의개서대리인제도'가 있고, 전자증권제도하에서 소유자명세를 통해 전자등록주식등 소유자에 관한 정보를 유지, 관리할 수 있게 한 '소유자명세제도'가 있다는 사실 정도만 알고 넘어가도록 하자. 회사 상황에 맞게 찾아보면 그만이다.

그리고 통지에 '회의 목적사항'을 적어야 하니 그 전까지 모든 안건이 취합될 수 있게 챙겨야 하는 것은 물론이다.

제368조(총회의 결의방법과 의결권의 행사)
① 총회의 결의는 이 법 또는 정관에 다른 정함이 있는 경우를 제외하고는 **출석한 주주의 의결권의 과반수와 발행주식총수의 4분의 1 이상의 수**로써 하여야 한다.
② 주주는 **대리인**으로 하여금 그 의결권을 행사하게 할 수 있다. 이 경우에는 그 대리인은 대리권을 증명하는 서면을 총회에 제출하여야 한다.
③ 총회의 결의에 관하여 **특별한 이해관계**가 있는 자는 의결권을 행사하지 못한다.

기본적으로 출석 주주 의결권의 과반수와 발행주식총수의 4분의 1 이상의 수로 의결을 한다. 이를 보통결의라 부르고, 이와 대치되는 개념으로 특별결의가 있다. 특별결의는 출석 주주 의결권의 3분의 2 이상과 발행주식총수의 3분의 1 이상이다(제434조).

이때 의결권 계산이 굉장히 복잡해질 수 있다. 기본적으로 의결권 없는 종류주식, 회사가 가진 자기주식, 상호주(회사, 모회사 및 자회사 또는 자회사가 다른 회사의 발행주식의 총수의 10분의 1을 초과하는 주식을 가지고 있는 경우 그 다른 회사가 가지고 있는 회사 또는 모회사의 주식)는 의결권이 없다(제371조 제1항). 의결권 계산에 대한 내용으로 우리 머리를 아프게 하는 것은 상법 시간으로 족하니 이 정도만 알아가도록 하자.

그리고 원칙적으로 모든 이사님들 본인이 직접 참석해야 하는 이사회와는 다르게 주주총회의 경우 대리가 가능하다. 상상해보라. 여러분이 가지고 있는 주식으로 의결권을 행사해 본 적이 있는가? 아마 없을 것이다. 이렇게 많은 주주들이 귀찮아서 자신의 소중한 의결권을 행사하지 않는데 주총이 어떻게 이루어지겠는가? 그래서 대리행사를 허용할 수밖에 없는 것이다. 특히나 상장회사의 경우 의결권 모으는 것 자체가 일이기 때문에 찬반이 팽팽하게 갈릴 것으로 예상되는 안건이 있는 경우에는 '위임권대리행사권유' 공시를 하고 주주들에게 전자위임장을 받기도 한다.

주주총회에서는 무엇을 결의하는가? 위에서 언급했고, 우리가 상법 시간에 열심히 배운 보통결의와 특별결의 대상들이 바로 그것이다. 기본적으로는 상법 또는 정관에 규정한 특별결의 사항이 아닌 것은 다 보통결의 사항이므로 특별결의 위주로 잘 챙기면 될 것이다.

보통결의	특별결의
• 검사인의 선임(제366조 제3항, 제367조) • 이사, 감사의 선임(제382조 제1항, 제409조 제1항) • 이사, 감사에 대한 보수의 결정(제388조, 제415조) • 청산인의 선임, 해임과 그 보수의 결정(제531조, 제539조 제1항, 제542조 제2항, 제388조) • 재무제표의 승인(제499조 제1항, 제533조 제1항, 제534조 제5항) • 주식배당(제462조의2 제1항) • 청산종결의 승인(제540조 제1항) • 흡수합병의 합병보고총회(제526조 제1항) • 총회의 연기 또는 속행의 결정(제372조 제1항) • 기타 특별결의에 의할 것으로 규정한 것 이외의 사항들	• 정관의 변경(제434조) • 영업의 전부 또는 중요한 일부의 양도(제374조) • 사후설립(제375조) • 이사, 감사의 해임(제385조 제1항, 제415조) • 자본의 감소(제438조 제1항) • 주식의 액면미달 발행(제417조 제1항) • 주식의 분할(제329조의2) • 주주 이외의 자에게 전환사채 신주인수권부사채를 발행하는 경우에 중요한 사항(제513조 제3항, 제516조의2 제4항) • 회사의 해산(제518조) • 회사의 계속(제519조) • 신설합병의 경우 설립위원의 선임(제175조 제2항) • 회사의 합병계약서의 승인(제522조 제1항, 제3항) • 회사의 분할, 분할합병, 물적 분할(제530조의3, 제530조의12) • 주식의 포괄적 이전과 포괄적 교환(제360조의3, 제360조의16) • 주식매수선택권의 부여(제340조의2, 제542조의3)

　　표로 보는 것을 싫어하는 사람들을 위해, 그리고 표로 담기 애매한 부분을 풀어써보자면 보통결의 사항으로는 이사, 감사의 선임 및 보수 결정, 재무제표 승인, '재무제표 승인을 주총에서하는 경우라면' 이익 배당에 관한 사항, '결손보전을 위한' 자본금 감소와 법정준비금 감소 등이 있다.

　　특별결의 사항으로는 정관변경, 영업의 전부 또는 중요한 일부의 양도, 이사 및 감사의 해임, '결손보전 목적이 아닌' 자본금감소, 전환사

채/신주인수권부사채 '제3자 배정', 주식의 액면미달발행, 합병계약서/
분할계획서/분할합병계약서 등의 승인 등이 있다.

실제 주주총회가 이루어지는 모습은 회사마다 다르지만 다행히 우
리가 참고할 수 있는 표준이 있다. 역시 한국상장회사협의회에서 찾을
수 있다. '표준주주총회 운영규정', '상장회사 주주총회 시나리오'가 존재한다
는 사실 정도를 알아두고 넘어가도록 하자.

주주총회가 잘 끝났다면 이제 내용을 정리하고 법무사님께 전화를
드리면 된다.

III

기 타

01

지식재산권
– 특허법 · 발명진흥법 · 상표법 ·
저작권법 · 부경법

지식재산권
- 특허법 · 발명진흥법 · 상표법 · 저작권법 · 부경법

모든 회사들은 무엇인가 가치있는 것을 만들어 다른 이들에게 팔기 마련이다. 그 가치를 법적으로 보호받을 필요가 있다. 그렇기 때문에 어느 회사나 지식재산권은 굉장히 중요한 문제이다.

법무부서에서는 지식재산권 관리도 이루어진다. 특허가 많은 회사의 경우에는 아예 법무부서와 별도로 특허전담부서가 있는 경우도 많은데, 이 경우에도 법을 공부한 사람이 들어갈 수 있는 포지션인 경우가 대부분이니 알아두는 것이 무조건적으로 좋다.

다만 자세한 내용들은 회사와 연계되어 있는 변리사사무소를 통해서 이루어질 것이고, 법을 공부하신 분들 중 대부분이 지식재산권에 대해서는 아예 배운 적이 없는 경우가 많을 것이다. 따라서 이 챕터에서는 지식재산권에 대해 그 이론적인 기초만 다지고 가는 시간을 갖도록 하자. 적어도 취업 단계에서는 이 이상의 지식은 필요하지 않을 것이다.

먼저 지식재산이 뭔지부터 알고 넘어가자. 지식재산에 관한 법들의 기본법은 "지식재산기본법"이고 제3조에 지식재산의 정의가 규정되어 있다.

> **지식재산기본법** 제3조 제1호
> "지식재산"이란 인간의 창조적 활동 또는 경험 등에 의하여 창출되거나
> 발견된 지식·정보·기술, 사상이나 감정의 표현, 영업이나 물건의 표
> 시, 생물의 품종이나 유전자원(遺傳資源), 그 밖에 무형적인 것으로서
> 재산적 가치가 실현될 수 있는 것을 말한다.

산업계에서 회사들이 가지고, 행하는 모든 것들은 모조리 이 넓은
정의에 포함된다고 보면 된다. 그리고 지식재산"권"은 법령 또는 조약
등에 따라 인정되거나 보호되는 지식재산에 관한 권리를 말한다(동법
동조 제3호). 그래서 어떤 법들에 의해 인정되거나 보호되는지를 알아볼
필요가 있다.

먼저 좁은 의미로의 지식재산법은 산업재산권법과 저작권법으로 나
뉘어진다. 이 산업재산권법에는 특허법, 실용신안법, 상표법, 디자인보
호법이 포함된다. 그리고 넓은 의미의 지적재산법은 부정경쟁방지법,
영업비밀보호법 등이 포함된다.

이를 보기 좋게 정리하면 다음과 같다.

지식재산법	협의	산업재산권법	특허, 실용신안, 상표, 디자인
		저작권법	
	광의	부정경쟁방지법, 영업비밀보호법 등	

이 중 산업재산권은 대개 특허청에서 관리하며,[76] 주로 물질문화에
기여하는 것들을 다룬다. 저작권은 문화체육관광부에서 관리하며, 주

---

76 컴퓨터프로그램은 창작물이며 물질문화에 기여한다고 볼 수 있지만 저작권으
로 보호가 되며 문화체육관광부에서 관리한다.

로 정신문화에 기여하는 것들을 다룬다는 차이가 있다(산업계에서 정신문화는 뒷전이기 마련이다. 하지만 그렇다고 저작권도 중요하지 않은 것은 아니다. 뒤에서 보듯 저작권은 IT 회사에서 굉장히 중요하다). 그리고 산업재산권 중에서도 특허권, 실용신안권, 디자인권은 창작물에 대한 권리를 보호하고자 하는 것이지만, 상표법은 상표가 가지는 '영업'을 식별할 수 있는 기능을 보호하여 유통질서를 확립하는 데에 그 의의가 있다는 차이가 있다.

정리하자면,

1) 지식재산권법에는 위와 같은 종류의 것들이 있으며,

2) 각기 관리 부서와 보호 목적이 상이하다.

이제 그 중 핵심내용들을 훑어보도록 하자.

가. 특허법 – 발명과 특허요건

먼저 특허법을 보자. 특허는 발명자를 보호하기 위한 것이다. 발명자에게 일정 기간 '독점권'을 부여함으로써 발명을 장려하는 것이다. 이 발명에 대한 독점권이 재산권의 일종인 특허권이다.

> **특허법** 제1조(목적)
> 이 법은 발명을 보호·장려하고 그 이용을 도모함으로써 기술의 발전을 촉진하여 산업발전에 이바지함을 목적으로 한다.

여기서 볼 수 있듯 우리가 발명을 장려하는 목적은 결과적으로 산업 발전에 이바지하기 위해서이다. 산업발전에 이바지하려면 특허권자 혼자 기술을 알고 있으면 안 된다. 그래서 보호를 위한 조건으로 특허 발명은 '공개'된다. 공개하기 정말정말 싫다면 특허 출원을 하지 않고 영업비밀로 꽁꽁 묶어두면 된다. 특허법 교과서에서 맨날 나오는 영업비밀의 좋은 예시가 코카콜라 제조법이다.

여러분은 공개를 해서라도 독점권을 얻고싶다. 그러기 위해서는

1) 특허법의 보호대상(=발명)에 해당하여야 하고,

2) 특허를 받을 수 있는 발명의 요건을 갖추어야 한다.

그럼 먼저 '발명'이 뭔지를 보자.

> **특허법** 제2조 제1호
> **"발명"**이란 자연법칙을 이용한 기술적 사상의 창작으로서 고도(高度)한 것을 말한다.

먼저 '발명'은 자연법칙을 이용해야 한다. 따라서 자연법칙 '그 자체'나 영구기관 같은 자연법칙에 '어긋'나는 것은 발명이 아니다.

그리고 기술적 사상은 특정 목적을 달성하기 위한 아이디어가 어느 정도의 구체성을 갖는 수단으로 나타난 것을 의미한다. 여기서 '어느 정도'의 구체성이란 표현에 주목하자. 허무맹랑한 아이디어에 불과한 경우라면 당연히 보호되지 않겠지만 실현'가능성'만 있으면 된다.

그리고 이는 '창작'이어야 하므로 단순한 발견과는 다르다. 즉 '오다 주운' 게 아니라 내가 '만들어 냈어야' 한다는 것이다.

그리고 '고도한 것'이라는 얘기는 어느 정도 '급'이 되는 수준의 창작

이어야 된다는 것이다. 이를 조금 멋있게 말하면 '당해 발명이 속하는 기술분야의 통상의 지식을 가진 자가 보았을 때 자명하지 않은 것'이라 할 수 있다. 그러면 엄청 멋진 발명만 권리로 보호받을 수 있다는 얘기인가? 그건 아니고 별로 고도하지 않은 소박한 발명은 '실용신안'법의 보호대상이 된다. 그러나 이는 절대적인 구별은 아니다.77 꽤나 고도한 발명임에도 특허에 비해 상대적으로 출원이 쉽기에 실용신안으로 보호받는 경우도 있고, 상당히 소소한 발명임에도 특허 출원을 하는 경우도 많다. 이에 대해서는 여러분 회사 소속 변리사분께서 적당한 출원전략을 짜주실테니 너무 고민하지 말자.

그리고 특허법상 보호되는 발명에는 '물건'을 발명한 경우뿐 아니라, (주로 화학분야의 경우) '방법'의 발명, 심지어 '물건을 생산하는 방법'도 포함된다. 우리 회사들이 아이디어를 짜내서 창작하는 대부분의 것들은 특허법상의 보호를 받을 수 있다.

여기까지가 특허법상 보호를 받을 수 있는 "발명"에 해당하는지 여부에 대한 논의다. 첫 단계를 밟은 것이다. 이제 다음 단계로 이러한 발명에 해당되는 것이 "특허"를 받을 수 있는지를 보아야 한다. 특허요건이다. 특허요건은 적극적 요건과 소극적 요건으로 나뉘어진다. 즉 갖춰야 하는 요건들이 있고(적극적 요건), 해당하면 탈락인 요건(소극적 요건)이 정해져있다.

---

77 사실 고도성 자체의 의미에도 논의가 많다. 특허법상의 '발명'과 실용신안법상의 '고안'은 완전히 별개이므로 고도성이 독자적 의미를 가진다는 견해도 있고, 특허와 실용신안은 제도적으로 구별해놓은 것에 불과하고 그 구별기준이 고도성이라는 견해가 있다.

78 **특허법** 제32조(특허를 받을 수 없는 발명)

특허요건	적극적 요건	산업상 이용가능성	신규성	진보성
	소극적 요건	불특허 사유에 해당하지 않을 것78		

먼저 적극적 요건이다. 조문부터 보고 가자.

특허법 제29조(특허요건)

① **산업상 이용할 수 있는** 발명으로서 **다음 각 호의 어느 하나에 해당하는 것을 제외**하고는 그 발명에 대하여 특허를 받을 수 있다.

  1. 특허출원 전에 국내 또는 국외에서 **공지(公知)되었거나 공연(公然)히 실시**된 발명

  2. 특허출원 전에 국내 또는 국외에서 반포된 **간행물에 게재되었거나 전기통신회선을 통하여 공중(公衆)이 이용할 수 있는** 발명

② 특허출원 전에 **그 발명이 속하는 기술분야에서 통상의 지식을 가진 사람**이 제1항 각 호의 어느 하나에 해당하는 발명에 의하여 **쉽게 발명할 수 있으면** 그 발명에 대해서는 제1항에도 불구하고 특허를 받을 수 없다.

한 마디도 이해할 수가 없다. 풀어보자.

먼저 산업상 이용가능해야 한다. 제1항에서 굵은 글씨로 표시한 부분에 숨어있는 요건이다. 어찌보면 특허법의 목적을 생각했을 때 당연한 것이다. 여기서 산업은 꼭 '생산'과 관련될 필요는 없다. 다만 단순 서비스업이나 인체를 대상으로 하는 순수한 의료적 발명은 여기서의 산업에서 제외된다.

공공의 질서 또는 선량한 풍속에 어긋나거나 공중의 위생을 해칠 우려가 있는 발명에 대해서는 제29조제1항에도 불구하고 특허를 받을 수 없다.

그리고 신규성을 갖춰야 한다. 말그대로 새로운 것이어야 한다는 것이다. 제29조 제1항 제1호, 제2호에 서술된 것(제1, 2호는 쉽게 말해 '널리 알려진 또는 쉽게 알 수 있는 경우'들을 상정해 나열해둔 것이다)이 이 말을 거꾸로 써둔 것이다. 즉 제1호, 제2호에 해당하는 사유가 있다면 신규성이 상실됐다고 본다.

그런데 '신규'라는 단어는 참 애매하다. 기준이 있어야 한다. '언제'를 기준으로 신규한 것을 요구하는 것인가? 특허"출원시"를 기준으로 한다.

내가 발명을 완성한 시점과 출원을 한 시점 사이에는 필연적으로 시간적 간격이 있을 수밖에 없다. 그 짧은 시간적 간격 사이에 내가 피땀 눈물 흘려가며 열심히 해낸 발명인데 누가 동네방네 소문을 내고 다녔다면? 신규성이 상실된다. 말만 들어도 아찔하지 않은가? 그래서 여러분의 발명을 특허를 내기로 결정했다면 잽싸게 출원해야 한다.

그리고 신규성은 장소적으로 "국외"까지 포함된다. 글로벌 시대 아닌가. 외국에서 잘 알려진 기술을 잽싸게 우리나라에 특허등록을 하는 얌체짓을 막기 위함이다.

이제 제29조 제1항 제1호를 보자. "공지되었거나 공연히 실시된" 발명이면 신규성이 없다. 공지되었다는 것은 풀어서 말하면 '발명의 내용이 불특정 다수인이 인식할 수 있는 상태에 놓인 것[79]'을 말하고, 공연히 실시되었다는 것은 '발명의 내용이 불특정 다수인이 알 수 있는 상태에서 실시된 것[80]'을 말한다. 여기서 "실시"는 말 그대로 그 발명을 '써 먹은 것'이고 조금 더 자세하게는 특허법 제2조에 정의되어 있다.

---

[79] 대법원 1992. 10. 27. 선고 92후377 판결
[80] 특허법원 2000. 9. 21. 선고 99허6596 판결

특허법 제2조 제3호

"실시"란 다음 각 목의 구분에 따른 행위를 말한다.

　가. **물건**의 발명인 경우: 그 물건을 생산·사용·양도·대여 또는 수
　　입하거나 그 물건의 양도 또는 대여의 청약(양도 또는 대여를 위한
　　전시를 포함한다. 이하 같다)을 하는 행위

　나. **방법**의 발명인 경우: 그 방법을 사용하는 행위 또는 그 방법의 사
　　용을 청약하는 행위

　다. 물건을 **생산하는 방법**의 발명인 경우: 나목의 행위 외에 그 방법
　　에 의하여 생산한 물건을 사용·양도·대여 또는 수입하거나 그
　　물건의 양도 또는 대여의 청약을 하는 행위

여기까지의 제29조 제1항 제1호의 내용을 일상어로 표현하자면 한
마디로 남들도 알거나, 알 수 있을만한 상태로 사용됐으면 신규성이 없다는 것
이다. 단, 상거래상이나 계약상 비밀유지의무를 부담하는 사람들에게 공
지된 경우는 공지된 것으로 보지 않는다.[81] 그래서 이를 확실히 하기
위해서 계약서에 항상 비밀유지의무 조항을 집어넣어야 한다. 따로
NDA(Non-Disclosure Agreement. 비밀유지계약)를 작성하는 경우도 많다.

이제 제2호를 보자. '반포된 간행물의 기재'는 이해하기 쉽다. 발명
의 내용이 어디 적혀있는데 그게 새로운 발명일리가 없지않은가? 제품
카탈로그도 '간행물'에 해당한다. 이와 관련해서 재미있는 판례가 있다.

문제되는 발명이 기재가 된 카탈로그가 존재한다. 그러면 그 발명은
신규성이 없다고 봐야될 것이다. 그런데 제작했는데 뿌려지지 않았다
면? 아무도 봤을리가 없는 것 아닌가?

판례는 "카탈로그는 제작됐으면 반포되는 것이 사회통념이므로 카

---

81 대법원 2005. 2. 18. 선고 2003후2218 판결

탈로그가 반포된 것을 부인할 수 없다"고 한다.82

　즉 카탈로그라는 것의 특성상 만들었으면 반포됐을 것이라는 것이다. 안 그럴거면 뭐하러 카탈로그를 만들겠는가? 그리고 인터넷 등 '전기통신회선을 이용'한 공개는 그 탁월한 전파성을 생각하면 당연히 신규성이 부정된다.

　그리고 신규성이 부인되려면 당연한 전제로 이렇게 '공개된 발명'이 '문제가 되는 발명'과 '동일해야' 한다. 이러한 동일성 판단은 기술분야가 다르더라도 문제되지 않으며, 발명의 목적, 구성, 효과를 종합적으로 비교하여 '실질적으로 동일'한지를 따져야 한다. 당연히 문자 그대로 완전히 똑같은 것만 보호한다고 하면 우리가 발명을 보호하는 취지에 맞지 않다.

　그런데 공개됐다고 무조건 특허를 받을 수 없다고 하면 조금 억울할 일이 생긴다. 예를들어 여러분이 아주 기똥찬 발명을 했다. 사실 객관적으로 기똥차지 않더라도 내 발명은 내가 느끼기에 세계 최고의 발명이지 않은가? 그럼 여러분은 가장 먼저 무엇을 하나? 동네방네 자랑하기 마련이다. "이야! 내가 이런거 알아냈어(또는 만들어냈어)!"

　연구실 근처 맥주집에서 여러분의 발명은 여러분의 입을 통해 멀리멀리 퍼져나간다. 변리사를 찾아가는 것은 한참 뒤의 일이다. 이렇게 내 발명은 '출원시'를 기준으로 공개가 된 발명이 돼버렸다. 그런데 내가 말하고 다녀서 공개가 된 것 때문에 내가 특허를 못받으면 세상에 이렇게 억울할 수가 없다. 이러한 일들을 막기 위해 제30조에 "공지예외 사유"가 정해져 있다.

---

82 대법원 2000. 12. 8. 선고 98후270 판결

> **특허법** 제30조(공지 등이 되지 아니한 발명으로 보는 경우)
> ① 특허를 받을 수 있는 권리를 가진 자의 발명이 다음 각 호의 어느
> 하나에 해당하게 된 경우 그 날부터 **12개월 이내**에 특허출원을 하면 그 특
> 허출원된 발명에 대하여 제29조제1항 또는 제2항을 적용할 때에는 그 발
> 명은 같은 조 제1항 각 호의 어느 하나에 해당하지 아니한 것으로 본다.
>   1. **특허를 받을 수 있는 권리를 가진 자에 의하여** 그 발명이 제29조제
>   1항 각 호의 어느 하나에 해당하게 된 경우. 다만, 조약 또는 법률
>   에 따라 국내 또는 국외에서 출원공개되거나 등록공고된 경우는
>   제외한다.
>   2. 특허를 받을 수 있는 권리를 가진 자의 **의사에 반하여** 그 발명이
>   제29조제1항 각 호의 어느 하나에 해당하게 된 경우

한마디로 내가 말하고 다녔거나, 내가 공개하기를 원하지도 않았는데 협박,
산업스파이 등 다른 사람에 의해 공개가 이루어진 경우는 예외를 인정해준다.
지극히 타당한 규정이다. 대신 그래도 공개가 된 건 매한가지이므로
시기적 제한을 두어 그렇게 공개가 된 시점부터 12개월 내에 특허출원
을 해야 예외를 인정해준다. 그새를 못참고 여러번 떠들고 다녔다면
언제부터 이 12개월을 판단하는가? '가장 먼저' 이루어진 공개시부터
12개월이다.

이제 진보성을 보자. 우리는 과학기술의 진보와 산업발전을 위해 특
허권을 인정하고 있다. 그런데 기존에 이미 존재하던 발명을 너무나도
소소하게 개량했을 뿐인데 거기에 따로 권리를 인정해주는 것은 우리
의 취지에 반한다. 그럼에도 불구하고 법이라는 게 다 그렇듯, 취지는
충분히 이해하겠지만 이를 어떻게 판단해낼 것인지는 굉장히 애매할
수 밖에 없다.

진보성의 판단은 ① 특허출원시를 기준으로, ② 발명이 속하는 기술분

야의, ③ 통상의 지식을 가진 사람이, ④ 용이하게 발명할 수 있는 발명은 진보성이 부정된다.

숫자 붙여서 나열하니 조금 그럴싸해 보이지만 실질적으로 문장을 하나하나 뜯어보면 애매하고 추상적이기 그지없다. 모든 발명은 이전의 발명에 지적, 기술적 기반을 두고 있다. 어느 정도의 진보한 발명을 특허로 인정해줄 것인가는 누가봐도 애매할 수밖에 없다.

실무적으로는 발명자가 특허출원시에 배경기술을 적어내도록 하는 한편, 심사관이 진보성을 부정할만한 선행기술을 찾아내는 방식으로 진보성 판단이 이루어진다. 즉 이게 진보성이 있다는 것을 판단하기보다는 '에이, 이거 뻔한 거네'하고 진보성을 부정하는 판단이 이루어진다. 칼 포퍼가 강조했듯이 과학기술은 어떤 것이 맞다는 것보다 틀리다는 것을 증명하는 것이 훨씬 쉽고 확실하다.

여기서 '용이하게 발명할 수 있는지' 여부를 판단할 때에 '사후적 고찰의 배제' 원칙이라는 유명한 원칙이 등장한다. 현재 우리가 누리고 있는 많은 발명품들은 이전의 발명에 비교해봤을 때 굉장히 뻔해보인다. 면도날 세 개짜리 면도칼은 너무나도 당연해보인다. 그런데 그건 이미 면도날 세 개짜리 면도칼이 존재할 때의 관점이고, 세상에 면도날이 두 개짜리 면도칼 밖에 없던 시절의 관점에서 보면 또 얘기가 다르다. 즉, 우리가 이미 알고 있으니까 당연해보이는 것이다. 이렇게 발명의 내용을 아는 상태에서 사후적으로 용이성을 판단하면 안 된다는 말이다. 출원 당시의 기술수준을 기준으로 용이성을 판단해야 하는 것이다.

나. 특허법 – 특허를 받을 수 있는 자

여기까지 개략적으로 특허 요건을 갖추었다. 우리가 특허법 전문가가 될 필요까지는 없으므로 이 정도면 충분할 것이다. 이런 요건들을 갖추어야 여러분의 발명을 특허출원할 수 있다. '발명'은 이제 충분히 알았다. 근데 그럼 "누가" 특허를 받을 수 있는 것인가? 이러한 문제는 특허출원을 해서 특허권을 받기 '전'의 추상적 권리 상태에서부터 시작된다. 그러한 단계의 추상적 권리를 "특허를 받을 수 있는 권리"라 한다.

특허법 제33조(특허를 받을 수 있는 자)
① **발명을 한 사람 또는 그 승계인**은 이 법에서 정하는 바에 따라 **특허를 받을 수 있는 권리를 가진다.** 다만, 특허청 직원 및 특허심판원 직원은 상속이나 유증(遺贈)의 경우를 제외하고는 재직 중 특허를 받을 수 없다.
② 2명 이상이 공동으로 발명한 경우에는 특허를 받을 수 있는 권리를 **공유**한다.

기본적으로 "발명을 한 사람"이 특허를 받을 수 있는 권리를 갖는다. 이를 조금 멋있는 말로 "발명자주의"라고 한다.

'누가' 특허를 받을 수 있는지는 실무자들에게 굉장히 중요한 문제일 수밖에 없다. 인간은 모두 자기중심적이기 때문에 해당 발명에 관련된 모두가 "자신의" 발명이라고 생각하기 때문이다. 예를들어 '이거 한번 연구해보지 않을래?'하고 넌지시 던져본 상사는? 연구실에서 열심히 데이터 작업을 하고 잡무를 처리한 사원 또는 대학원생은? 어찌보면 당연히 이런 사람들은 아닐 것 같긴 한데, 막상 당사자들은 다들 자기도 연구와 발명에 엄청난 기여를 했다고 느끼기 마련이다. 사람이 원래 그렇다. 다툼이 생길 수밖에 없다. 영화에서 나오는 미친 과학자처럼 혼자서 발명을 하는 경우는 극히 드물고, 대부분의 발명이 여러 사람의 다양한 방식으로의 협력에 의해서 이루어지는 것이 현실이다. 이러한 현실은 특허를 받는 현실적 문제에 다가서는 순간 불화의 씨앗이 된다.

판례는 "발명을 한 자란 진실로 발명을 이룬 자연인, 즉 해당 발명의 창작행위에 현실로 가담한 자만을 가리키고, 단순한 보조자, 조언자, 자금의 제공자 혹은 사용자로서 피용자에게 단순히 창작을 할 것을 지시한 사람은 발명자라고 할 수 없다[83]"고 한다.

자, 이런 애매한 사람들은 다 제겼다. 더 큰 싸움이 나는 것은 진짜 함께 연구를 한 공동발명자[84] 간이다. 사실 '공동발명자'라는 개념 자체는 법률 상에서 찾아볼 수 없다. 그래서 견해의 대립이 있는 부분이다. 명확하다고는 할 수 없지만 대법원 판례를 일견 해석해보면 단순 아이디어 제시만으로 공동발명자라 볼 수는 없고 어느 정도 '구체적' 아이디어 제시를 했어야 공동발명자로 인정을 하는 것으로 보인다.

"공동발명자가 되기 위해서는 발명의 완성을 위하여 실질적으로 상호 협력하는 관계가 있어야 하므로, 단순히 발명에 대한 기본적인 과제와 아이디어만을 제공하였거나, 연구자를 일반적으로 관리하였거나, 연구자의 지시로 데이터의 정리와 실험만을 하였거나, 자금·설비 등을 제공하여 발명의 완성을 후원·위탁하였을 뿐인 정도 등에 그치지 않고, 발명의 기술적 과제를 해결하기 위한 구체적인 착상을 새롭게 제시·부가·보완하

---

83 대법원 2005. 3. 25. 선고 2003후373 판결
84 **특허법** 제33조 제2항
  2명 이상이 공동으로 발명한 경우에는 특허를 받을 수 있는 권리를 공유한다.

거나, 실험 등을 통하여 새로운 착상을 구체화하거나, 발명의 목적 및 효과를 달성하기 위한 구체적인 수단과 방법의 제공 또는 구체적인 조언·지도를 통하여 발명을 가능하게 한 경우 등과 같이 기술적 사상의 창작행위에 실질적으로 기여하기에 이르러야 공동발명자에 해당한다.

한편 이른바 실험의 과학이라고 하는 화학발명의 경우에는 당해 발명 내용과 기술수준에 따라 차이가 있을 수는 있지만 예측가능성 내지 실현가능성이 현저히 부족하여 실험데이터가 제시된 실험예가 없으면 완성된 발명으로 보기 어려운 경우가 많이 있는데, 그와 같은 경우에는 실제 실험을 통하여 발명을 구체화하고 완성하는 데 실질적으로 기여하였는지의 관점에서 공동발명자인지를 결정해야 한다.[85]"

그래서 여러분의 동료 연구자가 공동발명자로 인정되었다고 하자. 그럼 뭐가 달라지는가?

공동발명자는 특허를 받을 수 있는 권리를 공유한다.[86] 특허를 받을 수 있는 권리를 공유한다는 것은 그 지분을 팔아 넘길 경우 다른 공유자들 모두의 동의가 있어야 한다(특허법 제37조 제3항)는 말이다.

그리고 특허 출원 자체도 공유자 전원이 공동으로 해야 한다(특허법 제44조). 이런 "진짜 함께 발명한" 경우를 법률가들은 조금 더 멋들어지게 "발명의 완성을 위하여 실질적으로 상호 협력하는 관계"라고 부른다.

한편 특허권은 물론이고 이러한 아직 특허를 받지 않은 상태에서의

---

85 대법원 2011. 7. 28. 선고 2009다75178 판결
86 민법을 배워보신 분들이라면 조금 헷갈릴 수 있는 지점이다. 여기서의 특허를 받을 권리의 '공유'는 민법 상의 공유와는 다르다. 민법상의 공유는 자신의 지분을 자유롭게 처분할 수 있다는 점에서 특허법상의 공유와는 차이가 있다. 즉 특허법상의 공유는 민법 상의 '합유'에 가까운 개념인 것이다. 함께 발명을 이뤄낸 사람들 간에는 단순 공동소유자들보다 훨씬 강한 유대관계가 있음을 고려한 것이다.

'특허를 받을 수 있는 권리'도 이전이 가능하다(특허법 제37조 참조). 그게 왜 중요한가? 특허출원은 꽤나 시간과 비용을 잡아먹는 과정이기 때문에 얼른 해당 발명을 팔아 넘기고 싶을 수 있다. 방법은 간단하다. 그냥 특허를 받을 수 있는 권리를 넘기겠다고 당사자들 간의 합의만 있으면 된다. 즉 계약이다. 이게 '이전'이 가능하다는 의미이다.

그런데 이 단계에서는 아직 특허권이 되지 않은 상태이므로 눈으로 확인할 수 있는 것이 없다. 아무것도. 당사자들 사이의 계약만으로는 "남들이 보기에는" 이러한 권리가 있는지 없는지 조차 불분명하다. 그래서 넘겨받은 사람(승계인)이 특허출원을 해야만 "남들"에게 내가 특허를 받을 수 있는 권리를 넘겨받았다고 주장할 수 있다. 이를 멋있는 말로 '특허출원을 하여야 제3자에게 대항할 수 있다'고 표현한다.

이미 특허출원을 한 상태에서 발명을 팔고 싶다면? 특허출원인 변경신고를 하면된다(특허법 제38조 제4항). 전부 등록되어 이미 특허권이 발생한 상태에서는 이전등록을 하면 된다(특허법 제99조 제1항). 이를 시간순으로 정리하면 다음과 같다.

단계	권리를 넘기는 방법
특허출원 전	특허출원
특허출원 후	특허출원인 변경신고
특허권 등록 후	이전등록

산업계에서는 많은 공동연구개발계약을 체결할 것인데, 이렇게 발명의 완성 전·후, 특허출원 전·후, 특허권 등록 전·후로 발명과 관련된 권리의 발전적 단계를 나누어 사고하는 습관을 길러두는 것이 좋다.

이렇게 어느 한 시점도 빠짐없이 고려하여 모든 경우의 수를 계약서에 명시하여 추후 공동발명과 관련된 분쟁의 소지를 없애는 것이 현명하다. 사업은 언제 깨질지 모르니까 말이다. 그러니 해당 단계별로 권리는 누구에게 어느 정도로 귀속될 것인지, 권리의 양도는 어떻게 할 것인지, 비용은 누가 분담할 것인지를 협의 과정에서 빠짐없이 확실하게 정해두도록 하자.

다. 발명진흥법과 직무발명

자 이제 특허를 받을 수 있는 권리와 특허권의 귀속에 관한 특허법상의 기본적인 사항에 대해서 알아보았다. 그런데 우리는 지금 회사 내에서의 발명을 다루고 있다. 모두 회사 또는 연구소의 '직원으로서' 연구를 수행했다는 것이다. 그리고 여러분들의 근로계약서에는 99% 이상의 확률로 '여러분이 직무수행 중 행한 발명은 회사에 귀속된다'는 문구가 박혀있을 것이다(이는 심지어 발명이랑 관련이 전혀 없는 직무의 직원들도 마찬가지다!). 기업에 비해 상대적으로 약자의 지위에 놓인, 발명을 완성한 직원 입장에서는 조금 억울할 수 있다. 내 아이디어인데!

하지만 회사 입장에서도 할 말은 있다. 그렇게 아이디어 짜내서 열심히 발명하라고 월급 준 것 아니냐 이 말이다. 그렇다보니 누구한테 특허권이 귀속되는지, 그리고 이익을 어떻게 분배할 것인지의 문제가 생긴다. 이것이 직무발명의 문제다. 우리 특허법에서는 특허를 받을 수 있는 권리를 '넘길 수' 있다는 것만 정해두고, 직무발명의 상세 규율은 "발명진흥법"을 통해서 이루어진다. 먼저 직무발명이란 무엇인가부터 보고가자.

> **발명진흥법** 제2조 제2호
> "직무발명"이란 종업원, 법인의 임원 또는 공무원(이하 "종업원등"이라
> 한다)이 그 직무에 관하여 발명한 것이 성질상 사용자·법인 또는 국가
> 나 지방자치단체(이하 "사용자등"이라 한다)의 업무 범위에 속하고 그
> 발명을 하게 된 행위가 종업원등의 현재 또는 과거의 직무에 속하는 발
> 명을 말한다.

그리고 직무발명이 아닌 나머지들을 "개인발명" 또는 "자유발명"이
라 부른다.

위 규정을 뜯어보면 직무발명이 되기 위해서는 다음과 같은 요건을
충족해야 한다.

1) 발명이 사용자의 업무 범위에 속할 것
2) 종업원일 것
3) 종업원의 현재 또는 과거의 직무에 관하여 한 발명일 것(직무 해당성)

첫 번째 요건은 실무적으로 '사용자의 업무 범위'를 굉장히 폭넓게
보기에 별문제가 되지 않는다('사용자'는 '회사'라고 해석하면 된다). 그리
고 두 번째 요건인 '종업원'은 앞서 본 직무발명의 정의규정에 나와있
는 것처럼 '종업원, 법인의 임원 또는 공무원'을 포함한다. 종업원의 지
위는 출원시가 아닌 '발명 완성 시점'을 기준으로 한다.

문제는 '직무 해당성' 요건이다. 회사와 상관없이 내가 온전히 권리를
가질 수 있는 자유발명인지, 회사가 권리를 가지는 직무발명인지 여부
를 가르는 가장 중요한 쟁점이다. '직무'가 어디까지를 의미하는 것이
란 말인가. 정확히 업무분장표 상에서 내가 담당하고 있는 업무로써의
발명만 직무발명인가? '발명'을 하라고 고용된 연구원이 아니라면 뭘

발명해도 직무발명이 아닌가? 그렇다면 너무나도 좋겠지만 그렇게 한
정적으로 보지 않는다. 이에 대해 판례는 다음과 같이 판시한다.

"직무발명에 관한 규정인 구 특허법 제17조 제1항의 "그 발명을 하
게 된 행위가 피용자 등의 현재 또는 과거의 업무에 속하는 것"이라
함은 피용자가 담당하는 직무내용과 책임 범위로 보아 발명을 꾀하고
이를 수행하는 것이 당연히 예정되거나 또는 기대되는 경우를 뜻한
다.87"

중요한 것은 직무발명으로 인정되기 위해서 사용자가 여러분을 발명목
적으로 고용했을 필요는 없다는 것이다.88 위 판례는 악기회사에서 금형
제작 등의 공작 일을 하는 직원이 피아노 부품과 관련된 장치를 고안
했을 경우 "위 근무기간 중 위와 같은 고안을 시도하여 완성하려고 노
력하는 것이 일반적으로 기대되므로" 직무발명에 해당한다고 했다. 결
국 여러분이 하는 일 자체에 어느 정도 연관된 것이라면 직무발명으로
인정될 가능성이 높다.

"과거의 직무"를 포함시킨 것은 발명을 해낸 사실을 숨기고 있다가
퇴사 후 특허출원을 하는 얌체같은 행위를 방지하기 위한 것이다. 같

---

87 대법원 1991. 12. 27. 선고 91후1113 판결
88 '직무'발명을 연구개발을 업무로 하는 발명자의 현재 또는 과거의 직무에 한정
되는 것으로 보고, 연구개발을 업무로 하지 않는 발명자의 직무분야는 아니나
회사의 업무범위에 속하는 발명을 '업무'발명으로 따로 분류해서 자유발명과
다름없이 사전승계가 되지 않는다고 보는 견해가 있으나 실제로 이런식의 직
무발명과 업무발명의 구별은 명확하게 이루어질 수 없다. 판례의 태도도 그렇
게 구별을 하지 않는 것으로 보인다.
바로 위 각주의 판례의 경우에도 악기회사 공작직원은 연구개발을 업무로 하
지 않는 직원임에도 직무발명을 인정하였다.

은 이유에서 여러분의 근로계약서에는 퇴직 후 일정 기간 내에 출원한 발명은 회사에 귀속된다는 규정이 들어가있을 확률이 99%이다. 이를 추적조항(Trailing Clause)라고 한다. 이러한 조항은 그 '일정 기간'이 부당하게 길거나 사용자가 부당한 강요를 하는 등의 공서양속에 반하는 사정이 없다면 유효하다고 보는 것이 통설적 견해이다.

그래서 직무발명이 되면 어떤 일이 벌어지는지를 살펴보자. 발명진흥법 상에서 가장 중요한 조문이니 조금 길더라도 통으로 보고가자.

발명진흥법 제10조(직무발명)

① 직무발명에 대하여 종업원등이 특허, 실용신안등록, 디자인등록(이하 "특허등"이라 한다)을 받았거나 특허등을 받을 수 있는 권리를 승계한 자가 특허등을 받으면 **사용자등은** 그 특허권, 실용신안권, 디자인권(이하 "특허권등"이라 한다)에 대하여 **통상실시권(通常實施權)을 가진다. 다만,** 사용자등이 「중소기업기본법」 제2조에 따른 **중소기업이 아닌 기업**인 경우 종업원등과의 협의를 거쳐 미리 다음 각 호의 어느 하나에 해당하는 계약 또는 근무규정을 체결 또는 작성하지 **아니**한 경우에는 그러하지 **아니**하다.

　1. 종업원등의 직무발명에 대하여 사용자등에게 특허등을 받을 수 있는 권리나 특허권등을 승계시키는 계약 또는 근무규정
　2. 종업원등의 직무발명에 대하여 사용자등을 위하여 전용실시권을 설정하도록 하는 계약 또는 근무규정

② 제1항에도 불구하고 **공무원** 또는 국가나 지방자치단체에 소속되어 있으나 공무원이 아닌 자(이하 "공무원등"이라 한다)의 직무발명에 대한 권리는 **국가나 지방자치단체가 승계**할 수 있으며, 국가나 지방자치단체가 승계한 공무원등의 직무발명에 대한 특허권등은 국유나 공유로 한다. 다만, 「고등교육법」 제3조에 따른 국·공립학교(이하 "국·공립학교"라 한다) 교직원의 직무발명에 대한 권리는 「기술의 이전 및 사업

> 화 촉진에 관한 법률」 제11조제1항 후단에 따른 전담조직(이하 "전담조
> 직"이라 한다)이 승계할 수 있으며, 전담조직이 승계한 국·공립학교 교
> 직원의 직무발명에 대한 특허권등은 그 전담조직의 소유로 한다.
> ③ 직무발명 **외**의 종업원등의 발명에 대하여 **미리** 사용자등에게 특허등
> 을 받을 수 있는 권리나 특허권등을 **승계**시키거나 사용자등을 위하여
> **전용 실시권(專用實施權)**을 **설정**하도록 하는 **계약이나 근무규정의 조항**
> **은 무효**로 한다.

　제일 중요한 제3항부터 보자. 상대적 약자인 직원을 보호하기 위해
(직무발명이 아닌) 자유발명을 사용자에게 미리 승계시키거나(넘겨주거
나) 전용실시권을 설정하는 계약 근무규정의 조항은 무효이고, 사용자
가 발명에 대한 권리를 승계하거나 전용실시권을 설정한 경우 종업원
은 이에 대한 정당한 보상을 받을 권리를 갖도록 정한다. 전용실시권
이라는게 뭔지는 잠시 뒤에서 살펴보도록 하자.

　다만 해당 조항의 입법 취지를 살펴봤을 때, 직무발명이 아닌 자유
발명까지 사용자 등에게 양도하거나 전용실시권을 설정한다는 취지의
조항이 있는 경우 "그 계약이나 근무규정 전체가 무효가 되는 것은 아
니고, 직무발명에 관한 부분은 유효하다고 해석하여야 한다.89"

　자유발명에 해당하는 경우라면 그 발명과 관련된 권리는 발명자에
게 귀속된다. 그리고 직무발명인 경우에도 '특허를 받을 수 있는 권리'는 발명
자에게 귀속되는 것이 원칙이다. 다만 공무원, 교직원의 예외가 있다.

　이때 주의해야 할 점이 있다. 앞서 '공동발명자'가 있어 특허를 받을
권리를 공유하는 경우에는 그 지분을 다른 이들에게 양도하려면 다른
공유자의 동의가 필요하다고 보았다. 하지만 "발명진흥법" 제14조는

---

89 대법원 2012. 11. 15. 선고 2012도6676 판결

"종업원 등의 직무발명이 제3자와 공동으로 행하여진 경우 계약이나 근무규정에 따라 사용자 등이 그 발명에 대한 권리를 승계하면 사용자 등은 그 발명에 대하여 종업원 등이 가지는 권리의 지분을 갖는다."고 규정하고 있다. 결론적으로 직무발명이 (직원이 아닌) 제3자와의 공동발명으로 이루어진 경우 사용자가 발명진흥법 규정에 따라 종업원의 권리를 승계하면, 사용자는 제3자의 동의가 없어도 지분을 갖는다.

이제 제1항을 보자. 앞 문장은 단순하다. 직원이 직무발명을 해서 특허를 받으면 회사는 해당 특허의 통상실시권을 갖는다. 이제 문제의 뒷 문장을 뜯어보자. 사용자가 대기업인 경우라면 "종업원등과의 협의를 거쳐 미리 다음 각 호의 어느 하나에 해당하는 계약 또는 근무규정을 체결 또는 작성하지 아니한 경우에는 그러하지 아니하다."

많은 법률 문장들이 그러하듯 문장을 엄청나게 꼬아뒀다. 이 말은 종업원과 미리 협의를 거쳐서 근로계약서 또는 취업규칙에 '넣어두었다면' 특허를 받을 수 있는 권리를 넘기거나, 전용실시권을 설정하는 것이 '허용'된다는 얘기다. 그래서 여러분의 취업규칙 또는 근로계약서에 '여러분이 발명을 하면 그건 회사 겁니다'하는 취지의 규정들이 항상 들어가 있는 것이다.

여기서 한 가지 법률상식으로 알아둬야 할 것이 있다. 일반적으로 권리를 넘기는 것은 권리가 일단 생기고 나서야 가능한 것이 보통이다. 아직 권리가 존재하지도 않는데 이를 넘기기로 하는 계약은 계약의 대상이 특정되지 않아서, 너무 불분명한 계약이라서 효력이 없을 가능성이 높다. 그런데 이런 직무발명의 경우 뭘 발명하기도 한참 전부터, 채용할 때부터 여러분의 권리를 미리 넘기는 것이 허용된다. 이를 예약승계의 유효라고 표현한다.

정리하자면 발명진흥법 제10조 제1항은 여러분의 발명이 '직무발명'에 속한다면 여러분을 고용한 회사는 무상의 통상실시권을 갖는다(통상실시권이 뭔지는 역시 잠시 뒤에서 보도록 하자).

하지만 여러분의 회사가 대기업이라면(즉, 중소기업이 아니라면) 계약 또는 근무규정에 여러분이 회사에 발명에 관한 권리를 넘기겠다는 내용을 넣어놨어야 위와 같은 사용자의 통상실시권을 가질 수 있다. 사실상 먹고살기 위해 어쩔 수 없이 근로계약을 체결하는 직원의 권리를 조금이라도 보호하기 위한 입법이다. 그리고 이렇게 계약 또는 근무규정을 정한 경우라면 '발명을 완성한 때'부터 회사에게 권리가 승계되고, 그렇지 않은 경우라면 종업원이 직무발명을 회사에 알린 때로부터 4개월 내에 종업원에게 통지를 해야 한다(법 제13조 제1항, 시행령 제7조).

종래에는 이러한 자동승계규정이 없었고 모든 경우에 4개월 내에 통지를 해야 했지만 2024. 2. 6. 발명진흥법이 개정되었다. 이전까지는 발명완성으로부터 통지 전까지의 권리관계가 불확정적이었고 이 기간 동안 종업원이 제3자에게 직무발명에 관한 권리를 팔아버리는 일명 '이중양도'의 문제가 있었지만 이제는 발명완성시로부터 바로 회사에게 권리가 승계되어 이중양도의 문제가 입법적으로 어느정도 해결되었다.

통상실시권과 전용실시권

여기서 잠깐, 여러분들 '통상실시권', '전용실시권'이라는 말에 숨이 턱 막혔을 것이다. 간단하게 알아보고 가자.

전용실시권은 굉장히 강력한 권리이다. '실시'의 폭넓은 정의에 대해서는 앞에서 배웠다. 전용실시권은 쉽게 말하면 말 그대로 특허권자와의 계약으로 그 특허발명의 실시를 통해 돈을 벌 수 있는 권리를 독점적으로 갖는 것이다. 이를 멋지게 말하면 "특허권자 이외의 자가 특허권자와의 계약을 통해 정한 범위 내에서 업으로 그 특허발명을 실시할 권리를 독점"하는 것을 말한다. 실무에서는 아무래도 실시권이라는 명칭이 와닿지 않기 때문에 '단독 (또는 독점) 라이센스'와 같이 표현된다. 전용실시권은 특허법 제100조에 규정되어 있다.

특허법 제100조(전용실시권)
① 특허권자는 그 특허권에 대하여 타인에게 전용실시권을 **설정할 수 있다.**
② 전용실시권을 설정받은 전용실시권자는 그 **설정행위로 정한 범위에서** 그 특허발명을 **업으로서 실시할 권리를 독점**한다.

따라서 아무리 특허권자라하더라도 전용실시권을 설정한 범위에서는 다른 이에게 중복적으로 실시권을 설정할 수 없고 특허권자 스스로 같은 내용의 권리를 행사할 수도 없다. 주의할 점이 있다. 위 제100조에서는 '설정'한다고 규정되어 있어 계약만으로 효력이 발생하는 것처럼 써있으나 전용실시권은 특허청에 전용실시권 등록을 해야 효력이 발생한다(특허법 제101조 제1항 제2호).

그리고 '설정행위(전용실시권을 설정하기로 하는 '계약'행위를 의미하는 것이다)로 정한 범위' 내에서 효력이 있으므로 전용실시권을 설정하면서 기간, 지역적, 내용적 범위를 한정적으로 설정할 수 있다. 예를들어서 발명자가 자신의 회사가 있는 지역에서는 자신의 권리를 그대로 행사하되 국내의 다른 지역에 대해서만 전용실시권을 설정할 수도 있다.

전용실시권에 대해서는 특허권과 같은 강도의 보호를 받는다. 특허법상의 특허권의 보호규정들을 보면 주어가 전부 "특허권자 또는 전용실시권자"라고 되어 있다. 누가 특허권을 침해하고 있는 경우 전용실시권자도 침해의 금지 또는 예방을 청구할 수 있다(특허법 제126조 참조). 말그대로 '내 특허 사용하지마!'하고 청구할 수 있는 권리다. 그렇게 침해만 금지하면 끝인가? 돈도 받아내야 된다. 전용실시권자도 특허침해에 대한 손해배상청구를 할 수 있다(동법 제128조 참조).

전용실시권을 설정한 특허권자에게는 그러면 아무것도 남는 게 없는 것인가? 당연히 그렇지는 않다. 특허권자도 특허권을 침해하는 자에 대해 금지청구를 할 수 있고(규정은 없지만 통설적 견해다). 전용실시권을 받은 사람이 이를 다른 사람에게 팔거나, 전용실시권을 담보로 돈을 빌리거나(즉 질권을 설정하거나), 자신의 권리 범위 내에서 통상실시권을 설정하려 할 때는 특허권자의 동의를 받아야 한다(특허법 제100조 제3항, 제4항). 당연하다. 이런 독점적인 권리를 넘길 때는 '그 상대방'이 믿을만 하기에 넘겨주는 것이다. 그 상대방이 발명을 잘 사용할 것이라는 신용이 있는 것이다. 이를 멋대로 팔아넘기도록 하게 놔두면 발명자 입장에서는 독점권을 준 이유가 없어지는 것이다.

전용실시권이 위와 같이 계약을 통해서 설정되는 것에 비해 통상실시권은 법률 규정에 의해서 생길 수도 있고, 허락에 의해 생길 수도 있으며, 강제로 설정되는 경우도 있다. 여기서 우리가 보고 있는 것은 '발명진흥법 제10조라는 법률 규정'에 의해 생기는 통상실시권이다. 어찌됐건 통상실시권은 독점적이지는 않지만 특허발명을 실시해서 돈을 벌 수 있는 권리다. 특허법 제102조에 규정되어 있다.

> **특허법** 제102조(통상실시권)
> ① 특허권자는 그 특허권에 대하여 타인에게 통상실시권을 허락할 수 있다.
> ② 통상실시권자는 이 법에 따라 또는 설정행위로 정한 범위에서 특허발명을 업으로서 실시할 수 있는 권리를 가진다.

통상실시권의 전용실시권과의 가장 큰 차이는 독점적이지 않다는 것이다. 즉 특허권자는 특정인에게 통상실시권을 설정해줬어도 다른 사람에게 또 통상실시권을 설정해 줄 수 있다. 이런 빈약한 권리이기 때문에 통상실시권을 '등록'하여 보호를 받을 수 있도록하고 있다(특허법 제118조 제1항). 여기서 보호라 함은 특허권 또는 전용실시권을 취득한 자에게 '대항'할 수 있다는 것이다.

이 말 역시 잘 이해가 안될테니 조금 풀어서 설명해보자. 통상실시권은 독점권이 없어 매우 빈약하고 내용도 그저 계약서에 적힌 좁은 범위 내에서만 실시할 수 있게 정하는 것이 보통이다. 그래서 기존 특허권자로부터 특허권을 넘겨받은 다른 사람 또는 전용실시권을 받은 다른 사람이 '너는 뭔데 내가 권리가진 특허발명을 사용해서 돈을 벌고 있니?'라고 뭐라고 따지고들면, 계약서 한 장 펄럭거리며 '어버버'할 수밖에 없다. 소심하게 그렇게 계약서를 들이밀더라도 돌아오는 말은 '그건 걔랑 한 계약이고 나랑 체결한 계약이 아니잖아? 나랑 무슨 상관이람? 뿐이다.90 그래서 이런 상황에서 당당할 수 있도록 통상실시권을 등록할 수 있도록 한 것이다. 관청에 등록이 돼있으면 누구에게라도 당당히 '나 통상실시권자다'하고 주장할 수 있으니 말이다.

하지만 김빠지게도 우리가 관심을 가지는 "발명진흥법"에 따른 직무발명의 통상실시권의 경우 등록을 하지 않더라도 효력을 갖는다(동조 제2항).

통상실시권의 종류에 따라 다르지만 통상실시권도 이전 및 질권설정에 제약이 있다. 일반적으로 사업과 함께, 상속 기타 일반승계로 이전하는 경우가 아니면 특허권자 또는 전용실시권자의 동의를 받아야 통상실시권을 이전할 수 있다(특허법 제102조 제3항, 제4항, 제5항, 제6항 참조).

시스템이 갖춰진 대기업의 경우에는 사내 특허규정에 따라 착착 일이 진행될 것이지만 그렇지 못한 회사도 많을 것이다. 그래서 종업원이 '직접' 특허출원까지 하게 됐다면 발명진흥법 제10조 제1항에 따라 사용자(회사)는 통상실시권을 갖게된다. 법에 규정된 권리인 만큼 따로 통상실시권 등록을 하지 않아도 보호가 된다. 그리고 종업원은 이러한 사용자의 정당한 권리를 없애면 안 된다. 그 말인 즉슨 종업원이 특허권을 포기할 때에도 사용자의 동의를 받아야 한다(특허법 제119조 제1항 제5호)

---

90 일반적으로 계약은 계약을 체결한 양 당사자들 사이에서만 효력이 있는 것이 원칙이다.

는 것이다. 물론 그렇다고 사용자는 자신의 권리를 마음대로 할 수 있
는 것은 아니고 사용자가 이를 다른 회사에 팔아넘기기 위해서는 종업
원의 승낙을 받아야 한다(특허법 제102조 제5항).

　여러분이 잘 통지를 했고, 사용자(회사)가 이를 잘 받았고 권리를 자
동으로 넘겨받거나, 권리승계의 통지를 했다. 그러면 여러분의 권리를
넘긴 것이니 이제 드디어 우리가 가장 관심있는 것이 나온다. 돈, 즉 보상
이다. 임직원의 피, 땀, 눈물이 들어간 소중한 발명의 대가다. 제일 중
요한 조문이니 조금 길더라도 시행령까지 다 보고가자. 종업원에게 어
떤 권리가 보장되는지, 사용자는 어떠한 절차를 밟아야 하는지가 모두
법에 상세히 규정되어 있다.

발명진흥법 제15조(직무발명에 대한 보상)
① **종업원등은** 직무발명에 대하여 특허등을 받을 수 있는 권리나 특허
권등을 계약이나 근무규정에 따라 사용자등에게 승계하게 하거나 전용
실시권을 설정한 경우에는 **정당한 보상을 받을 권리를 가진다.**
② **사용자등은** 제1항에 따른 보상에 대하여 보상형태와 보상액을 결정
하기 위한 기준, 지급방법 등이 **명시된 보상규정을 작성하고 종업원등
에게 문서로 알려야 한다.**
③ 사용자등은 제2항에 따른 보상규정의 작성 또는 변경에 관하여 종업
원등과 **협의**하여야 한다. 다만, 보상규정을 종업원등에게 **불리하게 변
경**하는 경우에는 해당 계약 또는 규정의 적용을 받는 종업원등의 **과반
수의 동의**를 받아야 한다.
④ **사용자등은** 제1항에 따른 보상을 받을 **종업원등에게** 제2항에 따른
보상규정에 따라 결정된 보상액 등 **보상의 구체적 사항을 문서로 알려
야** 한다.
⑤ 사용자등이 제3항에 따라 협의하여야 하거나 동의를 받아야 하는 종
업원등의 범위, 절차 등 필요한 사항은 **대통령령**으로 정한다.

⑥ 사용자등이 제2항부터 제4항까지의 **규정에 따라 종업원등에게 보상한 경우에는 정당한 보상을 한 것으로 본다.** 다만, 그 보상액이 직무발명에 의하여 사용자등이 얻을 **이익**과 그 발명의 완성에 사용자등과 종업원등이 **공헌한 정도**를 고려하지 아니한 경우에는 그러하지 아니하다.
⑦ 공무원등의 직무발명에 대하여 제10조제2항에 따라 국가나 지방자치단체가 그 권리를 승계한 경우에는 정당한 보상을 하여야 한다. 이 경우 보상금의 지급에 필요한 사항은 대통령령이나 조례로 정한다.

발명진흥법 시행령 제7조의2(협의하거나 동의를 받아야 하는 종업원등의 범위 등)
① 사용자·법인 또는 국가나 지방자치단체(이하 "사용자등"이라 한다)가 **법 제15조제3항**에 따라 협의하거나 동의를 받아야 하는 종업원, 법인의 임원 또는 공무원(이하 "종업원등"이라 한다)의 범위는 다음 각 호의 구분에 따른다.
  1. **협의:** 새로 작성하거나 변경하려는 보상규정의 적용을 받게 되는 종업원등(변경 전부터 적용 받고 있는 종업원등을 포함한다)의 과반수
  2. **동의:** 불리하게 변경하려는 보상규정의 적용을 받고 있는 종업원등의 과반수
② 사용자등은 새로 작성하거나 변경하는 보상규정(불리하게 변경하는 보상규정을 포함한다)을 **적용하려는 날의 15일 전까지** 보상형태와 보상액을 결정하기 위한 기준 및 지급방법 등에 관하여 종업원등에게 알려야 한다.
③ 사용자등은 법 제15조제3항에 따라 협의하거나 동의를 요청하는 경우 성실한 자세로 임하여야 한다.

길지만 한마디로 요약하자면, 종업원은 '정당한' 보상을 받을 권리가 있고, 회사는 그 보상을 '어떻게, 얼마나' 할 것인지에 대한 기준이 되는 '규정'을 종업원들과 협의하여 정하고 문서로 알려야한다. 그리고 그 규정을 불리하게 변경할 경우에는 종업원들의 동의를 받아야 한다.

회사쪽에도 당근이 하나 있다. 이렇게 열심히 협의하여 설정하고 알린 보상규정을 적용해서 발명에 대한 대가를 지급했다면 '정당한' 보상을 준 것으로 봐준다.

라. 상표법

기업에서 근무하게 되면 가장 쉽게 접할 수 있는 지식재산권은 단연코 상표다. 그 중요성이나 업무시 실제 요구되는 법적 이해도는 특허나 저작권에 비해 떨어지지만 상표는 실무적으로 꽤나 자주 문제된다. 그럴 수밖에 없다. 어떤 사업을 하더라도 일단 그 '표장'은 있어야 할테니 말이다. 상품이든 서비스든 이름을 불러주어야 사람들에게 인식이 될 수 있다. 그리고 그 '이름'의 역할을 하는 것이 상표이다.

그런 의미에서 상표에 대해 가볍게 알고 넘어가는 시간을 가져보자. 디테일한 실무는 여러분이 원하는 기업과 계약관계에 있는 변리사분께서 해결해주실테니 이론적 배경을 설명하는 것으로 그치도록 하겠다. 우리는 취업준비 단계이므로 목표는 변리사분께 업무요청을 할 때 대화가 통할 정도의 기본을 알고 넘어가는 것이다.

> **상표법** 제1조(목적)
> 이 법은 상표를 보호함으로써 상표 사용자의 업무상 신용 유지를 도모
> 하여 산업발전에 이바지하고 수요자의 이익을 보호함을 목적으로 한다.

목적만 보더라도 다른 지식재산권과는 다르다는 것이 느껴지지 않
는가? 상표법은 상표에 화체된 신용과 이익을 보호하여 권리자를 보호
하는 측면뿐만 아니라 수요자들의 정확한 선택이라는 수요자의 이익
역시 보호하고자 한다. 소비자는 상표를 통해 한 상품을 다른 상품과
식별하고, 그리고 해당 상품의 출처나 품질을 알 수 있기 때문이다.

> **상표법** 제2조(정의)
> ① 이 법에서 사용하는 용어의 뜻은 다음과 같다.
>   1. "상표"란 자기의 **상품**(지리적 표시가 사용되는 상품의 경우를 제외
>   하고는 서비스 또는 서비스의 제공에 관련된 물건을 포함한다. 이
>   하 같다)과 타인의 상품을 **식별**하기 위하여 사용하는 표장(標章)을
>   말한다.
>   2. "표장"이란 기호, 문자, 도형, 소리, 냄새, 입체적 형상, 홀로그램·
>   동작 또는 색채 등으로서 그 구성이나 표현방식에 상관없이 **상품
>   의 출처(出處)를 나타내기 위하여 사용하는 모든 표시**를 말한다.

먼저 상표의 일반적 구성요건을 보자.

1) 상품일 것, 2) 업으로 사용할 것, 3) 자타 상품의 식별의사가 있을
것, 4) 사용할 것, 5) 표장일 것

여기서 '상품'은 유체물이고 운반가능, 반복거래 가능한 것으로 식별
의 가치가 있어야 한다. 그리고 '표장'의 정의는 제2조 제1항 제2호에

규정되어 있다. 이것이 상표다.

그리고 이제 본격적으로 '등록요건'에 대해서 알아보자. 상표는 그냥 붙일 수 있다. 하지만 '상표권'이라는 권리는 등록에 의해 발생한다.[91] 이것을 '등록주의'라고 한다.

요약하면 1) 상표이어야 하고(위에서 본 제2조), 2) 인적요건을 충족해야 하며(제3조), 3) 식별력을 갖추어야 하고(제33조), 4) 상표부등록 사유에 해당하지 않아야 하며(제34조), 5) 먼저 출원된 것이어야 하고(제35조), 6) 1상표 1출원을 위반하지 않아야 한다(제38조).

먼저 인적요건이다. 상표는 붙이기 나름이다. 그것을 정하는 것이 그렇게 어렵지도 않다(물론 네이밍, 브랜딩을 전문으로 하시는 분들께서 들으면 펄쩍 뛸 소리이지만). 특허처럼 기술개발에 노력과 시간이 많이 들지도 않기에 상대적으로 쉽게 만들어서 쉽게 출원할 수 있다. 그렇기에 "국내에서 상표를 사용하는 자 또는 사용하려는자"이어야 한다. 상표법 제3조 제1항이다.

사용할 의사가 있어야 한다는 것이다. 사용할 의사가 없음에도 상표를 출원, 선점하여 정당한 권리자에게서 돈을 뜯어내는 일을 벌이는 사람들이 있다는 얘기를 뉴스에서 들어보았을 것이다. 이것이 그러한 출원을 방지하는 역할을 한다. 이 논의의 연장선에서 출원인이 지정상품과 전혀 연관이 없는 업무를 수행하는 경우라면 사용의사가 없다고 볼 것이다(뒤에서 보겠지만 상표출원은 '상품'을 지정해야 한다). 식당을 운영하시는 분이 자동차 상표를 출원한다면 '사용의사'가 있는 출원이라 보기 어려울 것이다. 그리고 당연히 출원인은 자연인 또는 법인이어야

---

91 **상표법** 제82조(상표권의 설정등록)
　① 상표권은 설정등록에 의하여 발생한다.

한다(권리능력).

그리고 "식별력"을 갖추고 있어야 한다. 우리 상표법은 식별력이란 무엇인가를 정의하기보다는 식별력이 없는 상표가 어떠한 것인지, 즉 소극적 요건을 7가지로 정하여 열거하는 형식을 취한다.

상표법 제33조(상표등록의 요건)

① 다음 각 호의 어느 하나에 해당하는 상표를 **제외**하고는 상표등록을 받을 수 있다.

1. 그 상품의 **보통명칭**을 보통으로 사용하는 방법으로 표시한 표장만으로 된 상표
2. 그 상품에 대하여 **관용**(慣用)하는 상표
3. 그 상품의 산지(産地)·품질·원재료·효능·용도·수량·형상·가격·생산방법·가공방법·사용방법 또는 시기를 보통으로 사용하는 방법으로 표시한 표장만으로 된 상표
4. **현저한 지리적 명칭**이나 그 약어(略語) 또는 지도만으로 된 상표
5. **흔히 있는 성(姓) 또는 명칭**을 보통으로 사용하는 방법으로 표시한 표장만으로 된 상표
6. **간단하고 흔히 있는** 표장만으로 된 상표
7. 제1호부터 제6호까지에 해당하는 상표 외에 수요자가 누구의 업무에 관련된 상품을 표시하는 것인가를 **식별할 수 없는** 상표

② 제1항제3호부터 제7호까지에 해당하는 상표라도 **상표등록출원 전부터 그 상표를 사용한 결과** 수요자 간에 특정인의 상품에 관한 출처를 표시하는 것으로 **식별할 수 있게 된 경우**에는 그 상표를 사용한 상품에 한정하여 상표등록을 받을 수 있다.

각 호의 내용에 대해 간단히 살펴보자.

먼저 제1호 '보통명칭'이다. "상품의 보통 명칭"이란 그 지정상품을

취급하는 거래계에서 당해 업자 또는 일반 수요자 사이에 일반적으로 그 상품을 지칭하는 것으로 실제로 사용되고 인식되어져 있는 약칭, 속칭 기타 일반적인 명칭92을 말한다. 핸드폰 상품에 핸드폰이란 이름을 붙여서 판다면 누가 그 상표로 다른 상품과 식별을 할 수 있겠는가?

이에 해당하기 위해서는 "출원상표가 지정상품의 보통명칭'만'으로 구성되어 있어야 한다. 따라서 보통명칭에 다른 식별력 있는 문자나 도형 등이 결합되어 있어 전체적으로 식별력이 인정되는 경우에는 이에 해당하지 않는 것으로 본다.93" 그렇기 때문에 이런 경우 보통 앞에 회사 이름을 붙여 식별력 있는 상표를 만든다.

제2호는 '관용상표'다. 보통명칭과 거의 비슷한 취지로, 당해 상품을 취급하는 동업자들 사이에 어떤 표장을 그 상품의 명칭 등으로 일반적으로 자유롭게 사용한 표장을 말하며, 반드시 전국적으로 알려져 있을 필요는 없다. 정의를 잘 보면 보통명칭은 관용상표와 달리 동업자들뿐 아니라 일반소비자들까지 보통명칭으로 사용하는 것을 말한다.

그리고 반드시 그런 것은 아니지만 관용상표는 일반적으로 원래는 상표로 기능해왔으나 너무 널리 알려진 나머지 고유명사화되어 식별력을 잃어버린 경우들이 많다. 여기에 해당하는 것으로 가장 유명한 것은 '깡'으로 끝나는 과자류이다.

그런데 문제가 있다. 나는 내 상표를 지키려고 열심히 노력했는데도 불구하고 관용상표로 인정되어버리면 세상에 이렇게 억울할 수가 없다. 그렇기에 관용상표는 '상표권자가 해당 상표의 보호를 위하여 필요한 조치를 취하지 아니'하였을 것을 요한다. 이는 상표권을 침해하거나

---

92 대법원 1997. 2. 28. 선고 96후979 판결
93 특허청. 상표심사기준(2023.02.04). 이하 해당 출처는 각주 표기 생략.

침해할 우려가 있는 자에 대한 침해금지 경고나 침해금지 청구, 침해자에 대한 형사고소 등 상표권을 보호하기 위한 적절한 조치를 말하며, 상표권자가 해당 상표의 보호를 위하여 적절한 조치를 하였음에도 불구하고 동업자들이 사용한 경우에는 식별력이 상실되지 아니한 것으로 본다. 회사의 상품이 잘 나갈 때에도 법무팀이 열심히 뛰어다녀야 하는 이유가 있다.

제3호는 길게 나열되어 있지만 간단하게 '성질표시 상표'라 부른다. 상품의 용도, 효능, 특성이나 품질을 직접적으로 설명하는 내용의 상표라 보면 된다. 상표법 교과서에 '상표법'이라는 상표를 출원하면 쓰겠는가?

그렇다고 모든 성질표시를 불허하는 것은 아니고, 상품의 성질을 간접적·암시적으로 표시하는 것에 지나지 않는 경우에는 본호를 적용하지 않는다.

제4호는 '현저한 지리적 명칭'이다. 국가명, 도시명, 관광지명 등이 이에 해당한다. 취지를 쉽게 알 수 있을 것이다. 내가 상도동에 오래 거주하면서 이 동네를 너무 사랑한 나머지 '상도동'으로 상표를 출원한다면 말이 되겠는가.

그리고 제4호의 경우도 '만으로'된 이라고 써있지만 그 취지를 생각할 때 현저한 지리적 명칭에 단순히 업종명칭('대한민국핸드폰'과 같이)만을 결합한 경우는 현저한 지리적 명칭에 해당하는 것으로 본다.

국가명, 수도의 이름과 같이 너무 뻔한 경우라면 모르겠지만, '현저한' 것을 어떻게 판단하는가는 꽤 골치 아픈 문제일 수 있다. 현저한 지리적 명칭인지 여부는 사전 등에 게재된 것을 기준으로 하는 것이 아니라 국내 일반수요자나 거래업계에 널리 인식된 명칭인지를 기준으로 판단하며, 특정 지역에서 다수가 사용하는 지리적 명칭인 경우 반드시 전국적으로 현저하게 알려진 경우가 아니더라도 현저한 지리적 명칭으로 볼 수 있다.

제5호는 '흔히 있는 성 또는 명칭'이다. 이는 현실적으로 다수가 존재하거나 관념상으로 다수가 존재하는 것으로 인식되고 있는 자연인의 성 또는 법인, 단체, 상호임을 표시하는 명칭 등을 말한다. '최'씨를 상표로 등록하면 다른 최씨 영업자들은 뭘 먹고 살겠는가. 본 호는 그 특성상 지정상품과의 관련성을 불문한다.[94]

한문, 영문 표기나 이를 병기하여도 해당되지만 재미있게도 외국인의 성은 비록 당해 국가에서 흔히 있는 성이라고 하더라도 국내에서 흔히 볼 수 있는 외국인의 성이 아닌 한 여기에 포함되지 아니한다. 사람이름으로 가득한 명품매장을 떠올려보면 될 것이다.

제6호는 '간단하고 흔한 표장'이다. 주의할 점은 '하고' 즉 "&" 조건이란 말이다. '간단하거나 흔히 있는'이 아니다.[95] 한두글자로 되어있거나 숫자만으로 이루어진 경우, 또는 원이나 삼각형 같은 간단한 도형이 이에 해당하는 대표적인 예이다. "가" 혹은 "88"을 상표출원한다고 생각해보라.

물론 이러한 간단하고 흔한 표기에 다른 것을 결합하여 구체적으로 판단했을 때 식별력있는 상표이거나 구체적인 관념으로 직감될 수 있거나, 특정인의 출처표시로 직감되는 경우에는 이에 해당하지 않는 것으로 본다. 후자의 경우 "LG"가 대표적인 예시이다.

---

94 대법원 1990. 7. 10. 선고 87후54 판결
95 "상표법 제8조 제1항 제6호의 법리는 간단하고 흔히 있는 표장만으로 된 상표일 때에는 등록받을 수 없다는 것이지 간단하거나 흔히 있는 표장만으로 된 상표일 때에는 등록받을 수 없다는 뜻이 아니라 할 것"
　대법원 1985. 1. 29. 선고 84후93 판결

그리고 제7호는 '기타 식별력이 없는 상표'에 대한 일반규정이다. 위의 여섯가지 경우에 해당하지 않으나 식별력이 없어 출처표시로 인식되지 않거나, 상표법의 목적이나 거래실정을 고려할 때 특정인에게 독점 배타적인 권리를 부여하는 것이 타당하지 않은 상표에 대하여 등록을 받을 수 없도록 한 보충적 규정이다.

일반규정이 다 그렇듯 상당히 추상적인 내용이라 정의를 봐도 잘 떠올리기 쉽지 않고 구체적 예시를 보아야 한다. "WWW", "112", 단순한 색채상표 등이 대표적인 예시이다. 사회통념과 공익을 고려한 규정이다.

이것이 식별력이 없다고 보는 경우이다. 그러면 궁금증이 떠오른다. 하나의 단어만 떼어봤을 때에는 식별력이 없는 경우에 해당하지만 그러한 여러 단어들을 이어붙였을 경우에는 어떠한가? 이렇게 식별력 없는 표장들만으로 결합된 상표의 경우 원칙적으로 전체적으로 관찰하여 식별력 유무를 판단한다. 이렇게 결합되어 새로운 관념 또는 새로운 식별력을 형성하는 경우 식별력이 있다고 본다.

그리고 제33조 제2항을 보자. 위 3호부터 제7호까지의 식별력이 없다고 보는 경우96라도 특정인이 특정상품에 오랜 세월동안 사용하여 소비자들이 그 상표를 특정인의 상표라는 것을 알게되는 경우가 있다. 이를 '사용에 의한 식별력'이라 부른다. 취지를 생각했을 때 당연히 '사용한 그 상표'를 '그 상품에 대해' 출원해야 등록이 가능하다.

상표의 '사용'에 대해서는 제2조에 정의가 있으니 이를 보고 가도록 하자.

---

96 기존에는 제3호부터 제6호까지 였지만 2023. 10. 31. 제7호까지로 개정되었다. 물론 개정 전에도 제7호 역시 사용에 의한 식별력이 인정된다고 보는 것이 실무례였다.

상표법 제2조 제1항

11. **"상표의 사용"**이란 다음 각 목의 어느 하나에 해당하는 행위를 말한다.

　가. 상품 또는 상품의 **포장에 상표를** 표시하는 행위

　나. 상품 또는 상품의 포장에 상표를 표시한 것을 **양도 · 인도**하거나 **전기통신회선을 통하여 제공**하는 행위 또는 이를 목적으로 **전시하**거나 **수출 · 수입**하는 행위

　다. 상품에 관한 **광고 · 가표(定價表) · 거래서류, 그 밖의 수단에 상표를** 표시하고 **전시**하거나 **널리 알리는** 행위

② 제1항제11호 각 목에 따른 **상표를 표시하는 행위**에는 다음 각 호의 어느 하나의 방법으로 표시하는 행위가 포함된다.

　1. 표장의 **형상이나 소리 또는 냄새**로 상표를 표시하는 행위

　2. 전기통신회선을 통하여 제공되는 정보에 **전자적 방법**으로 표시하는 행위

　식별력이 있어 상표로 사용이 가능하다 하더라도 일정한 경우에는 등록을 해주지 않는 경우가 있다. 제34조는 상표의 부등록사유를 규정하고 있다. 너무 많고, 조문만으로 그 취지가 충분히 이해되기 때문에 조문만 보고 넘어가는 것으로 하겠다. 중요한 부분은 강조처리 하였다.

상표법 제34조(상표등록을 받을 수 없는 상표)

① 제33조에도 불구하고 다음 각 호의 어느 하나에 해당하는 상표에 대해서는 상표등록을 받을 수 없다.

　1. **국가의 국기(國旗) 및 국제기구의 기장(記章)** 등으로서 다음 각 목의 어느 하나에 해당하는 상표

　　가. 대한민국의 국기, 국장(國章), 군기(軍旗), 훈장, 포장(褒章), 기장, 대한민국이나 공공기관의 감독용 또는 증명용 인장(印章) · 기호와 동일 · 유사한 상표

　나. 「공업소유권의 보호를 위한 파리 협약」(이하 "파리협약"이라
　　　한다) 동맹국, 세계무역기구 회원국 또는 「상표법조약」 체약국
　　　(이하 이 항에서 "동맹국등"이라 한다)의 국기와 동일·유사한
　　　상표
　다. 국제적십자, 국제올림픽위원회 또는 저명(著名)한 국제기관의
　　　명칭, 약칭, 표장과 동일·유사한 상표. 다만, 그 기관이 자기의
　　　명칭, 약칭 또는 표장을 상표등록출원한 경우에는 상표등록을
　　　받을 수 있다.
　라. 파리협약 제6조의3에 따라 세계지식재산기구로부터 통지받아
　　　특허청장이 지정한 동맹국등의 문장(紋章), 기(旗), 훈장, 포장
　　　또는 기장이나 동맹국등이 가입한 정부 간 국제기구의 명칭,
　　　약칭, 문장, 기, 훈장, 포장 또는 기장과 동일·유사한 상표. 다
　　　만, 그 동맹국등이 가입한 정부 간 국제기구가 자기의 명칭·약
　　　칭, 표장을 상표등록출원한 경우에는 상표등록을 받을 수 있다.
　마. 파리협약 제6조의3에 따라 세계지식재산기구로부터 통지받아
　　　특허청장이 지정한 동맹국등이나 그 공공기관의 감독용 또는
　　　증명용 인장·기호와 동일·유사한 상표로서 그 인장 또는 기
　　　호가 사용되고 있는 상품과 동일·유사한 상품에 대하여 사용
　　　하는 상표
2. **국가·인종·민족·공공단체·종교 또는 저명한 고인(故人)과의
　관계**를 거짓으로 표시하거나 이들을 비방 또는 모욕하거나 이들에
　대한 평판을 나쁘게 할 우려가 있는 상표
3. **국가·공공단체 또는 이들의 기관과 공익법인의 비영리 업무나 공
　익사업**을 표시하는 표장으로서 저명한 것과 동일·유사한 상표. 다
　만, 그 국가 등이 자기의 표장을 상표등록출원한 경우에는 상표등
　록을 받을 수 있다.
4. 상표 그 자체 또는 상표가 상품에 사용되는 경우 수요자에게 주는
　의미와 내용 등이 일반인의 통상적인 도덕관념인 **선량한 풍속에
　어긋나는 등 공공의 질서를 해칠 우려가** 있는 상표

5. 정부가 개최하거나 정부의 승인을 받아 개최하는 박람회 또는 외국정부가 개최하거나 외국정부의 승인을 받아 개최하는 **박람회의 상패 · 상장 또는 포장**과 동일 · 유사한 표장이 있는 상표. 다만, 그 박람회에서 수상한 자가 그 수상한 상품에 관하여 상표의 일부로서 그 표장을 사용하는 경우에는 상표등록을 받을 수 있다.

6. **저명한 타인의 성명 · 명칭 또는 상호 · 초상 · 서명 · 인장 · 아호 (雅號) · 예명(藝名) · 필명(筆名) 또는 이들의 약칭**을 포함하는 상표. 다만, 그 타인의 **승낙**을 받은 경우에는 상표등록을 받을 수 있다.

7. **선출원(先出願)**에 의한 **타인의 등록상표**(등록된 지리적 표시 단체표장은 제외한다)와 **동일 · 유사한 상표**로서 그 지정상품과 동일 · 유사한 상품에 사용하는 상표. 다만, 그 타인으로부터 상표등록에 대한 **동의**를 받은 경우(**동일한 상표로서 그 지정상품과 동일한 상품에 사용하는 상표에 대하여 동의를 받은 경우는 제외**한다)에는 상표등록을 받을 수 있다.

8. 선출원에 의한 타인의 등록된 **지리적 표시 단체표장과 동일 · 유사한 상표**로서 그 지정상품과 동일하다고 인식되어 있는 상품에 사용하는 상표

9. **타인의 상품을 표시하는 것이라고 수요자들에게 널리 인식되어 있는 상표**(지리적 표시는 제외한다)와 동일 · 유사한 상표로서 그 타인의 상품과 동일 · 유사한 상품에 사용하는 상표

10. **특정 지역의 상품을 표시하는 것이라고 수요자들에게 널리 인식되어 있는 타인의 지리적 표시**와 동일 · 유사한 상표로서 그 지리적 표시를 사용하는 상품과 동일하다고 인정되어 있는 상품에 사용하는 상표

11. **수요자들에게 현저하게 인식**되어 있는 타인의 상품이나 영업과 **혼동**을 일으키게 하거나 그 **식별력 또는 명성을 손상**시킬 염려가 있는 상표

12. 상품의 품질을 오인하게 하거나 **수요자를 기만**할 염려가 있는 상표

13. 국내 또는 외국의 수요자들에게 특정인의 상품을 표시하는 것이

라고 인식되어 있는 **상표**(지리적 표시는 제외한다)와 동일·유사한 상표로서 부당한 이익을 얻으려 하거나 그 특정인에게 손해를 입히려고 하는 등 **부정한 목적으로 사용**하는 상표

14. 국내 또는 외국의 수요자들에게 특정 지역의 상품을 표시하는 것이라고 인식되어 있는 **지리적 표시**와 동일·유사한 상표로서 부당한 이익을 얻으려 하거나 그 지리적 표시의 정당한 사용자에게 손해를 입히려고 하는 등 **부정한 목적으로 사용**하는 상표

15. 상표등록을 받으려는 상품 또는 그 상품의 포장의 **기능을 확보하는 데 꼭 필요한**(서비스의 경우에는 그 **이용과 목적에 꼭 필요한** 경우를 말한다) 입체적 형상, 색채, 색채의 조합, 소리 또는 냄새만으로 된 상표

16. 세계무역기구 회원국 내의 **포도주 또는 증류주의 산지**에 관한 지리적 표시로서 구성되거나 그 지리적 표시를 포함하는 상표로서 포도주 또는 증류주에 사용하려는 상표. 다만, 지리적 표시의 정당한 사용자가 해당 상품을 지정상품으로 하여 제36조제5항에 따른 지리적 표시 단체표장등록출원을 한 경우에는 상표등록을 받을 수 있다.

17. 「**식물신품종 보호법**」 제109조에 따라 등록된 품종명칭과 동일·유사한 상표로서 그 **품종명칭**과 동일·유사한 상품에 대하여 사용하는 상표

18. 「**농수산물 품질관리법**」 제32조에 따라 등록된 타인의 지리적 표시와 동일·유사한 상표로서 그 **지리적 표시**를 사용하는 상품과 동일하다고 인정되는 상품에 사용하는 상표

19. 대한민국이 외국과 양자간(兩者間) 또는 다자간(多者間)으로 체결하여 발효된 **자유무역협정에 따라 보호하는 타인의 지리적 표시**와 동일·유사한 상표 또는 그 지리적 표시로 구성되거나 그 지리적 표시를 포함하는 상표로서 지리적 표시를 사용하는 상품과 동일하다고 인정되는 상품에 사용하는 상표

20. 동업·고용 등 **계약관계나 업무상 거래관계 또는 그 밖의 관계를**

> **통하여** 타인이 사용하거나 사용을 준비 중인 상표임을 **알면서** 그
> 상표와 동일·유사한 상표를 동일·유사한 상품에 등록출원한 상표
> 21. 조약당사국에 등록된 상표와 동일·유사한 상표로서 그 등록된
> 상표에 관한 권리를 가진 자와의 동업·고용 등 **계약관계나 업무**
> **상 거래관계 또는 그 밖의 관계에 있거나 있었던 자가 그 상표에**
> **관한 권리를 가진 자의 동의를 받지 아니하고** 그 상표의 지정상
> 품과 동일·유사한 상품을 지정상품으로 하여 등록출원한 상표
> ② 제1항은 다음 각 호의 어느 하나에 해당하는 결정(이하 **"상표등록여**
> **부결정"**이라 한다)을 할 때를 **기준으로** 하여 결정한다. 다만, 제1항제11
> 호·제13호·제14호·제20호 및 제21호의 경우는 상표등록출원을 한
> 때를 기준으로 하여 결정하되, 상표등록출원인(이하 "출원인"이라 한다)
> 이 제1항의 타인에 해당하는지는 상표등록여부결정을 할 때를 기준으로
> 하여 결정한다

　　다음은 선출원주의이다. 당연히 이미 다른 사람이 출원한 상표가 있
는 경우 거절사유가 될 수 밖에 없다. 재미있는 것은 '같은 날' 출원인
경우 협의에 의하고 협의가 이루어지지 않으면 추첨에 의한다고 규정
해둔 것이다. 그리고 당연히 먼저 출원된 상표가 포기, 취하, 또는 무
효로 된 경우에는 뒤에 출원한 자도 등록을 받을 수 있다. 선출원이
있는지에 대해서는 특허정보검색서비스인 '키프리스'를 활용한다.

> **상표법** 제35조(선출원)
> ① 동일·유사한 상품에 사용할 동일·유사한 상표에 대하여 **다른 날에**
> 둘 이상의 상표등록출원이 있는 경우에는 **먼저 출원한 자만이** 그 상표
> 를 등록받을 수 있다.
> ② 동일·유사한 상품에 사용할 동일·유사한 상표에 대하여 **같은 날에**
> 둘 이상의 상표등록출원이 있는 경우에는 출원인의 **협의**에 의하여 정하

여진 하나의 출원인만이 그 상표에 관하여 상표등록을 받을 수 있다. 협의가 성립하지 아니하거나 협의를 할 수 없는 때에는 특허청장이 행하는 **추첨**에 의하여 결정된 하나의 출원인만이 상표등록을 받을 수 있다.

③ 상표등록출원이 다음 각 호의 어느 하나에 해당되는 경우에는 그 상표등록출원은 제1항 및 제2항을 적용할 때에 처음부터 없었던 것으로 본다.

1. 포기 또는 취하된 경우
2. 무효로 된 경우
3. 제54조에 따른 상표등록거절결정 또는 거절한다는 취지의 심결이 확정된 경우

④ 특허청장은 제2항의 경우에는 출원인에게 기간을 정하여 협의의 결과를 신고할 것을 명하고, 그 기간 내에 신고가 없는 경우에는 제2항에 따른 협의는 성립되지 아니한 것으로 본다.

⑤ 제1항 및 제2항은 다음 각 호의 어느 하나에 해당하는 경우에는 **적용하지 아니**한다.

1. 동일(동일하다고 인정되는 경우를 포함한다)하지 아니한 상품에 대하여 동일·유사한 표장으로 둘 이상의 **지리적 표시 단체표장등록출원** 또는 지리적 표시 단체표장등록출원과 상표등록출원이 있는 경우
2. 서로 **동음이의어 지리적 표시**에 해당하는 표장으로 둘 이상의 지리적 표시 단체표장등록출원이 있는 경우

⑥ 제1항 및 제2항에도 불구하고 먼저 출원한 자 또는 협의·추첨에 의하여 정하여지거나 결정된 출원인으로부터 상표등록에 대한 동의를 받은 경우(동일한 상표로서 그 지정상품과 동일한 상품에 사용하는 상표에 대하여 동의를 받은 경우는 제외한다)에는 나중에 출원한 자 또는 협의·추첨에 의하여 정하여지거나 결정된 출원인이 아닌 출원인도 상표를 등록받을 수 있다.

상표등록 역시 사람이 하는 일이므로 선출원이 있는 경우라도 후출원이 등록될 수 있다. 이 경우에는 무효사유가 된다(상표법 제117조 제1항 제1호).

이쯤되면 내가 먼저 출원하지 않고 사용하고 있는 상표를 다른 사람이 먼저 출원해버린 경우는 어떻게 해야 하는지에 대한 궁금증이 무럭무럭 싹틀 것이다. 이런 선출원주의의 취약점에 대한 보완을 하기 위해 앞서 제34조 각 호에서 본 등록되지 않은 주지·저명 상표에 대해 부등록사유로 규정을 하고 있고, 사용하지 않는 상표의 등록을 취소할 수 있는 불사용상표 등록취소 제도97를 두고 있다.

그리고 동일한 출원인이 동일한 상표를 출원한 경우에는? 1상표 1출원주의 위반이 된다.

상표법 제38조(1상표 1출원)
① 상표등록출원을 하려는 자는 상품류의 구분에 따라 **1류 이상의 상품을 지정하여 1상표마다 1출원**을 하여야 한다.
② 제1항에 따른 상품류에 속하는 구체적인 상품은 특허청장이 정하여 고시한다.
③ 제1항에 따른 상품류의 구분은 상품의 유사범위를 정하는 것은 아니다.

---

97 **상표법** 제119조(상표등록의 취소심판)
　① 등록상표가 다음 각 호의 어느 하나에 해당하는 경우에는 그 상표등록의 취소심판을 청구할 수 있다.
　3. 상표권자·전용사용권자 또는 통상사용권자 중 어느 누구도 정당한 이유 없이 등록상표를 그 지정상품에 대하여 취소심판청구일 전 계속하여 3년 이상 국내에서 사용하고 있지 아니한 경우

위에서도 언급했듯이 상표출원시에는 상품을 반드시 지정해야 한다
고 했다. 그 상품들의 분류가 어떻게 되는가? 이는 상표법 시행규칙 [별표 1]
에 규정되어 있다. 1류부터 45류까지 세세하게 상품분류가 되어있고,
이는 「표장의 등록을 위한 상품 및 서비스의 국제분류에 관한 니스협
정(Nice Agreement Concerning the International Classification of Goods and
Services for the Purposes of the Registration of Marks)」(당연히 보통 "니스협
정"이라 부른다)의 분류를 따른 것이다.

이렇게 요건에 맞추어 출원을 하여 설정등록을 받았다. 이제 여러분
은 그 상표를 지정상품에 독점적으로 사용할 수 있는 독점배타적인 권
리인 '상표권'이 생긴 것이다.98 대한민국에서, 10년간 이러한 독점권
을 갖는다.99

당연히 한계도 있다. 여러분은 상품의 유통질서 유지라는 상표법의

---

98 **상표법** 제89조(상표권의 효력)
　상표권자는 지정상품에 관하여 그 등록상표를 사용할 권리를 독점한다. 다만,
　그 상표권에 관하여 전용사용권을 설정한 때에는 제95조제3항에 따라 전용사
　용권자가 등록상표를 사용할 권리를 독점하는 범위에서는 그러하지 아니하다.
99 **상표법** 제83조(상표권의 존속기간)
　① 상표권의 존속기간은 제82조제1항에 따라 설정등록이 있는 날부터 10년으로
　한다.
　② 상표권의 존속기간은 존속기간갱신등록신청에 의하여 10년씩 갱신할 수 있다.
　③ 제1항 및 제2항에도 불구하고 다음 각 호의 어느 하나에 해당하는 경우에
　는 상표권의 설정등록일 또는 존속기간갱신등록일부터 5년이 지나면 상표권이
　소멸한다.
　1. 제72조제3항 또는 제74조에 따른 납부기간 내에 상표등록료(제72조제1항
　　 각 호 외의 부분 후단에 따라 상표등록료를 분할납부하는 경우로서 2회차
　　 상표등록료를 말한다. 이하 이 항에서 같다)를 내지 아니한 경우
　2. 제76조제1항에 따라 상표등록료의 보전을 명한 경우로서 그 보전기간 내에
　　 보전하지 아니한 경우
　3. 제77조제1항에 해당하는 경우로서 그 해당 기간 내에 상표등록료를 내지
　　 아니하거나 보전하지 아니한 경우

목적상 이 상표를 사용해야 하고(사용의무), 고의로 유사상품에 유사상표를 사용하여 출처나 품질의 오인·혼동을 일으키게 해서는 안 되며(정당사용 의무), 지정상품에 등록상표임을 기재할 수 있으며(표시의무. 단이는 훈시규정이다), 등록상표가 무권리자에 의해 부당하게 사용되어 수요자로 하여금 출처나 품질의 오인·혼동을 일으키지 않도록 감독할 의무가 있다(감독의무).

그리고 공익적 사유에서 상표권의 효력이 미치지 않는 범위들을 열거하고 있다.

상표법 제90조(상표권의 효력이 미치지 아니하는 범위)
① 상표권(지리적 표시 단체표장권은 제외한다)은 다음 각 호의 어느 하나에 해당하는 경우에는 **그 효력이 미치지 아니**한다.
1. **자기의 성명·명칭** 또는 상호·초상·서명·인장 또는 저명한 아호·예명·필명과 이들의 저명한 약칭을 상거래 관행에 따라 사용하는 상표
2. 등록상표의 지정상품과 동일·유사한 상품의 보통명칭·산지·품질·원재료·효능·용도·수량·형상·가격 또는 생산방법·가공방법·사용방법 및 시기를 보통으로 사용하는 방법으로 표시하는 상표
3. 입체적 형상으로 된 등록상표의 경우에는 그 입체적 형상이 누구의 업무에 관련된 상품을 표시하는 것인지 식별할 수 없는 경우에 등록상표의 지정상품과 동일·유사한 상품에 사용하는 등록상표의 입체적 형상과 동일·유사한 형상으로 된 상표
4. 등록상표의 지정상품과 동일·유사한 상품에 대하여 관용하는 상표와 현저한 지리적 명칭 및 그 약어 또는 지도로 된 상표
5. 등록상표의 지정상품 또는 그 지정상품 포장의 **기능을 확보하는데 불가결한** 형상, 색채, 색채의 조합, 소리 또는 냄새로 된 상표

> ③ 제1항제1호는 상표권의 **설정등록이 있은 후에 부정경쟁의 목적으로**
> 자기의 성명·명칭 또는 상호·초상·서명·인장 또는 저명한 아호·
> 예명·필명과 이들의 저명한 약칭을 사용하는 경우에는 적용하지 아니
> 한다.

　자기의 이름을 쓰는 데에 불과하거나, 애초에 출처에 오인·혼동이
있을 수밖에 없는 보통명칭, 관용상표 등 찬찬히 읽어보면 당연한 것
들이다.

　또한 당연히 상표권자로부터 사용허락을 받았거나(전용사용권에 관한
제95조, 통상사용권에 관한 제97조. 특허의 실시권과 유사하다), 주지·저명한
선사용 상표의 경우에는 상표권이 제한된다(제99조). 후자의 경우 매우
중요한 내용이니 조문을 보고 마무리를 하도록 하자.

> **상표법** 제99조(선사용에 따른 상표를 계속 사용할 권리)
> ① 타인의 등록상표와 동일·유사한 상표를 그 지정상품과 동일·유사
> 한 상품에 사용하는 자로서 **다음 각 호의 요건을 모두 갖춘 자**(그 지위
> 를 승계한 자를 포함한다)는 해당 상표를 그 사용하는 **상품에 대하여
> 계속하여 사용할 권리**를 가진다.
> 　1. **부정경쟁의 목적이 없이 타인의 상표등록출원 전부터 국내에서 계
> 　　속하여 사용**하고 있을 것
> 　2. 제1호에 따라 상표를 사용한 결과 타인의 상표등록출원 시에 **국내
> 　　수요자 간에 그 상표가 특정인의 상품을 표시하는 것이라고 인식**
> 　　되어 있을 것
> ② 자기의 성명·상호 등 인격의 동일성을 표시하는 수단을 상거래 관
> 행에 따라 상표로 사용하는 자로서 제1항제1호의 요건을 갖춘 자는 해
> 당 상표를 그 사용하는 상품에 대하여 계속 사용할 권리를 가진다.
> ③ 상표권자나 전용사용권자는 제1항에 따라 상표를 사용할 권리를 가

> 지는 자에게 그 자의 상품과 자기의 상품 간에 출처의 오인이나 혼동을
> 방지하는 데 필요한 표시를 할 것을 청구할 수 있다.

상표에 대해서는 더 절차적이고 상세한 내용들이 많지만 일단 이정
도만 알아두어도 기본적인 대화나 면접은 가능할 것이다. '식별력'이라
는 키워드, 그리고 상품을 지정해야 한다는 점 정도만 기억해도, 필요
한 것은 나중에 찾아보면 그만이다.

마. 저작권법

산업계 취업에 관한 책에서 무슨 저작권 얘기를 하는지 궁금해하실
수 있다. 저작권은 주로 예능 분야에서 사용되는 권리 아닌가? 그렇지
만은 않다. 요즘 산업 분야에서 가장 핫한 소프트웨어분야 취업희망자
들을 위함이다.[100]

프로그램의 경우 특허권뿐만 아니라 저작권으로도 보호가 된다. 특
허권과의 가장 결정적인 차이는 저작권의 핵심 아이디어에서 나온다. 일
상어로 표현하자면[101] 저작권은 '아이디어'와 '표현'을 나누어서 '표현'을, 그

---

100 저작권법은 옛날에는 "문학, 학술 또는 예술의 범위에 속하는 창작물"을 저
작물로 정의를 하고 있었으나, 위와 같은 범주에 포함시킬 수 없는 컴퓨터프
로그램이나 데이터 등의 창작물을 포함시키기 위해 개정되었다. 현재 저작물은
"인간의 사상 또는 감정을 표현한 창작물"로 정의된다. 저작권법 제2조 참조.
　　그리고 컴퓨터프로그램과 데이터 외에 또 직장인이 신경써야 할 저작물로는
"건축 설계 도면"이 있다(저작권법 제4조 제1항 제5호). 누군가 내 설계도를 베
껴서 건물을 지으면, 설계도는 건축물이 아님에도 불구하고 건축저작물로 인정
되어 저작권 침해로 인정이 된다. 물론 이러한 건축저작물은 저작권법의 취지
상 사회통념상 미적 가치가 높은, 즉 예술성이 있는 건물에 한정적으로 인정
될 것이다.
101 일상어로 표현하겠다고 굳이 명시한 이유는 '사상'과 '아이디어'라는 용어 자

중에서도 '창작적인 표현'을 보호하는 것이다. 사상과 감정이 외부로 '표현된 형식'자체를 보호한다는 것이 핵심이다. 표현만이 아니라 '기술적 사상'까지 보호하는 특허권과의 가장 중요한 차이가 바로 이것이다.

따라서 회사의 엔지니어분들이 열심히 작성한 '소스 코드'가 일반적, 기능적으로만 작성된 것이 아니라 그 구성과 표현에 있어서 창작적인 부분이 있어야 저작권으로 보호가 된다. 우리가 가장 중요하게 생각하는 '아이디어'에 해당하는 기능적인 부분은 특허권 등록을 할 수 있다. 예를들어 'ㅇㅇ기술을 이용해서 ㅁㅁ를 할 수 있는 방법'과 같은 '아이디어'는 특허권 등록을 할 수 있다. 그래서 프로그램의 경우 특허권과 저작권으로 이중적으로 보호가 된다.

일단 저작권법의 보호대상은 '저작물'이고 이는 '저작활동에 의해 생성된 것'을 말한다. 그리고 저작권법은 저작자의 권리와 이에 인접하는 권리102를 보호하고 저작물의 공정한 이용을 도모함으로써 문화 및 관련 산업의 향상발전에 이바지함을 목적으로 한다(저작권법˚제1조). 문화가 끼어있긴 하지만 결국 '산업' 발전에 이바지함을 목표로 함은 특허법과 다를바 없다.

저작권은 크게 저작'재산권'과 저작'인격권'으로 나뉜다는 것이 특징이다. 우리가 일반적으로 말하는 '권리'는 다 '돈'이 되는 '재산권'과 관련된다. 하지만 창작활동을 하는 사람들에게는 이 작품이 '내 새끼'라 당당하게 말할 수 있는 인간적인 권리인 '인격권'도 굉장히 중요하게 여겨

　　체의 정의에 대하여 저작권법상 복잡한 논의가 존재하기 때문이다. 우리는 거기까지 들어가지 말자.

102 '인접하는 권리'가 무엇인지 궁금해지신 분들을 위해. 저작인접권은 우리가 생각하는 '창작자' 외의 사람들, 즉 창작된 작품을 실제로 공연하는 실연자나, 방송사업자 등의 권리다.

진다. 내게 억만금을 준다고 하더라도 〈"비바! 로스쿨", "엘리트문과를 위한 과학상식", "잘 나가는 이공계 직장인을 위한 법률·계약 상식"의 저자는 최기욱이다〉라는 '타이틀'은 남에게 내어줄 수 없다. 내 새끼니까. 물론 한 번에 은퇴할 수 있을 정도로 많은 액수를 준다면 괜찮다. 100억 정도. 관심있으신 분은 연락주시면 감사히 받겠다.

어쨌든 이러한 저작'인격권'은 '일신전속적'이라는 특징이 있다. 즉 돈주고 사고팔 수 없고 '누가 뭐래도 내꺼'란 말이다. 그래서 저작물과 관련해서는 재산적 권리와 인격적 권리가 분리되는 경우가 있을 수 있다. 아니, 그런 경우가 아주 많다.

그리고 저작'재산권'은 70년의 보호기간이 적용된다. 참고로 특허권은 20년, 실용신안은 10년의 보호기간을 갖는다.

앞서 본 '특허권'과 같은 산업재산권과 저작권의 차이는 이뿐만이 아니다. '권리'에 대한 분쟁이 발생하면 산업재산권은 특허심판원과 특허법원에서, 저작권의 경우 일반법원에서 분쟁을 해결한다(다만 권리의 '침해'에 관해서는 산업재산권과 저작권 모두 일반법원에서 다툰다). 그리고 앞서 특허출원에 대해서 본 것처럼 복잡한 심사절차를 거쳐야 권리가 발생하는 산업재산권과 달리 저작권은 "저작물의 완성과 동시에" 권리가 발생한다. 복잡한 절차도, 권리를 취득하기 위해 따로 들여야 하는 시간과 비용도 필요없다. 이를 무방식주의라 한다.

저작권은 요건도 간단하다. "창작성"만 있으면 된다. 말그대로 남의 것을 베끼지 않고, 자신 스스로의 정신적 활동의 결과이면 된다. 그리고 앞서본대로 저작권의 특성상 '사상 또는 감정' 즉 알맹이가 되는 아이디어가 창작성을 있을 것을 요구하는 것이 아니라 '표현의 방법'에 독창성이 있으면 된다.

저작권의 주체는 원칙적으로 저작자이다. 저작자가 저작을 완성하면 그 즉시 저작권이 발생하고, 대외적으로도 효력을 가진다.103 저작자는 앞에서 특허를 받을 수 있는 사람과 비슷하게 주문자나 의뢰인, 단순 조언자, 조력자 등은 해당이 되지 않고 직접 작업을 통해 저작물을 창작한 자가 저작자가 된다.104 그리고 법인 등 단체도 포함된다. 여기가 직장인인 우리가 신경써야 할 지점이다. 우리는 '업무상' 저작물을 만들어낸다. 이를 업무상저작물이라 한다. 법인명의저작물 또는 직무저작물이라는 표현도 사용된다.

> **저작권법** 제9조(업무상저작물의 저작자)
> 법인등의 명의로 공표되는 업무상저작물의 저작자는 계약 또는 근무규칙 등에 다른 정함이 없는 때에는 그 **법인등**이 된다. 다만, **컴퓨터프로그램저작물(이하 "프로그램"이라 한다)의 경우 공표될 것을 요하지 아니한다.**

즉, 원칙적으로는 '회사 이름으로 발표된 건 회사 것'이다. 그러나 프로그램의 경우에는 딱히 법인 명의로 공표하지 않았더라도 업무상저작물로 인정되는 컴퓨터프로그램저작물이라면 회사 것이라는 말이다.

그럼 우리가 열심히 작성한 컴퓨터프로그램이 업무상저작물이 되려면 어떤 요건을 갖추어야 하는가? 그 요건은 다음과 같다.

1) 법인·단체 그 밖의 사용자가 저작물의 작성을 기획할 것

---

103 이와 별개로 저작권 등록을 할 수 있다. 조금 더 강력한 보호를 받을 수 있다. 하지만 어쨌든 등록을 하지 않아도 저작권은 저작자에게 당연히 발생하는 권리다.
104 윤선희(2022). "지적재산권법" 19정판. 세창출판사. p.408.

2) 법인 등의 업무에 종사하는 자가 작성할 것

3) 업무상 작성할 것

4) 법인 등의 사용자와 종업원 사이에 계약이나 근무규칙 등에 다른
   정함이 없을 것

사실상 회사에서 '시켜서 만든' 모든 것들은 다 포섭될 수 밖에 없는
개념이다. 일반적인 저작물의 경우에는 업무상저작물의 인정 요건에
"법인 등의 명의로 공표되는 것일 것"이 추가가 되나 위에서 보았 듯,
우리 저작권법은 컴퓨터프로그램에 대해서는 이 요건을 명시적으로
배제하고 있다. 그리고 컴퓨터프로그램에 대한 우리 저작권법의 정의
는 다음과 같다.

저작권법 제2조(정의)

이 법에서 사용하는 용어의 뜻은 다음과 같다.

16. "컴퓨터프로그램저작물"은 특정한 결과를 얻기 위하여 컴퓨터 등
    정보처리능력을 가진 장치(이하 "컴퓨터"라 한다) 내에서 직접 또
    는 간접으로 사용되는 일련의 지시·명령으로 표현된 창작물을
    말한다.

그리고 프로그램 자체가 아닌 프로그램 언어, 규약, 해법(알고리즘)의 경우
저작권법이 적용되지 않는다(제101조의2). 범용성, 표준화의 필요라는 프로
그램의 특성 때문이다.

그럼 요즘 핫한 데이터베이스는? 사실상 데이터베이스를 우리가 일반
적으로 생각하는 저작권의 보호대상이 되는 '창작물'로 떠올리기는 쉽
지 않다. 그저 팩트의 나열 아닌가? 이것이 창작이랑 무슨 상관이란 말

인가? 하지만 빅데이터의 시대에 살고있는 우리는 데이터 그 자체가 보호되어야 할 충분한 가치가 있음을 알고 있다. 정보가 곧 힘이다. 그러면 데이터베이스가 어떻게 저작권법으로 보호가 되는가? 먼저 저작권법 상 데이터베이스는 다음과 같이 정의된다.

저작권법 제2조(정의)

19. "데이터베이스"는 **소재를 체계적으로 배열 또는 구성한 편집물**로서 개별적으로 그 소재에 접근하거나 그 소재를 검색할 수 있도록 한 것을 말한다.
20. "데이터베이스제작자"는 데이터베이스의 제작 또는 그 소재의 갱신·검증 또는 보충(이하 "갱신등"이라 한다)에 인적 또는 물적으로 상당한 투자를 한 자를 말한다.

우리 저작권법은 "편집저작물"을 독자적인 저작물로 보호하고 있다(저작권법 제6조 제1항). 그리고 편집저작물의 보호는 그 편집저작물의 구성부분이 되는 소재의 저작권 그 밖에 이 법에 따라 보호되는 권리에 영향을 미치지 아니한다(동조 제2항).

편집저작물은 백과사전을 생각해보면 편하다. 안에 들어있는 컨텐츠 하나하나의 저작물인지 여부와는 관계없이, "뭘 넣을 것인지" 선택하고, 배열, 구성에서 독창성을 발휘해 만들어진 편집물들이 바로 이런 편집저작물이다. 그리고 데이터베이스는 이러한 편집저작물로 인정된다.

데이터와 개인정보보호

지금은 그야말로 ICT의 시대이다. 하지만 이 빛나는 이 데이터 시대의 어둠은 바로 개인정보보호다. 혁신에 대한 환호는 계속되고 있지만, 그 혁신은 우리 개인의 정보를 기반으로 세워진 것이라는 사실이 점점 부각되고 있다.

강력한 규제로 전세계의 주목을 받았던 유럽의 개인정보보호법인 GDPR (General Data Protection Regulation)[105]을 필두로 최근에는 중국까지 포함하여 세계각국이 점점 강력한 개인정보보호법을 내세우고 있다. 대한민국, 미국, 일본, 캐나다 등의 국가들은 아예 제도적으로 국경 간 프라이버시 규칙 CBPR(Cross Border Privacy Rule)을 만들어 '인증제도'화를 꾀하고 있다. 쉽게말해서 일정 수준의 개인정보보호 체계를 갖추어 개인정보보호에 관한 인증을 받지 않으면 국제적 상업활동을 하지 못하도록 막아버린다는 것이다.

이렇게 개인정보보호가 점차 강화되어가는 추세에서 글로벌 업계 법무부서에서 가장 신경써야 하는 것은 개인정보의 국외이전이다. 이에대한 생각의 틀을 다잡기 위해 우리나라의 개인정보보호법의 내용을 살펴보자. 물론 실무에서는 여러분의 프로젝트와 '관련된 국가'의 개인정보보호법을 살펴보는 것이 필수적이다. 하지만 일단 국내법의 모양새를 알면 추후에 여러분들이 찾아볼 다른 나라의 법도 상대적으로 쉽게 이해할 수 있을 것이다.

국외로 정보를 보내기 전 개인정보에 대한 기본적인 보호를 먼저 보자. 일단 우리가 기본적으로 개인정보를 개인에게서 '받으려면' 동의가 있어야 한다. 그래서 우리가 무슨 사이트에 가입만 하려고 하면 온갖 동의 버튼을 클릭클릭 해야만 하는 것이다. 그리고 이 동의를 받을 때에는 "왜" 받는지, "뭘" 받는지, "언제까지" 들고있을 것인지, 그리고 동의를 하지 않아도 된다는 사실과 동의를 하지 않으면 받게될 불이익을 알려주어야 한다(개인정보 보호법 제15조). 한마디로 '미리 알리고, 동의받아라'이다. 이게 개인정보 처리의 기본이자 핵심아이디어다.[106]

일단 수집한 개인정보를 제3자에게 줄 때에도 이 기본은 마찬가지이다(제17조). 정보를 준다는 것은 별 게 아니다. 내가 메일 등을 통해 의식적으로 보내는 경우뿐만이 아니라 다른 회사 서버에 스치고 지나가기만 해도 제3자에게 준 것이 된다. 반드시 주의해야 한다. 우리한테 주문이 들어와도 판매대행 사이트를 통해서 주문을 받은 것이라면 그 판매대행업체 사이트에 우리 고객의 정보가 넘어간 것이라는 것을 인식해야 한다. 이 경우에는 "누구에게", "어떤 정보를", "왜 주는지"에 대해 알리는 것이 핵심이다.

그런데 데이터가 아예 국외로 가는 경우에는 추가적인 고려사항이 생긴다. 이 부분이 최근 개정되었으니 잘 알아두자. 기본적으로 개인정보처리자는 개인정보를 국외로 이전해서는 안 된다. 이것이 원칙이다. 국민의 개인정보가 외국으로 흘러가는 것은 국가안보 측면에서 엄청난 리스크일 수밖에 없다. 하지만 글로벌 시대의 산업 현실을 고려하면 국가입장만을 고수하기는 힘들다.

당연히 예외가 있다. 먼저 "어떤 정보가", "왜", "어느 국가로", "언제, 어떻게" 넘어가고, 정확히 "누구에게" 가서, "얼마나 오래" 있는지 등 국외이전에 관하여 별도로 알리고 동의를 받아야 한다. 이것은 개정 전의 컨셉과 동일하다.

그런데 대부분의 데이터센터가 해외에 있는 글로벌 시대 속 대한민국 산업계의 현실을 고려해보자. 사업이 커짐에 따라 해외 서버 관리 업체와 계약을 맺어서 데이터 처리를 맡기려 하는데, 이미 다 동의 받고 수집한 개인정보를 또 한번 동의 받아야 하나? 고객 하나하나에게 다시 메일을 보내서 확인을 받고, 재차 동의를 받은 정보만을 추려서 넘기는 추가적인 작업을 해야 하는가? 굉장히 불합리하다. 이러한 현실을 반영하여 '동의' 말고도 개인정보의 국외이전을 할 수 있는 요건들이 확대되었다. 대표적으로 개인정보를 이전받는 자가 개인정보 보호 인증 등을 받은 경우, 개인정보가 이전되는 국가의 보호체계 등의 개인정보 보호 수준이 (대한민국의) "개인정보보호법"에 따른 보호 수준과 실질적으로 동등한 수준임을 개인정보보호위원회가 인정하는 경우 등이 있다(개정법 제28조의8 제1항 각호 참조).

이러한 국내의 법개정에도 불구하고 개인정보가 국경을 넘어가는 것은 기본적으로 어렵고, 갈수록 더 어렵게 규정하는 나라들이 많아지고 있기 때문에 글로벌 데이터기업들은 되도록이면 해당 국가에 데이터센터를 두어 적어도 개인정보는 '그 나라에서' 처리하도록 하는 추세이다.

이제 우리는 글로벌 프로젝트에서 신경써야 할 것이 하나 더 늘었다. 정보는 보이지 않기에 실무자들이 염두에 두고 신경쓰지 않으면 자신도 모르게 위법행위를 저지르기 쉽다. 이는 회사와 직원 모두에게 불행한 일이 될 것이다.

그래서 컴퓨터프로그램, 데이터베이스는 저작권법의 보호를 받는다
는 사실을 알았다. 그럼 이제 '어떻게?'를 볼 차례다. 저작권의 보호 내용
을 살펴보자.

---

105 한국인터넷진흥원 사이트에서 GDPR 주요 내용을 잘 정리해두었다. GDPR은
    책 한 권으로 별도로 정리해야 할 만큼의 방대한 내용을 담고 있으므로 여
    기서 설명하긴 힘들다. 정보보호 관련 내용에 흥미가 있다면 여기에 정리된
    내용이라도 반드시 한번쯤 훑어보도록 하자.
    https://gdpr.kisa.or.kr/gdpr/static/mainWord.do

106 이전부터 '동의' 요건에 대해 많은 비판이 있었다. 쉽게 요지만 말하자면 어
    차피 정보주체는 우리 회사의 서비스를 이용하려고, 계약을 체결하려고 온
    사람들인데, 그렇기 때문에 정보제공 동의는 다 '클릭, 클릭'하고 넘어가기밖
    에 안하는데 동의를 받는 것이 무슨 의미가 있냐는 것이다. 그래서 최근 개
    정법에서는 이를 일부 완화하여 동의 없이 개인정보 수집·이용이 가능한 예외로
    "정보주체와 체결한 계약을 이행하거나 계약을 체결하는 과정에서 정보주체의 요청에
    따른 조치를 이행하기 위하여 필요한 경우"를 규정하였다.
    참고로 기존 법에서는 이 부분이 "정보주체와의 계약의 체결 및 이행을 위하
    여 불가피하게 필요한 경우"로 규정되어 있었다. 그래서 우리는 각종 계약체결
    시 읽지도 않는 개인정보와 관련된 '동의'를 클릭해야 했던 것이다. 개인정보
    보호위원회에 의하면 이러한 제도 개선의 목적은 궁극적으로 '필수동의'를
    없애는 것이라고 한다. 다만 현실적으로 기업들은 '동의'를 받음으로써 개인정
    보보호법 리스크를 피하는 관행에 이미 너무나도 익숙해져있기 때문에, 그리
    고 동의를 안받아도 되는 정보라는 점은 기업이 증명해야 하기 때문에 바뀐
    제도가 현실화되는 것에는 다소 시간이 걸릴 것으로 보인다.
    또 참고로 이번 개인정보보호법 개정에서는 GDPR에 있던 유명한 내용인 "자
    동화된 결정에 대한 대응권"을 따라 도입했다. 개인정보를 인공지능 기술 등 자
    동화된 시스템으로 사람의 개입없이 처리하는 경우(인사정보를 토대로 인공
    지능시스템이 자동적으로 해고 예정자를 추려내는 모습을 상상해보라!), 정보
    주체는 이러한 결정이 자신의 권리 또는 의무에 중대한 영향을 미치는 경우
    에 개인정보처리자에 대하여 해당 결정에 대한 거부권과 설명요구권을 행사
    할 수 있다(제37조의2).
    아울러 "마이데이터" 시대를 위해 자신의 개인정보를 보유한 기업·기관에게
    그 정보를 다른 곳으로 옮기도록 요구할 수 있는 '개인정보 전송요구권'이 신설
    되었다(제35조의2). 기업 위주의 데이터관리 관행이 소비자 중심으로 바뀌게
    되는 것이다. 앞으로 굉장히 중요한 역할을 하게될 규정으로 보이지만 아직
    은 하위법령이 정비가 되지 않은 상태이다. 일단 현재로서는 '전송요구권'과 '마
    이데이터'라는 키워드만 알아두고 가도록 하자.

앞에서 잠깐 언급했듯이 저작권은 1) 저작인격권과, 2) 저작재산권
으로 나뉘어진다.

1) 저작인격권은 내 이름으로 공표할지말지를 결정하고(공표권. 저작권
법 제11조), 저작물에 내 이름을 표시하고(성명표시권. 저작권법 제12
조), 저작물의 오리지널리티를 유지할 수 있는 권리(동일성유지권.
저작권법 제13조)를 포함한다. 이는 타인에게 양도할 수 없다.

2) 저작재산권은 먼저 원저작물을 그대로 사용할 경우와 '개작'하는
(2차적 사용) 경우로 나뉜다.

원저작물 그대로의 사용에는 복제권(제16조), 공연권(제17조), 공
중송신권(제18조), 전시권(제19조), 배포권(제20조), 대여권(제21조)
이 있다. 저작재산권은 전부 또는 일부를 양도할 수 있으며 양도
에 특별한 방식은 요구되지 않는다.

그리고 2차적 사용에는 번역·편곡 등 기타 변형이 포함된다.

저작권자에게는 이러한 권리들이 인정된다. 그러므로 저작권자가
아닌 다른 사람이 이런 권리를 무단으로 행사하면 저작권 침해가 된
다.[107] 우리가 신경써야 할 소프트웨어의 문제는 복제[108], 배포가 주로
문제가 될 것이다. 즉 정당하게 라이센스 이용권을 구매하지 않고 '복
붙'해서 사용하거나 팔아먹는 경우다. 어떤 행위를 복제, 배포라 부르
는지 정의규정을 보고가자.

---

[107] 사실은 조금 더 정확히 하자면 여기에 더해 저작권침해가 인정되기 위해서는
1) 피해자의 저작물을 보고 베꼈고(의거성), 2) 그 결과물이 피해자의 저작물
과 실질적으로 유사한 사실(실질적 유사성)이라는 요건을 갖춰야 한다. 그리고
이들 중에서 실무적으로 주로 문제가 되는 것은 '실질적 유사성이 있는지'이
다. 이에 대한 상세한 논의까지는 우리가 다룰 필요는 없을 것이다.

[108] 앞서 잠깐 건축 설계 도서에 따라 건축물을 시공하는 행위도 저작권 침해에
해당한다고 언급하였다. 그리고 그 행위는 '복제'로 정의된다.

> **저작권법** 제2조(정의)
> 22. "복제"는 인쇄·사진촬영·복사·녹음·녹화 그 밖의 방법으로 일시적 또는 영구적으로 유형물에 고정하거나 다시 제작하는 것을 말하며, 건축물의 경우에는 그 건축을 위한 모형 또는 설계도서에 따라 이를 시공하는 것을 포함한다.
> 23. "배포"는 저작물등의 원본 또는 그 복제물을 공중에게 대가를 받거나 받지 아니하고 양도 또는 대여하는 것을 말한다.

복제에 '일시적'이란 말이 눈에 들어온다. 디지털시대가 도래하면서 종이나 하드디스크와 같은 정보를 장기간 고정시킬 수 있는 매체뿐만 아니라 RAM처럼 일시적으로만 스쳐 지나가는 경우까지 저작권의 보호를 충실히 하기 위해 추가된 부분이다.

그리고 데이터베이스제작자의 권리는 제93조에 별도로 규정되어 있다. 우리가 법률규정을 외울 필요는 전혀 없지만 어떤 것들이 어디 즈음에 붙어있는지, 어떤 규정들이 다른 규정에 비해 뜬금없이 멀찌감치 떨어진 위치에 있는지 정도는 익혀두는 것이 빠른 리서치에 도움이 된다. 데이터베이스제작자는 그의 데이터베이스의 전부 또는 상당한 부분을 복제·배포·방송 또는 전송(이하 이 조에서 "복제등"이라 한다)할 권리를 가진다. 다만 데이터베이스제작자의 권리는 일반적인 저작재산권에 비해서 권리기간이 매우 짧다. 데이터베이스의 제작을 완료한 때로부터 발생하여, 그 다음해부터 기산하여 5년간 존속하고, 상당한 투자를 하여 데이터베이스를 갱신한 경우 그 다음해부터 5년간 존속한다(제95조).

그런데, 복제나 배포를 하면 무조건적으로 다 저작권의 침해라 볼 수 있는가? 저작권법의 문화, 산업 진흥을 위한 목적을 생각했을 때 저작권을 엄격하게 보호하면 우리의 목적에 오히려 어긋난다. 그렇기에 일견 저작권 침해행위로 보이는 행위라도 예를 들어 개인적인 이용, 교육목적 연구, 시사보도 등의 경우에는 저작권을 제한한다. 우리 저작권법은 이러한 취지에서 제23조부터 제36조까지 다양한 예외사유(즉 이러한 예외적 이용에 해당하는 행위에는 저작권자의 권리 행사가 제한된다)를 규정해두고 있다.

그럼에도 불구하고 모든 예외를 다 규정해두는 것은 불가능하기에 아예 제35조의5에는 "저작물의 공정한 이용"이라는 규정을 두어 예외규정이 따로 없더라도 "저작물의 통상적인 이용 방법과 충돌하지 아니하고 저작자의 정당한 이익을 부당하게 해치지 아니하는 경우"라면 저작물을 이용할 수 있게 하고 있다. 이를 공정이용이라 한다. 우리가 여기저기 참고문헌에서 긁어온 내용들에 대해 출처표기를 한다면 따로 이용허락을 구하거나 저작권자와 협상을 하지 않고도 별 문제없이 사용할 수 있는 이유가 다 이런 규정이 마련되어 있기 때문이다. 공정이용에 해당하는지는 결국 법원의 판단에 따르겠지만 다음의 사정들을 고려한다.

1) 이용의 목적 및 성격
2) 저작물의 종류 및 용도
3) 이용된 부분이 저작물 전체에서 차지하는 비중과 그 중요성
4) 저작물의 이용이 그 저작물의 현재 시장 또는 가치나 잠재적인 시장 또는 가치에 미치는 영향

재미있는 것은 유상인지 무상인지 여부는 고려대상이 아니라는 것. 책을 예로 들면 이해가 쉬울 것이다. 책은 결국 독자들에게 팔림으로써 지식이 전파된다. 유상일 수밖에 없다. 하지만 유상이라는 이유로 그 책에 다른 책의 내용을 인용한 것이 들어있다고 공정이용을 인정하

지 않는 것은 말이 안 된다. 지식은 이전의 지식을 기반으로 하기 마련이다. 예전에는 이러한 '돈을 받느냐 안받느냐'가 공정이용 판단의 중요한 고려사항으로 여겨졌으나, 위와 같은 이유로 현재는 저작권법에서도 삭제되었다.

그리고 컴퓨터프로그램의 경우 이러한 저작재산권의 제한 사유 중 일부가 적용되지 않는다. 제23조의 재판등에서의 복제, 제25조의 학교교육 목적 등에의 이용, 제30조의 사적이용을 위한 복제, 제32조의 시험문제를 위한 복제 등의 규정이 컴퓨터프로그램에 대해서는 적용되지 않는다(제37조의2).

어? 그런데 우리는 교육기관에서 프로그램을 복제, 배포하는 경우를 많이 보지 않았는가? 저작권법 제101조의3에서 따로 프로그램의 저작재산권의 제한을 따로 규정한다. 결국 제37조의2에서 제외된 내용을 고스란히 담고있지만 '목적상 필요한 범위 내'에서, '저작재산권자의 이익을 부당하게 해치지 않을 것'이라는 요건을 붙이고 있다.

저작권법 제101조의3(프로그램의 저작재산권의 제한)
① 다음 각 호의 어느 하나에 해당하는 경우에는 **그 목적상 필요한 범위**에서 공표된 프로그램을 복제 또는 배포할 수 있다. 다만, 프로그램의 종류·용도, 프로그램에서 복제된 부분이 차지하는 비중 및 복제의 부수 등에 비추어 **프로그램의 저작재산권자의 이익을 부당하게 해치는 경우에는 그러하지 아니**하다.
  1. **재판 또는 수사**를 위하여 복제하는 경우
  1의2. 제119조제1항제2호에 따른 감정을 위하여 복제하는 경우
  2. 「유아교육법」, 「초·중등교육법」, 「고등교육법」에 따른 학교 및 다른 법률에 따라 설립된 **교육기관**(초등학교·중학교 또는 고등학교를 졸업한 것과 같은 수준의 학력이 인정되거나 학위를 수여하

> 는 교육기관으로 한정한다)에서 교육을 담당하는 자가 수업과정에
> 제공할 목적으로 복제 또는 배포하는 경우
> 3. 「초·중등교육법」에 따른 학교 및 이에 준하는 **학교의 교육목적을
>   위한 교과용 도서**에 게재하기 위하여 복제하는 경우
> 4. 가정과 같은 한정된 장소에서 **개인적인 목적**(영리를 목적으로 하
>   는 경우를 제외한다)으로 복제하는 경우
> 5. 「초·중등교육법」, 「고등교육법」에 따른 학교 및 이에 준하는 학
>   교의 입학시험이나 그 밖의 학식 및 기능에 관한 **시험 또는 검정을
>   목적**(영리를 목적으로 하는 경우를 제외한다)으로 복제 또는 배포
>   하는 경우
> 6. 프로그램의 기초를 이루는 아이디어 및 원리를 확인하기 위하여
>   **프로그램의 기능을 조사·연구·시험할 목적으로 복제**하는 경우
>   (정당한 권한에 따라 프로그램을 이용하는 자가 해당 프로그램을
>   이용 중인 경우로 한정한다)
> ② 컴퓨터의 **유지·보수를 위하여 그 컴퓨터를 이용하는 과정**에서 프로
> 그램(정당하게 취득한 경우로 한정한다)을 일시적으로 복제할 수 있다.

그리고 또 소프트웨어 회사들이 자주 하는 행위 중 저작권법에서 문
제삼는 행위가 있다. 프로그램코드역분석으로 우리가 흔히들 리버스
엔지니어링(reverse engineering)이라 부르는 것이다. 이에 대해 저작권
법은 1) 정당한 권한에 의하여 프로그램을 이용하는 자 또는 그의 허
락을 받은 자는, 2) 호환에 필요한 정보를 쉽게 얻을 수 없고 그 획득
이 불가피한 경우에는, 3) 해당 프로그램의 호환에 필요한 부분에 한
하여 프로그램의 저작재산권자의 허락을 받지 아니하고 프로그램코드역
분석을 할 수 있다고 규정한다.

당연히 이러한 경우라도 호환 목적 외의 이용, 제작이나 판매 등 프로그램
의 저작권을 침해하는 행위에 이용하는 경우는 이용할 수 없다(제101조의4).

또 프로그램의 복제물을 정당한 권한에 의하여 소지·이용하는 자는 그 복제물의 멸실·훼손 또는 변질 등에 대비하기 위하여 필요한 범위에서 해당 복제물을 복제할 수 있다. 당연히 그 '정당한 권한'이 상실되면 복제한 것을 폐기해야 한다(제101조의5).

데이터베이스의 경우 앞에서 살펴본 일반적인 저작재산권 제한규정이 준용되며, 거기에 더해서 통상적인 이용과 저촉되지 않는다면 1) 비영리적 목적으로 교육·학술 또는 연구를 위하거나, 2) 시사보도를 위하여 누구든지 데이터베이스의 전부 또는 그 상당한 부분을 복제·배포·방송 또는 전송할 수 있다(제94조).

이제 저작재산권의 양도를 보자. 쉽게 말해 팔아넘기는 것이다. 제일 중요한 행위이다. 저작재산권은 전부 또는 일부를 양도할 수 있고, 전부를 양도하는 경우 원칙적으로 2차적 저작물을 작성, 이용할 권리는 포함되지 않은 것으로 추정하지만(쉽게 말해 원저작물을 개작할 수 없다는 것이다), 프로그램의 경우 특약이 없는 한 2차적 저작물작성권도 함께 양도된 것으로 추정한다(제45조). 개작이 상대적으로 자유롭고 상황에 따른 개작(업데이트 등)이 당연히 필요한 프로그램의 특성을 반영한 것이다.

저작재산권자로부터 '이용허락을 받은 자'는 허락받은 이용방법 및 조건의 범위 안에서 그 저작물을 이용할 수 있으며, 저작재산권자의 동의없이 제3자에게 저작물을 이용할 수 있는 권리를 양도할 수 없다(제46조).

공동저작물의 경우는 어떠한가? 기본적으로 공동저작자간 특약이 없다면 '창작에 이바지한 정도'에 따라 권리가 각자에게 배분된다. 그런데 창작에 이바지한 정도를 우리가 명확히 따질 수 있을리 만무하다. 그래서 각자의 이바지한 정도가 명확하지 않다면 균등한 것으로 추정된다. 결과적으로 공동저작물은 저작재산권자 전원의 합의에 의해서 행사하여야 하고, 다른 저작재산권자의 동의가 없으면 그 지분을 양도하거나 질권의 목적으로 할 수 없다(질권의 목적으로 한다는 말은 쉽게말해서 담보잡아서 돈을 빌린다는 말이다). 권리자가 여럿인데 행사까지 전원의 합의로 하도록 규정돼있으니 실제 자신의 권리를 행사할 때 굉장히 번거로울 수 있다. 그래서 공동저작물을 행사함에 있어서 저작재산권자들은 그들을 대표하여 저작재산권을 행사할 수 있는 자를 선정할 수 있다(제48조).

바. 부정경쟁방지 및 영업비밀보호에 관한 법률과 영업비밀

우리 회사는 우리가 피땀눈물 흘려가며 만들어낸 기술을 보호해야 한다. 그 방법 중 하나로 앞에서 특허를 보았다. 그런데 결정적인 문제가 있다. 특허는 공개된다. 산업발전을 궁극적인 목적으로 하고 있기 때문에 독점권을 주되 기술을 널리 알리는 것이다. 그렇다면 공개하기 싫은, 진짜 우리 회사만 가지고 있고 싶은 기술은 어떻게 보호하는가? 영업비밀로 가지고 있어야 한다. 그런데 그렇게 어떤 기술을 영업비밀로 가지고 있는 행위는 특허라는 제도로 보호받기를 포기한 것이므로 어떤 보호도 받지 못하는가? 그럴리가 없다. 우리 법은 "부정경쟁방지 및 영업비밀보호에 관한 법률(약칭: 부정경쟁방지법)109"으로 영업비밀을 보호하고 있다.

---

109 법은 법제처 사이트에 나오는 공식 약칭으로 부르는 것이 일반적이나, 바쁜 우리들에겐 부정경쟁방지법도 길다. 그래서 보통 더 줄여서 "부경법"이라고 부르고 이 책에서도 이하 부경법이라 표기할 것이다.

부경법 제2조(정의)

이 법에서 사용하는 용어의 뜻은 다음과 같다.

2. **"영업비밀"**이란 공공연히 알려져 있지 아니하고 독립된 경제적 가치를 가지는 것으로서, 비밀로 관리된 생산방법, 판매방법, 그 밖에 영업활동에 유용한 기술상 또는 경영상의 정보를 말한다.

3. **"영업비밀 침해행위"**란 다음 각 목의 어느 하나에 해당하는 행위를 말한다.

　가. 절취(竊取), 기망(欺罔), 협박, 그 밖의 **부정한 수단으로 영업비밀을 취득**하는 행위(이하 "부정취득행위"라 한다) 또는 그 취득한 영업비밀을 **사용**하거나 **공개**(비밀을 유지하면서 특정인에게 알리는 것을 포함한다. 이하 같다)하는 행위

　나. 영업비밀에 대하여 부정취득행위가 개입된 사실을 알거나 중대한 과실로 알지 못하고 그 영업비밀을 취득하는 행위 또는 그 취득한 영업비밀을 사용하거나 공개하는 행위

　다. 영업비밀을 취득한 후에 그 영업비밀에 대하여 부정취득행위가 개입된 사실을 알거나 중대한 과실로 알지 못하고 그 영업비밀을 사용하거나 공개하는 행위

　라. 계약관계 등에 따라 영업비밀을 **비밀로서 유지하여야 할 의무가 있는 자가** 부정한 **이익**을 얻거나 그 영업비밀의 보유자에게 **손해를 입힐 목적**으로 그 영업비밀을 **사용**하거나 **공개**하는 행위

　마. 영업비밀이 라목에 따라 공개된 사실 또는 그러한 공개행위가 개입된 사실을 알거나 중대한 과실로 알지 못하고 그 영업비밀을 취득하는 행위 또는 그 취득한 영업비밀을 사용하거나 공개하는 행위

　바. 영업비밀을 취득한 후에 그 영업비밀이 라목에 따라 공개된 사실 또는 그러한 공개행위가 개입된 사실을 알거나 중대한 과실로 알지 못하고 그 영업비밀을 사용하거나 공개하는 행위

도대체가 무슨 말인지 못 알아먹겠다. 하나하나 풀어보자.

즉 아무 것들이나 영업비밀로 보호되는 것이 아니라 1) 공연히 알려지지 않은 것이어야 하고(비공지성), 2) 독립된 경제적 가치를 가지는 것으로서(경제적 유용성), 3) 비밀로 관리된 것(비밀관리성)이라는 세 가지 요건을 충족해야 한다는 것이다.

특허법은 자연법칙을 이용한 '기술'에 관한 것을 보호하지만 부경법은 자연법칙일 필요도, 기술에 관한 것일 필요도 없지만 위와 같은 요건을 충족한 것을 보호한다는 점에서 차이가 있다.

침해행위들은 굉장히 복잡하게 6가지로 나누어 열거하고 있지만 간단하게 나눠볼 수 있다.

1) 절도 등 부정한 수단으로 영업비밀을 취득, 사용, 공개하는 행위 (부정취득행위),

2) 영업비밀을 비밀로서 유지해야 할 의무가 있는 자가 부정한 이익을 얻거나 보유자에게 손해를 가할 목적으로 영업비밀을 사용, 공개하는 행위(비밀유지의무 위반행위)

라는 두 가지 유형의 변주이다.

이 두 가지 유형에 '제3자'가

1) 부정취득행위 또는 비밀유지의무 위반행위가 있었다는 사실을 취득당시에 알았거나나 실수로 알지 못하고 그 영업비밀을 취득, 사용, 공개한 행위(부정취득자 또는 비밀유지의무 위반자로부터의 악의취득), 그리고

2) 위 두 종류의 행위가 있었던 사실을 취득 당시에는 알지 못했지만 취득한 이후 알게되거나 실수로 알지 못하고 사용, 공개하는 행위(사후적 관여)를 추가해 놓은 것이다.

즉 행위유형으로 부정취득행위와 비밀유지의무 위반행위가 구별되고, 부정취득자 그 자신의 행위인지, 부정취득자로부터 그것이 부정취득된 비밀인 것을 알면서 취득하거나 사후적으로 관여했는지 여부에 따라 다시 한번 구분을 더한 것이다.

여기서 주의해야 할 것은 '계약관계 등에 따라 영업비밀을 비밀로서 유지하여야 할 의무가 있는 자'는 비밀유지계약서를 쓰는 등으로 '계약관계'가 형성된 자만을 의미하는 것이 아니라는 것. 법 조문을 보다가 '등'이 나오면 항상 긴장해야 한다. '계약관계'는 예시일 뿐이고 법률적인 관계가 없더라도 비밀을 지켜야 할 신뢰관계가 인정되면 족하다. 회사의 종업원은 당연히 이러한 비밀을 지켜야 할 관계가 인정될 것이다.

굉장히 촘촘하게 영업비밀 침해행위를 규정해놨다. 지금 여러분들은 조금 무서웠을지도 모른다. '내가 다루는 회사나 회사의 거래상대방에 관한 지식들의 태반이 다 영업비밀일텐데 이에 대해 한마디라도 하면 다 잡혀가는거 아닌가?' 충분히 이해된다. 그래서 부경법은 제13조에서 '선의자,' 즉 몰랐던 사람은 예외로 두고 있다.

부경법 제13조(선의자에 관한 특례)
① 거래에 의하여 영업비밀을 정당하게 취득한 자가 그 거래에 의하여 허용된 범위에서 그 영업비밀을 사용하거나 공개하는 행위에 대하여는 제10조부터 제12조까지의 규정을 적용하지 아니한다.
② 제1항에서 "영업비밀을 정당하게 취득한 자"란 제2조제3호다목 또는 바목에서 영업비밀을 취득할 당시에 그 영업비밀이 부정하게 공개된 사실 또는 영업비밀의 부정취득행위나 부정공개행위가 개입된 사실을 중대한 과실 없이 알지 못하고 그 영업비밀을 취득한 자를 말한다.

이제 조금은 안심이 될 것이다. 다만 '거래에 의하여 정당하게' 취득한 경우에만 특례가 적용된다는 사실에 유의하자.

그럼 이제 영업비밀침해행위에 대해서는 어떻게 대응해야 하는가? 영업비밀 침해행위를 하거나, 하려는 자에 대하여 '영업상의 이익이 침해되거나 침해될 우려'가 있는 경우 법원에 그 침해행위를 금지하도록 금지청구를 할 수 있다(금지청구권. 부경법 제10조). 그리고 당연히 영업비밀 침해에 대해 손해배상을 청구할 수 있으며(손해배상청구권. 제11조), 영업비밀 보유자의 청구가 있으면 법원은 고의 또는 과실에 의한 영업비밀 침해행위로 영업비밀 보유자의 영업상 신용을 실추시킨 자에게 영업상의 신용을 회복하는 데에 필요한 조치를 명할 수 있다(신용회복청구권. 제12조).

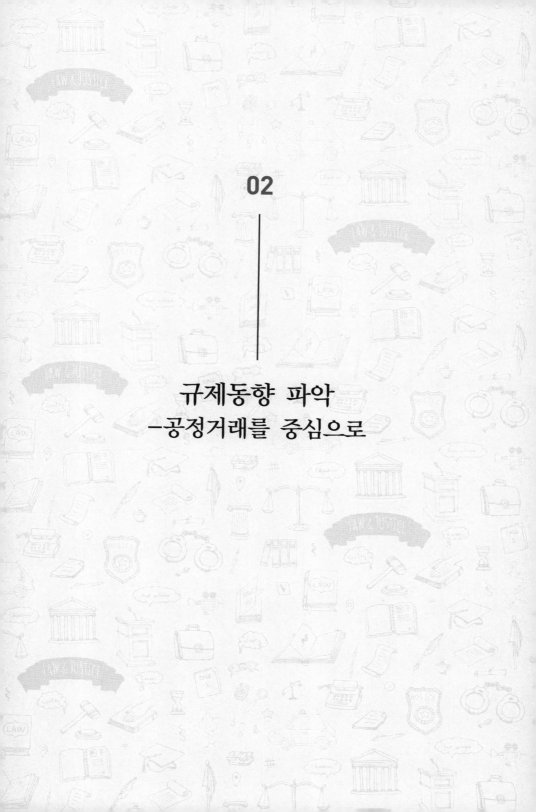

02

규제동향 파악
–공정거래를 중심으로

규제동향 파악
- 공정거래를 중심으로

　이것 또한 컴플라이언스의 일부로 굉장히 중요한 업무이지만 기본적으로 업계마다 어떤 정부부처에서 어떤 법을 통해 규제를 하는지가 매우 다르고, 무엇보다 법무부서의 규모에 따라서 이런 규제동향 파악 및 자료 작성을 할 수도 있지만 하지 못할 수도 있다. 법무팀이 한 줌만한 인원으로 돌아가는 경우(꽤 많은 회사의 사정이 이러하다) 계약, 소송, 자문하기도 바쁜데 언제 이런 걸 공부해서 자료까지 만들고있겠는가!

　다만 이러한 규제동향 자료를 만드는 규모 있는 기업의 법무부서에 들어가길 원하는 경우 PPT와 Excel 등의 사용능력이 어느 정도 있는 것이 좋다. 취업준비생이라면 당연한 스킬아니냐고 질문을 하실지도 모른다. 하지만 법학을 공부하신 분들, 특히 여러분의 상사인 높으신 분들은⋯ 이런 프로그램들을 잘 다루지 못하시는 분들이 많다. 특히 컴플라이언스 업무가 직무소개서에 쓰여있는 경우라면 면접이나 자기소개서에서 꼭 어필을 해보도록 하자. 엑셀과 PPT를 '잘' 다룬다는 어필에 물개박수를 치는 면접관분들이 종종 있을 것이다.

　앞서 말한 것처럼 규제상황은 업계마다 다르기에 규제동향 파악과

관련하여 공통적으로 쓸 내용은 없다. 하지만 '대기업'이라면 공정거래
위원회를 마주치지 않을 수가 없을 것이다. 그리고 독자여러분들은 '아
마도' 대기업의 법무팀에 취업하고 싶으실 확률이 높을테니 공정거래
위원회에 대해 간단히만 보고가도록 하자. 먼저 공정거래위원회가 무
엇을 하는 곳인가? 공정거래위원회 홈페이지에 나와있는 자체 설명110
에 의하면 1) 경쟁촉진, 2) 소비자 주권 확립, 3) 중소기업 경쟁기반
확보, 4) 경제력 집중 억제의 일을 한다.

잘 모르겠다. 법을 보자. 공정위에서는 다음의 법들을 다룬다. 바로
이 법들이 여러분이 학교에서 배운 법 외에 취업을 하는 데에 별도로
공부해두면 좋은 법이다.

  1) 공정거래법

  2) 하도급법

  3) 약관법

  4) 표시광고법

  5) 할부거래법

  6) 방문판매법

  7) 전자상거래법

  8) 대규모유통업법

  9) 가맹사업법

  10) 대리점법

  11) 소비자기본법

  12) 생협법(소비자생활협동조합법)

  13) 제조물책임법

---

110 https://www.ftc.go.kr/www/contents.do?key=326

얼핏 보기만 해도 대기업에 적용되는 법들은 다 이곳의 소관이라는 것을 알 수 있다. 그래서 다른 규제기관들은 몰라도 적어도 공정거래위원회에 대해서는 알려드리고 있는 것이다. 기업입장에서는 아주 무시무시한 기관이다.

하지만 여기서 공정거래위원회에서 다루는 모든 법들을 다루는 것은 불가능하다. 한 법을 다 다루는 것조차도 불가능하다. 그래서 가장 중요한 "공정거래법"에서도 가장 중요한 규제 세 종류만 간략히 알아보도록 하자. 대기업 법무부서 면접에서 언제든지 나올 수 있는 내용이다. 때문에 아직 졸업을 하지 않은 학생 신분의 독자분이시라면, 대기업 법무부서 취업이 목표라면 공정거래법은 한 학기동안 수업을 한번 들어보는 것을 강력히 추천한다.

먼저 시장지배적지위남용이다.

시장지배적 사업자에 대해 규율한다. 무슨 말인가? 이는 일반적으로는 '독과점 사업자'를 말하고 정확히는 '일정한 거래분야에서 단독으로 또는 다른 사업자와 함께 상품이나 용역의 가격, 수량, 품질 기타 거래조건을 결정, 유지 또는 변경할 수 있는 시장 지위를 가진 사업자'(공정거래법 제2조 제3호)를 말하며, 공급자뿐 아니라 수요자도 시장지배적 사업자가 될 수 있다.

이렇게 적어두면 아무도 확정적으로 누가 시장지배적 사업자인지 결정을 할 수 없을 것이다. 기준이 있다. 1개 사업자의 시장점유율이 50% 이상이거나, 3개 이하 사업자의 시장점유율 합계가 75% 이상인 경우 시장지배적 사업자로 추정(제6조)하며, 연간 매출액 또는 구매액이 40억원 미만인 사업자는 제외된다. 물론 이 기준 외에도 진입장벽의 존재 및 정도, 경쟁사업자의 상대적 규모 등을 종합적으로 고려하여 결정한다.

이러한 시장지배적 사업자가 ① 가격남용, ② 출고조절, ③ 사업활동 방해, ④ 진입제한, ⑤ 경쟁사업자 배제 또는 소비자 이익 저해라는 다섯가지 유형의 행위를 하는 것을 시장지배적지위남용으로 규정하고 있다(제5조 제1항). 이름만 들어도 대충 감이 올 것이지만 다소 헷갈릴 수 있으니 조금씩만 내용을 보고 가도록 하자.

1) 가격남용행위는 정당한 이유없이 상품의 가격이나 용역의 대가를 수급의 변동이나 공급에 필요한 비용의 변동에 비하여 현저하게 상승시키거나 근소하게 하락시키는 행위를,

2) 출고조절행위는 정당한 이유없이 최근의 추세에 비추어 상품 또는 용역의 공급량을 현저히 감소시키거나, 유통단계에서 공급이 부족함에도 상품 또는 용역의 공급량을 감소시키는 행위를,

3) 사업활동방해행위는 정당한 이유 없이 다른 사업자의 생산에 필요한 원재료 구매를 방해하는 행위, 정상적인 상거래관행에 비추어 과도한 경제상의 이익을 제공할 것을 약속하면서 다른 사업자의 사업 활동에 필수적인 인력을 채용하는 행위, 정당한 이유 없이 다른 사업자의 상품 또는 용역의 생산·공급·판매에 필수적인 설비의 사용을 거절하거나 중단하는 행위 등 구매, 생산, 판매, 재무, 인사활동 등을 통하여 다른 사업자의 사업활동에 직접 또는 간접적으로 간섭하여 사업활동을 어렵게 하는 행위를,

4) 진입제한행위는 정당한 이유 없이 거래하는 유통사업자가 다른 사업자와 거래하지 못하도록 하는 배타적 거래계약을 체결하는 행위, 정당한 이유 없이 기존 사업자의 계속적인 사업 활동에 필요한 권리 등을 매입하는 행위 등 자유로운 시장경쟁의 전제조건인 신규사업자나 기존사업들의 시장에 대한 자유로운 진입과 퇴출

을 방해하는 행위를,

5) 경쟁사업자 배제는 경쟁사업자를 시장에서 배제시킬 의도로 자신이 공급하는 상품이나 용역의 가격을 통상 거래가격에 비해 현저히 낮은 대가로 공급하거나 높은 대가로 구입하거나, 경쟁사업자와는 거래하지 않는다는 조건으로 거래하는 행위를, 소비자 이익의 저해행위란 시장지배적 사업자의 영업활동이 소비자의 재산 또는 신체상의 제반 이익을 현저히 침해하는 경우를 말한다.

다음으로는 불공정거래행위다.

공정거래법은 자유로운 시장경쟁을 저해할 수 있는 공정하지 않거나 정당하지 못한 방법 등을 사용하여 거래하는 행위를 9가지 유형으로 나누어 일반불공정거래행위로 규정하고 있고, 기타 표시광고법, 하도급법, 가맹사업법 등에 특수한 유형들이 별도로 규정되어있다. 여기서는 공정거래법만 보고가도록 하자.

일반 불공정거래행위에는 ① 거래거절, ② 차별적 취급, ③ 경쟁사업자 배제, ④ 부당한 고객유인, ⑤ 거래강제, ⑥ 거래상지위 남용, ⑦ 구속조건부거래, ⑧ 사업활동 방해, ⑨ 부당한 자금·자산·인력의 지원 (부당 지원행위) 등의 9개 유형으로 구분된다(공정거래법 제45조 제1항).

1) 거래거절은 사업자가 정당한 이유 없이 거래의 개시를 거절하거나, 계속적인 거래관계를 중단하거나, 거래하는 상품이나 용역의 수량·내용을 현저히 제한하는 행위를,

2) 차별적 취급은 사업자가 거래상대방에 대해 거래지역이나 가격, 기타 거래조건을 차별하여 경쟁사업자나 거래상대방의 지위를 약화시켜 자신의 지위를 유지·강화하는 행위를,

3) 경쟁사업자 배제는 사업자가 경쟁사업자를 배제하기 위해 정상적
   인 경쟁 수단을 사용하지 않고 상품 또는 용역을 공급원가보다
   현저히 낮은 가격으로 판매하거나 통상 거래되는 가격에 비하여
   부당하게 높은 가격으로 구입하는 행위를,

4) 부당한 고객유인은 사업자가 과도한 이익의 제공, 계약성립의 저
   지, 계약불이행의 유인 등을 통해 부당하게 경쟁자의 고객을 자
   기와 거래하도록 유인하는 행위를,

5) 거래강제는 사업자가 끼워팔기나 회사 임직원으로 하여금 본인 의
   사에 반하여 상품이나 용역을 구입 · 판매하도록 강제하는 행위 등
   을 통해 부당하게 경쟁자의 고객을 자기와 거래하도록 강제하는
   행위를,

6) 거래상지위 남용은 거래상 우월적 지위를 갖고 있는 사업자가 그
   지위를 부당하게 남용하여 거래상대방의 자유로운 의사결정을
   침해하여 거래상 불이익을 주는 행위를,

7) 구속조건부거래는 사업자가 자유롭고 공정한 시장경쟁을 침해하여
   거래지역 또는 거래상대방을 제한함으로서 사업활동을 부당하게
   구속하는 조건으로 거래하는 행위를,

8) 사업활동 방해는 사업자가 과도한 이익의 제공, 계약성립의 저지,
   계약불이행의 유인 등을 통해 부당하게 경쟁자의 고객을 자기와
   거래하도록 유인하는 행위를,

9) 부당지원행위는 부당하게 특수관계인 또는 다른 회사에 대하여 가
   지급금 · 대여금 · 인력 · 부동산 · 유가증권 · 상품 · 용역 · 무체재산
   권 등을 제공하거나 현저히 유리한 조건으로 거래하여 특수관계
   인 또는 다른 회사를 지원하는 행위를 말한다.

이러한 행위들은 "공정한 거래를 저해할 우려"(공정거래저해성)라는 관점에서 위법성 심사가 이루어진다. 이는 '경쟁제한성'과 '불공정성'을 포함하는 내용으로, '경쟁제한성'은 당해 행위로 인해 시장 경쟁의 정도 또는 경쟁사업자(잠재적 경쟁사업자 포함)의 수가 유의미한 수준으로 줄어들거나 줄어들 우려가 있음을 의미하고, '불공정성'은 경쟁수단 또는 거래내용이 정당하지 않음을 의미한다. 경쟁수단의 불공정성은 상품 또는 용역의 가격과 질 이외에 바람직하지 않은 경쟁수단을 사용함으로써 정당한 경쟁을 저해하거나 저해할 우려가 있음을 의미한다. 거래내용의 불공정성이라 함은 거래상대방의 자유로운 의사결정을 저해하거나 불이익을 강요함으로써 공정거래의 기반이 침해되거나 침해될 우려가 있음을 의미한다. 정리하면 다음과 같다.

공정거래저해성	경쟁제한성	경쟁의 정도
		경쟁사업자의 수
	불공정성	경쟁수단
		거래내용

그리고 각 행위의 문언에 '부당하게'와 '정당한 이유없이'가 나눠진다. 그 말이 그 말인 것 같지만 그 말이 조금 다르다. 결론적으로 '부당하게'가 요건인 행위는 공정위가 위법성 입증 책임을 부담하고, '정당한 이유'가 있는지에 대해서는 피심인이 입증할 책임이 있다.[111] 재미있는 것은 불공정거래행위에는 "안전지대Safety Zone" 개념이 존재한다는 것. 아마 다른 법을 공부하면서 들어본 적이 없는 개념일

---

111 공정거래위원회예규 "불공정거래행위 심사지침" 참조

것이다. 사업자의 규모나 시장점유율 등이 미미할 경우 시장 경쟁에 미치는 영향이 적을 것으로 간주하여 공정위가 원칙적으로 심사절차를 개시하지 않는 제도이다. 즉 위에서 본 불공정거래행위에 속하는 행위를 했어도, 그 행위를 한 기업이 구멍가게라면… 그게 뭐 어디 시장경쟁에 영향을 미치겠느냐 하는 취지이다.

이 역시 '얼마나 작아야 하는가?'가 문제가 될 것이다. 당연히 기준이 있다. 불공정거래행위 혐의사실을 실행한 사업자의 시장점유율이 10% 미만인 경우이다. 다만 시장점유율 산정이 사실상 불가능하거나 현저히 곤란한 경우에는 당해 업체의 연간매출액이 50억원 미만인 경우이다. 당연히 정권 성향에 따라 이 숫자는 쉽게 바뀔 수 있고 시장점유율과 연간매출액이 중요한 판단기준으로 작용한다는 점만 알아두도록 하자.

그리고 모든 행위에 대해 다 봐주는 것이 아니라 안전지대가 적용되는 행위와 그렇지 않은 행위가 나뉘어진다는 점도 알고가도록 하자.

1) 안전지대 적용: 경쟁제한성 위주로 심사하는 불공정거래행위 유형. 즉 거래거절, 차별적 취급행위, 경쟁사업자 배제행위, 구속조건부 거래행위 등
2) 안전지대 미적용: 부당한 고객유인행위, 거래강제 행위(사원판매 등), 거래상지위 남용행위, 사업활동방해 행위 등

마지막으로 부당지원행위이다. 앞서 본 '불공정거래행위'의 한 유형인데 매우매우매우 중요하기 때문에 따로 설명한다.

대기업은 계열사들 간에 돈이 돌게 만든다. 바로 그것이 기업집단의 핵심이다. 같은 편끼리 공동의 목표를 가지고 하나의 목표를 향해 나

아가게 만드는 데에는 더할 나위 없이 좋은 전략이지만, 그것이 너무 과하면 시장경쟁질서가 무너질 수 밖에 없다. 당연히 작은 기업은 대기업에서 밀어주는 기업을 이길 수 없기에 불공정하고, 누가봐도 시장에서 퇴출되어야 할 부실 계열회사가 부당지원행위로 심폐소생술을 받고 있는 상황이라면 외환위기 같은 사태에서 줄도산 위험이 있어 국가적 대재앙이 벌어질 수도 있기 때문이다. 우리는 그러한 사태의 심각성을 충분히 겪은 국가이다. 때문에 계열사들 간의 밀어주기가 부당할 경우에는 제재를 하는 것이다.

부당지원행위는 사업자가 부당하게 계열회사 등에게 과다한 경제상 이익이 되도록 자금이나 자산 등을 상당히 유리한 조건으로 거래하는 행위를 말한다(공정거래법 제23조 제1항 제7호).

부당내부거래의 유형은 ① 부당한 자금지원, ② 부당한 자산 상품 등 지원, ③ 부당한 인력지원, ④ 부당한 거래단계 추가 등의 4개 유형으로 구분된다(공정거래법 시행령 별표1의2 제10호).

1) 부당한 자금지원은 부당하게 특수관계인 또는 다른 회사에 대하여 가지급금·대여금 등 자금을 상당히 낮거나 높은 대가로 제공하거나 상당한 규모로 제공하여 과다한 경제상 이익을 제공함으로써 특수관계인 또는 다른 회사를 지원하는 행위를,

2) 부당한 자산 상품 등 지원은 부당하게 특수관계인 또는 다른 회사에 대하여 부동산·유가증권·상품·용역·무체재산권 등 자산을 상당히 낮거나 높은 대가로 제공하거나 상당한 규모로 제공하여 과다한 경제상 이익을 제공함으로써 특수관계인 또는 다른 회사를 지원하는 행위를,

3) 부당한 인력지원은 부당하게 특수관계인 또는 다른 회사에 대하여

인력을 상당히 낮거나 높은 대가로 제공하거나 상당한 규모로 제
공하여 과다한 경제상 이익을 제공함으로써 특수관계인 또는 다
른 회사를 지원하는 행위를,

4) 부당한 거래단계 추가는 다른 사업자와 직접 상품·용역을 거래하
면 상당히 유리함에도 불구하고 거래상 역할이 없거나 미미(微
微)한 특수관계인이나 다른 회사를 거래단계에 추가하거나 거쳐
서 거래하는 행위를 말한다(소위 말하는 '통행세').

위와 같은 부당지원행위는 '부당'해야 하고 이 말은 결국 '공정거래
저해성'에 대한 판단이 필요하다는 의미이다. 그런데 생각해보자. 부당
지원행위를 막는 이유가 무엇인가. 결국 경제력의 집중을 막기 위함이
다. 계열사를 밀어준 경우에만 경제력이 집중되는가? 자연인인 사람은
어떠한가. 그런데 계열사가 총수일가 등의 자연인을 지원한 경우에는
부당지원행위로 포섭하기가 굉장히 어렵다. '기업'이 아닌 고작 '사람'
이 어떻게 시장에서의 공정한 거래를 저해하겠는가? 이와 같은 문제
때문에 자연인에 대한 지원행위를 포섭하고자 '부당성 심사를 완화한',
부당지원행위와 아주 유사한 개념인 "특수관계인에 대한 부당한 이익제
공행위" 규정이 만들어졌다(제47조). 소위말하는 "사익편취"이다.

지원객체가 동일인(쉽게 말해 총수) 또는 동일인의 친족, 동일인 또는
동일인의 친족이 일정 비율 이상 지분을 보유한 계열회사가 해당된다
는 것이 부당지원과의 차이이다. 행위유형으로는 1) 상당히 유리한 조
건으로 거래하는 행위, 2) 사업기회제공행위, 3) 금융상품 등을 상당히
유리한 조건으로 거래하는 행위, 4) 상당한 규모로 거래하는 행위(소위
'일감몰아주기')를 규율하는데, 사실상 부당지원행위와 거의 동일하여

이중 규제라는 비판도 있다.112

그리고 공정거래법은 법 자체보다는 "심사지침"들이 훨씬 중요하다는 사실을 알아두도록 하자. 법만 봐서는 아무짝에도 쓸모가 없다. 기업 간에 이루어지는 거래들은 너무나도 다양하다. 이를 법에서 일률적으로 어떤 행위는 나쁜 행위이고 어떤 행위는 괜찮은 행위인지 정하는 것은 사실상 불가능하다. 그렇기 때문에 공정거래위원회예규인 "심사지침"을 활용하여 굉장히 미세하게 규제가 이루어진다. '특수관계인에 대한 부당한 이익제공행위 심사지침', '부당한 지원행위의 심사지침', '불공정거래행위 심사지침' 등이다. 공정거래법상의 문제에 대해 구체적인 판단을 해야 할 일이 생기면 이것을 기억해두었다가 바로 심사지침을 찾아보면 된다.

이외에도 공정거래법만 해도 책 한 권이 더 필요하지만 가장 중요한 세 개념을 수박 겉핥기식으로 알아보았다. 대기업 계열사의 경우 굉장히 중요한 이슈일 수밖에 없는 내용이고 면접에 언제든 등장할 수 있는 내용이니 위와 같은 개념의 존재만이라도 알고가도록 하자.

---

112 임영철, 조성국. "공정거래법: 이론과 실무". 박영사(2018). p152.

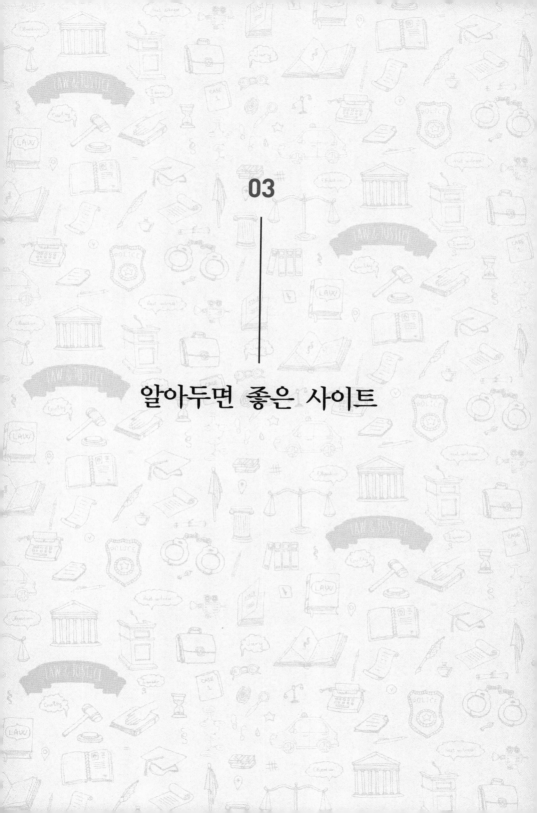

03

알아두면 좋은 사이트

알아두면 좋은 사이트

소송과 형사 대응은 기업법무에서 굉장히 중요한 위치를 차지하고 있다. 하지만 이 책에서는 다루지 않을 것이다. 물론 분량의 문제도 있지만 지극히 현실적인 문제이다. 로스쿨 시대가 정착되면서 그 취지에 따라 변호사들의 가치(?!)가 낮아져 기업들이 사내변호사를 많이 채용하게 되었고 이에 따라 이 파트는 변호사들이 전담하게 된 것이 현실이기 때문이다.

그래서 변호사 자격증이 없는 독자 여러분들은 이에 대해서는 보조역할만 하게될 확률이 매우 높아졌다. 이런 현실을 반영하여 소송과 형사 대응에 관해서는 보조 역할을 수행할 사이트를 알려드리는 것으로 책을 마무리 하도록 하겠다.

가. 전자소송

먼저 소송과 관련해서는 "전자소송" 사이트를 이용하면 된다
(https://ecfs.scourt.go.kr/).

이 사이트 하나에서 '서류제출', '송달문서확인', '사건열람', '소송비용
납부' 등을 모두 해결할 수 있다. 적어도 민사소송은 완벽한 전자화가
이루어졌다고 보면 된다. 세상 참 좋아졌다. 이것이 21세기 행정이다!

나. 대법원 나의 사건검색

위와 같은 전자소송 사이트를 이용하는 것은 다소 '본격적'인 경우이다. 진행상황만을 간단하게 확인하고 싶을 때가 있다. 아니, 굉장히 자주 있다. 이럴 때 "대법원 나의 사건검색"을 이용하자(https://www.scourt.go.kr/portal/information/events/search/search.jsp).

다. 형사사법포털

민사사건은 거의 100% 전자화가 이루어졌다. 하지만 형사절차의 경우 아직까지 '종이' 문서들이 왔다갔다하는 것이 현실이고 당사자 입장에서 사건의 진행파악에 있어 굉장히 답답함을 겪을 수밖에 없다. 특히 아직 법원까지 가지 않은 단계의 형사절차의 경우는 더 그렇다. 이럴 때 어디서 확인하는가? "형사사법포털"을 이용하면 된다(https://www.kics.go.kr/).

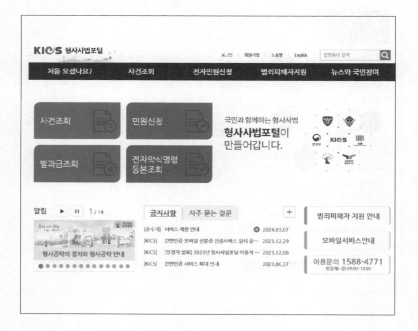

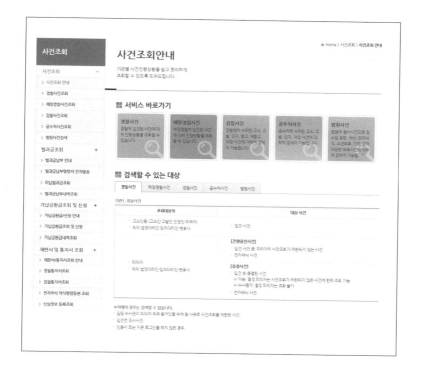

위 사진에서 볼 수 있듯 경찰, 검찰 단계의 사건의 진행을 조회할 수 있고, 그 외에도 벌과금, 가납금환급신청, 기타 통지서 및 신상정보 등록 조회도 가능하다!

이 세 사이트의 존재만 알고 있어도 보조 역할을 수행하는 데에 큰 지장이 없을 것이다.

그리고 이 사이트에의 접속은 자신의 아이디와 공인인증서를 사용하는 것이 아니라 여러분이 속한 법인의 공인인증서를 사용해서 이루어져야 한다. 생각해보면 당연한 것이다. 회사의 사건은 당사자가 회사니까. 본인 아이디로 접속해놓고 '왜 조회가 안 되지?'하고 있으면 조금 부끄러울 수 있다. 부끄럽지만 내 경험이다.

나가며

로스쿨 제도가 도입된지 벌써 십년이 훌쩍 넘었다. 제도는 잘 정착했다. 하지만 제도 밖의 사람들, 즉 법을 공부했지만 로스쿨에 진학하지 않은 사람들에 대한 세간의 관심은 사그라들었다.

법은 모든 국민을 위한 것이다. 절대로 변호사가 되어야만 법을 공부한 쓸모가 있는 것이 아니다. 앞서 강조했듯이 산업계에는 변호사가 아니지만 법을 어느 정도 공부한 사람들에 대한 충분한 수요가 존재한다. 그리고 법무직렬은 많은 문과 출신 취업준비생들에게 선망의 대상이 된다. 하지만 그럼에도 불구하고 다른 문과직렬에 비해 기업 법무를 준비하려는 취업준비생들에게 기업 법무의 기초적인 내용을 알려주는 책은 시장에 없었다. 이러한 현실을 타파하고자, 기업 법무조직에 속하고 싶어하는 취업준비생들에게 길라잡이가 되어줄 책을 내놓고 싶었다. 그리고 이를 통해 준비된 인재를 산업계에 공급함으로써 대한민국 산업발전에 이바지하고 싶다는 작은 소망도 있었다.

이 책은 내가 일반 직장인으로서 사회생활을 하고, 사내변호사로서 기업 법무를 하면서 배우고 느낀 지식들의 총체이다. 모든 것을 다 담

을 수는 없었지만 그래도 가장 중요하다고 생각되는 지식들을 위주로
추려내어 보았다. 취업뿐만 아니라 취업 후 몇 년간 '신입' 딱지를 떼기
전까지 여러분의 책상 위에서 업무를 도와줄 수 있는 친구 같은 책이
되길 바라는 바이다.

　취업한파는 여전히 계속되고 있다. 하지만 여러분의 앞길은 맑을 것
이다. 희망을 가지고 계속 걸어간다면.

찾아보기

저자소개

최기욱
1988년 서울 출생
서울외국어고등학교 영어과 졸
고려대학교 기계공학과 졸
현대엔지니어링 근무(2014. 1.~2018. 12.)
중앙대학교 법학전문대학원 졸
제11회 변호사시험 합격
현) LG그룹 D&O 법무실 근무 중
저서) 비바! 로스쿨(2022), 엘리트문과를 위한 과학 상식(2022),
     잘 나가는 이공계 직장인들을 위한 법률·계약 상식(2023)
연락처) girugi88@naver.com
인스타그램) choi.kiuk

법무 취업 길라잡이

초판발행	2024년 8월 20일
지은이	최기욱
펴낸이	안종만·안상준
편 집	양수정
기획/마케팅	박부하
표지디자인	Ben Story
제 작	고철민·김원표
펴낸곳	(주) **박영사**
	서울특별시 금천구 가산디지털2로 53, 210호(가산동, 한라시그마밸리)
	등록 1959. 3. 11. 제300-1959-1호(倫)
전 화	02)733-6771
f a x	02)736-4818
e-mail	pys@pybook.co.kr
homepage	www.pybook.co.kr
ISBN	979-11-303-4754-7 03360

정 가   19,000원